Fier '13   Chr   8,99 €

W0083918

Das Buch

In *Killerinstinkt* versammelt der bekannte Kriminalist Stephan Harbort spektakuläre Fälle des Phänomens »Serienmord«. Immer wieder beschäftigte ihn dabei die Frage, was Menschen zu Mördern werden lässt. Harbort nähert sich dieser Frage auf seine ganz eigene Art: Er sucht das Gespräch – mit den Tätern, ihren Angehörigen und mit den Angehörigen der Opfer. So spricht er beispielsweise mit einem Krankenpfleger, der mehrere Patienten getötet hat, mit einer Frau, deren Mann zum kaltblütigen Killer wurde, und mit einem Vater, dessen Sohn entführt und getötet wurde. Durch die Einbeziehung von Täter- und Opferperspektiven gelingt es Stephan Harbort, dem Leser einen sehr unmittelbaren Blick auf die Täter und ihre Taten zu vermitteln.

Der Autor

Stephan Harbort, geboren 1964, ist Kriminalhauptkommissar und Deutschlands bekanntester Serienmordexperte. Er entwickelte international angewandte Fahndungsmethoden zur Überführung von Serienmördern und sprach mit mehr als siebzig Tätern. Außerdem ist er Dozent an der Universität Cottbus und beratend bei Krimiserien und Kinofilmen tätig. Seine Bücher sind kriminalistische Bestseller und wurden in mehrere Sprachen übersetzt. Durch seine zahlreichen TV-Auftritte bei Fernsehgrößen wie Frank Elstner, Günther Jauch oder Johannes B. Kerner ist er einem breiten Publikum bekannt.

Homepage des Autors: www.stephan-harbort.de

Stephan Harbort

Killerinstinkt

Serienmördern auf der Spur

Ullstein

Besuchen Sie uns im Internet:
www.ullstein-taschenbuch.de

Originalausgabe im Ullstein Taschenbuch
1. Auflage Dezember 2012
© Ullstein Buchverlage GmbH, Berlin 2012
Umschlaggestaltung: Zero Werbeagentur, München
Titelabbildung: © Andreas Kühlken
Satz: Pinkuin Satz und Datentechnik, Berlin
Gesetzt aus der Quadraat Regular
Papier: Pamo Super von Arctic Paper Mochenwangen GmbH
Druck und Bindearbeiten: CPI – Ebner & Spiegel, Ulm
Printed in Germany
ISBN 978-3-548-37477-2

Für Ilona, David, Amelie und Katharina.
Vier Namen. Ein Leben. Meins.

Inhaltsverzeichnis

Spannend, stand auch in der Zeitung Brutale Sau

Die folgenden Ereignisse sind authentisch und entsprechen dem Ergebnis der kriminalpolizeilichen Ermittlungen bzw. der prozessualen Wahrheit. Als Quellen für die Rekonstruktion und Dokumentation der Kriminalfälle dienten insbesondere die Gerichtsakten bzw. die Aussagen der von mir interviewten Serienmörder und anderer Beteiligter.

Die Namen der handelnden Personen sind anonymisiert. Auch biographische Angaben oder örtliche und zeitliche Bezüge wurden mitunter verfremdet. Diese Verfahrensweise ist dem Schutz der Persönlichkeitsrechte geschuldet.

Vorwort – Die Aura des Bösen

Im April 1992 absolvierte ich als 27-jähriger Kriminalstudent mein zweites Fachpraktikum in Duisburg. Zu der Zeit war ich seit gut sieben Jahren bei der Polizei. Zu Beginn des Studiums hatte ich mir drei Dienststellen bei der Kripo aussuchen dürfen. Meine Wahl war dieses Mal auf das 2. Kriminalkommissariat gefallen, sachlich zuständig für Drogendelikte, Sexualstraftaten und Vermisstenfälle. Meine Aufgabe war es derzeit, Junkies und Dealern auf die Schliche zu kommen.

Der Anruf, der mein Leben verändern sollte, erreichte mich um 8 Uhr morgens in meinem Büro. Mein Chef war dran.

»Stephan, die vom 1. K. haben nach dir gefragt. Die haben wohl Bedarf. Hast du Lust?«

Ich zögerte keine Sekunde. »Natürlich. Worum geht es denn?«

»Da hat wohl einer ganz großen Mist gebaut. Genaueres weiß ich aber nicht.«

»Gut, ich nehme gleich Kontakt auf.«

Mein erstes Praktikum hatte ich vor einigen Monaten beim 1. Kriminalkommissariat absolviert – dort werden insbesondere sogenannte Todesermittlungsverfahren durchgeführt – und mitunter auch in einer Mordkommission (MK) ausgeholfen. Den Raubmord an einem Marokkaner hatten wir nach langwierigen und auch körperlich anstrengenden Ermittlungen zwar aufklären können, doch der Täter war nach wie vor flüchtig.

Nachdem ich die Verfahren mit unaufschiebbaren Ermittlungen, in Kürze durchzuführenden Vernehmungen oder noch zu vollstreckenden Durchsuchungsbeschlüssen für Wohnungen verschiedener Kleindealer meinem Vorgesetzten zurückgegeben hatte, ging ich eine Etage tiefer und stellte mich beim Leiter der Mordkommission »Gross« (benannt nach dem Opfer) vor, der zugleich Chef des 1. Kriminalkommissariats war.

Karl-Josef Röttgen, ein älterer, herzensguter Kollege, schaute zwar stets ziemlich mürrisch drein, führte das »1. K.« jedoch seit vielen Jahren erfolgreich an und wurde von seinen Mitarbeitern uneingeschränkt respektiert. Nach knapper Begrüßung riss er nur kurz an, worum es sich drehte, und sagte dann: »Aber was soll ich lange reden, nimm dir die Akten vor und lies dich ein. Wenn du damit fertig bist, kommst du wieder zu mir. Dann schauen wir weiter.«

Also ging ich zum Aktenführer, der mir empfahl, den ersten Zwischenbericht des MK-Leiters zu lesen, dann wäre ich auf dem Laufenden. Was ich in der nächsten halben Stunde erfuhr, überraschte und schockierte mich gleichermaßen – eine schier unglaubliche Geschichte, die mich sofort in ihren Bann zog.

Am 28. März kommt Jonas Brückner ins Präsidium, um seinen Stiefvater als vermisst zu melden. Dabei äußert er die Sorge, der alte Mann könnte sich das Leben genommen haben. Der 29-jährige Maurer gibt an, Hans-Martin Gross zuletzt in den späten Nachmittagsstunden des Vortages gesehen zu haben, als der 71-Jährige mit seinem Volvo 360 weggefahren sei, angeblich um ein Blumengebinde auf das Grab seiner Frau zu legen, die kürzlich an einem Herzinfarkt gestorben sei.

Erste Nachforschungen der Todesermittler ergeben jedoch, dass Hans-Martin Gross trotz des Trauerfalls auf nahe Verwandte, Freunde und Bekannte einen gefassten und keinesfalls deprimierten Eindruck gemacht habe, zumal er sich auf den Tod seiner Frau habe einstellen können. Überhaupt sei der rüstige Rentner ein optimistischer und lebensbejahender Mensch, dem ein Selbstmord nicht zuzutrauen sei.

Jonas Brückner wird als letzte Kontaktperson des Vermissten ausführlich und intensiv vernommen. Die Geschehnisse der vergangenen achtundvierzig Stunden sollen möglichst lückenlos rekonstruiert werden. In der Vernehmung behauptet Jonas Brückner unter anderem, das besagte Blumengebinde habe schon am Vormittag des 27. März im Wagen seines Stiefvaters gelegen. Er selbst habe nämlich den Volvo 360 durch eine Waschstraße gefahren, dabei seien ihm die Blumen aufgefallen.

Meine Kollegen werden misstrauisch, als sich wenig später herausstellt, dass die Blumen erst in den Abendstunden in den Wagen gelegt worden sind, und zwar nachweislich vom Vermissten selbst. Demzufolge muss die Fahrzeugreinigung an einem anderen Tag stattgefunden haben. Und Jonas Brückner hat zumindest in diesem Punkt gelogen.

Bald darauf kommt heraus, dass es im Umfeld von Jonas Brückner in der jüngeren Vergangenheit zwei weitere Vermisstenfälle gegeben hat: Am 30. September 1991 ist von dem Geographie-Studenten Peter Gundlach bei der Kripo in Bad Ems seine 28-jährige Frau Regina vermisst gemeldet worden. Deren entkleidete und augenscheinlich missbrauchte Leiche fand ein Pilzsammler schließlich am 14. November 1991 in einem Waldgebiet in der Nähe von Koblenz. Pikant daran ist, dass es sich bei Regina Gundlach um Jonas Brückners Stiefschwester handelt, mit der er jahrelang im selben Haus gewohnt hat. Und schließlich wird bereits seit dem 21. Juli 1991 erfolglos nach Bärbel Böttcher aus Oberhausen gefahndet, die 23-jährige Angestellte ist spurlos verschwunden. Das Besondere an diesem Fall: Die Vermisste zählt zu Jonas Brückners Ex-Freundinnen.

Am 5. April entdecken Schutzpolizisten das Auto von Hans-Martin Gross am Duisburger Hauptbahnhof. Die Blumen liegen noch auf dem Rücksitz des Wagens. Spuren, die auf ein Verbrechen hindeuten, sind zwar nicht festzustellen, doch erscheinen die Aussagen von Jonas Brückner jetzt noch dubioser. Meine Kollegen gehen nun fest davon aus, dass Hans-Martin Gross getötet wurde und sein Stiefsohn der Hauptverdächtige ist. Nur ein Motiv für die Tat lässt sich bislang nicht herleiten.

Zwei Tage nach der Sicherstellung des Fahrzeugs nehmen die Ermittlungen eine unerwartet dramatische Wendung, als eine 34-jährige Industriekauffrau den Kontakt zu meinen Kollegen sucht und sich als Lebensgefährtin von Jonas Brückner vorstellt. Was Claudia Frommelt aussagt, passt ins Bild: Bereits seit geraumer Zeit hegte sie den Verdacht, ihr Freund könnte etwas mit dem Mord an Regina Gundlach und dem Verschwinden von Bärbel Böttcher zu tun haben. Im Anschluss an die Todesnachricht wirkte er auf sie verändert und wich ihren ausgesprochen hartnäckigen Nachfragen stets aus.

Dann, vor zwei Tagen, ist sie mit Jonas Brückner mehrere Stunden spazieren gewesen – und unterwegs erzählte er ihr plötzlich, dass er gemeinsam mit einem Freund Hans-Martin Gross, Regina Gundlach und Bärbel Böttcher umgebracht habe. Einzelheiten der Taten verriet er ihr nicht, allerdings betonte er noch, die Leichen von Hans-Martin Gross und Bärbel Böttcher könnten nicht mehr gefunden werden. Auch sein Motiv hat er ihr genannt: Jonas Brückner habe durch die Morde an das Erbe seines vermögenden Stiefvaters gelangen und seinen Freund später entsprechend auszahlen wollen.

Bei dem mutmaßlichen Mittäter handelt es sich um Jürgen Broschat, einen 27-jährigen berufslosen Gelegenheitsarbeiter aus Gelsenkirchen, nicht unerheblich vorbestraft, unter anderem wegen Betruges und Körperverletzung. Sein derzeitiger Aufenthaltsort ist unbekannt, nach dem Mann wird bundesweit gefahndet.

Nachdem Claudia Frommelt ihre Aussage unterschrieben hat, wird Jonas Brückner festgenommen und mit den Tatvorwürfen konfrontiert. Es dauert nicht lange, bis der des Serienmordes Verdächtige auch meinen Kollegen gegenüber ein Geständnis ablegt. Das Geständnis ist glaubhaft, weil er darin Wissen offenbart, über das nur ein Täter verfügen kann.

Mord Nummer eins:

Jonas Brückner und sein Freund erzählen ab Mitte August 1991 Familienangehörigen und Freunden, dass sie Ende des Monats gemeinsam zwei Wochen Urlaub in Italien machen wollen. Doch stattdessen nutzen sie die Zeit ihrer angeblichen Abwesenheit, um die Lebensumstände des späteren Opfers auszuspionieren. Am 30. September wird Regina Gundlach von Jonas Brückner am Bahnhof in Bad Ems abgepasst, nachdem sie das Fahrrad dort wie üblich abgestellt hat. Er bittet sie darum, sich in ihrer Wohnung kurz duschen zu dürfen. Regina Gundlach hat nichts dagegen und geht mit ihrem Freund zu dem Wagen, an dessen Steuer Jürgen Broschat sitzt. Sie selbst setzt sich auf den Beifahrersitz. Während der Fahrt legt Jonas Brückner dem Opfer von hinten ein Springseil um den Hals und erdrosselt sie, anschließend legt er die Leiche in einem Waldgebiet ab. Dort entkleidet er die Tote und fügt ihr Verletzungen im Genitalbereich zu, um ein Sexualdelikt vorzutäuschen.

Mord Nummer zwei:

Bärbel Böttcher muss sterben, da sie für die Täter ein Sicherheitsrisiko darstellt. Die Frau hat nämlich für Jürgen Broschat einen gestohlenen Pkw mit gefälschten Papieren beim Straßenverkehrsamt angemeldet. Womöglich hat sie den eigentlichen Plan, das Auto für die Tötung von Hans-Martin Gross zu verwenden, durchschaut und gefährdet so die weiteren Mordpläne.

Am 21. Juli 1991 holt Jonas Brückner seine Ex-Freundin am Bochumer Hauptbahnhof ab und fährt mit ihr zu einem Rastplatz in der Nähe von Paderborn. Dort wartet bereits Jürgen Broschat in einem anderen Wagen. Der hat Bärbel Böttcher zuvor zu einer vermeintlichen Spritztour in dessen Wagen, einem geliehenen Mercedes Cabrio, eingeladen. Da Jonas Brückner nicht mitfährt, kann er zu der kurz darauf erfolgten Tötung des Opfers keine näheren Angaben machen. Auch weiß er nicht, wo sein Freund die Leiche anschließend versteckt hat.

Mord Nummer drei:

In den Abendstunden des 27. März 1992 ruft Jürgen Broschat – wie zuvor abgesprochen – Jonas Brückner an, der
daraufhin seinem Stiefvater gegenüber behauptet, ein
Freund sei in der Nähe von Moers mit dem Wagen liegen-
geblieben und benötige Hilfe. Zudem spielt er ihm vor, er
wäre vom Tod der Stiefmutter noch zu betroffen, um sich
selbst ans Steuer setzen zu können.

Auf einer Landstraße an der Peripherie von Moers wartet Jürgen Broschat mit seinem Pkw, auf der Heckscheibe
prangt ein Aufkleber, auf dem »Polizei« steht. Nach einem
Überholmanöver wird Hans-Martin Gross durch Jürgen
Broschat, der augenscheinlich eine Polizeilederjacke trägt,
mit einer Kelle, eigentlich ein Fahrradabstandhalter, zum
Anhalten aufgefordert. Es soll eine Verkehrskontrolle vor-
getäuscht werden. Aus diesem Grund hat Jonas Brückner
einige Stunden zuvor den TÜV-Stempel des Autokenn-
zeichens mit einem Messer unkenntlich gemacht, damit
seinem Stiefvater dieser vermeintliche Verkehrsverstoß
vorgehalten werden kann. Der weitere Tatplan sieht vor,
Hans-Martin Gross durch Schläge zu betäuben, ihn anschließend auf nahegelegene Bahngleise zu legen und von
einem Zug überrollen zu lassen, um damit einen Suizid vorzutäuschen.

Es gelingt zwar tatsächlich, dem Stiefvater eine Verkehrskontrolle vorzugaukeln, doch schafft Jürgen Broschat
es nicht, ihn bewusstlos zu schlagen. Deshalb greift Jürgen Broschat entgegen dem ursprünglichen Plan zur Pistole und erschießt ihn. Anschließend legt er das Opfer in
dessen Wagen ab. Auch in diesem Fall lässt Jonas Brückner
sich von seinem Freund nicht darüber informieren, wo er

den Leichnam entsorgt hat. Er selbst reinigt am Morgen nach der Tat das Opferfahrzeug und stellt es anschließend an einem belebten Ort ab. Kurz darauf fährt er ins Präsidium, um seinen Stiefvater als vermisst zu melden.

Als ich mit dem Aktenstudium fertig war, fehlten mir die Worte. Ich war regelrecht fassungslos. Zwei junge Männer hatten drei Menschen ermordet, um, wie Jonas Brückner es merkwürdig distanziert ausgedrückt hatte, »forciert erben« zu können. Was sind das bloß für Menschen, fragte ich mich. Wie wird man so?

Wenig später erklärte mir Karl-Josef Röttgen meine Aufgabe in dieser Mordkommission. Weil Jürgen Broschat nicht auffindbar war, wurden eine ganze Reihe von Telefonanschlüssen abgehört, um seinen Unterschlupf ausfindig machen zu können. Zu dem überwachten Personenkreis aus seinem sozialen Umfeld zählte auch die Großmutter des Flüchtigen.

Ich würde also fortan live mitanhören, mit wem die Dame worüber sprach, und Wortprotokolle darüber anfertigen. Eine staubtrockene Tätigkeit, die mich nicht unbedingt begeisterte. Bei meiner großen Erwartungshaltung hatte ich mir eigentlich etwas Spannenderes gewünscht.

Meine Gedanken kreisten derweil um die beiden Täter. Ich konnte einfach nicht begreifen, wie man zu derart grausigen Verbrechen fähig sein kann, kaltblütig verübt an dem nächsten Angehörigen und an Frauen, mit denen man das Bett geteilt hat. Einerseits verabscheute ich die beiden Männer, andererseits machten sie mich unendlich neugierig.

Deshalb versuchte ich mich der Sache anzunähern, indem ich die Vernehmungsprotokolle von Jonas Brückner durchlas. Und die lebhaften Schilderungen der Kollegen, die mit dem Serienmörder sprachen, sog ich auf wie ein Schwamm. Besonders irritiert zeigten sich die Vernehmungsbeamten davon, dass Jonas Brückner so nüchtern und ausdruckslos von den Taten berichtete, als hätte er jeweils nur als Unbeteiligter danebengestanden und zugeschaut. Nach anderthalb Tagen mussten die vernehmenden Kollegen ausgetauscht werden, weil es ihnen zu viel geworden war – es gibt eben Grenzen der eigenen Leistungs- und Leidensfähigkeit, die man besser akzeptiert und danach handelt.

Da ich Jonas Brückner selbst leider nicht zu Gesicht bekam, schlich ich mich an das Büro heran, in dem er vernommen wurde, und lauschte an der Tür. Als ich seine schnarrende monotone Stimme zum ersten Mal hörte, bekam ich eine Gänsehaut. Nun konnte ich noch besser verstehen, warum meine Kollegen, die zuvor mit dem Mann gesprochen hatten, irgendwann ausgestiegen waren. Er verhielt sich auch jetzt genau so, wie es in den Kommissionsbesprechungen vorgetragen worden war: Jonas Brückner ließ bei seinen Schilderungen keinerlei Gefühlsregungen erkennen. Jetzt, da ich seinen Tonfall mit eigenen Ohren hörte, entstand bei mir spontan der Eindruck, dass er auch kaum zu Gefühlsregungen fähig war.

Erst eine Viertelstunde später zog ich mich wieder zurück. Ich hatte genug gehört. Mehr hätte ich wohl auch nur schwer ertragen können.

In den folgenden Tagen musste ich die nicht enden wollenden Gespräche mithören, die Jürgen Broschats Großmutter überwiegend mit einer Freundin führte. Es ging um Befindlichkeiten, das Wetter und andere für unsere Ermittlungen bedeutungslose Dinge. Ein Hinweis auf den Aufenthaltsort des Gesuchten ergab sich nicht.

Der Kommission gelang es trotz intensiver Bemühungen auch nach einer Woche nicht, Jürgen Broschat aufzustöbern. Weil es an erfolgversprechenden Ermittlungsansätzen mangelte, kehrten alle Kollegen, die nicht zum 1. Kriminalkommissariat gehörten, an ihren Arbeitsplatz zurück, weshalb dieser außergewöhnliche Fall nun auch für mich endete. Erst anderthalb Jahre später würde die spanische Polizei den Gesuchten in Almería verhaften.

Zum ersten Mal in meiner noch kurzen Karriere bei der Kripo hatte ich es mit einem Serienmord-Fall zu tun bekommen. Die dabei gewonnenen Eindrücke irritierten und inspirierten mich gleichermaßen. Und genau diese Widersprüchlichkeit befeuerte mein Verlangen, mich diesem Abgrund zu nähern, hinabzuschauen ins Herz der Finsternis und zu verstehen, was mir bis dahin unbegreiflich erschien. Zu diesem Zeitpunkt ahnte ich nicht, dass die Erforschung dieser außergewöhnlichen und Angst einflößenden Form der Tötungskriminalität in den kommenden Jahrzehnten auch mein Privatleben prägen würde. Doch schon damals spürte ich, dass ein langer und beschwerlicher Weg vor mir lag, den ich aber unbedingt gehen wollte. Ich konnte gar nicht mehr anders. Bevor ich jedoch begann, meinen beruflichen Fokus auf Serienmorde und ihren Hintergrund zu lenken, schloss ich erst einmal mein Studium ab.

In diesem Buch berichte ich über Fälle, die mich persönlich besonders berührt haben und auf dem Weg zu mehr Erfahrung und Erkenntnis quasi zu Meilensteinen geworden sind. Allerdings haben sie mich auch an meine geistigen und psychischen Grenzen geführt – manchmal sogar darüber hinaus. Und im Kern geht es dabei stets um diese eine entscheidende Frage, die mich jeden Tag aufs Neue herausfordert und zur Triebfeder meines Forschens geworden ist:

Was passiert, wenn ein Täter nicht nur ein Mal tötet, nicht zwei Mal – sondern immer wieder? Was macht Menschen zu Serienmördern?

Black Box

Der Himmel hängt voller grauer Wolken, die Luft ist feucht, hin und wieder hat es kurz geregnet. Dieser ausklingende 5. Mai des Jahres 2007 ist kein typischer Frühlingstag. Konrad Fricke stört das triste Wetter nicht. Der 52-Jährige fährt nach einem Besuch seiner Eltern in Hildesheim mit dem Wagen den letzten Teil der Wegstrecke über Land zurück in Richtung Bad Wildungen. Die Blase drückt, deshalb steuert er sein Auto kurzentschlossen auf den malerisch gelegenen Parkplatz »Grüner See« im gleichnamigen Naturschutzgebiet an der L 3228 kurz hinter Eiterhagen, einem Ortsteil der beschaulichen Gemeinde Söhrewald im Landkreis Kassel. Als der Mann das Toilettenhäuschen aufsuchen will, bemerkt er einen blauen Opel Corsa. Merkwürdig kommt ihm dabei vor, dass die Fahrertür sperrangelweit offen steht, die Scheibe heruntergekurbelt ist und sich die Person hinter dem Lenkrad nicht bewegt. Konrad Fricke tritt an den Wagen heran – und erstarrt: Auf dem Fahrersitz befindet sich ein Mann, blutverschmiert, wohl am Kopf schwer verletzt, leise röchelnd, nicht ansprechbar.

Um 23.29 Uhr alarmiert Konrad Fricke die Polizei. Eine Viertelstunde später versucht ein Notarzt, das Leben des Corsa-Fahrers zu retten, doch es ist zu spät. Alle Wiederbelebungsmaßnahmen schlagen fehl. Der Unbekannte stirbt noch auf dem Parkplatz.

Eine kurz nach dem Notarzt eingetroffene Streifenwagenbesatzung verschafft sich einen ersten Überblick und gelangt zu dem Schluss, dass es sich nicht um einen Fund- oder Unglücksort handelt, sondern um einen Tatort. Denn das Opfer weist oberhalb des linken Ohres eine Schussverletzung auf, die dem Mann sehr wahrscheinlich aus nächster Nähe beigebracht worden ist. Auch bemerken die Beamten Raucherutensilien im Frontbereich des Wagens. Das Opfer war wohl im Begriff, sich eine Zigarette zu drehen, als der tödliche Schuss fiel. Dass der Mann Suizid begangen haben könnte, bezweifeln die Polizisten, weil weder im Auto noch in der näheren Umgebung eine Waffe zu finden ist. Demnach spricht alles für ein Tötungsdelikt.

Genauso sehen es die Kriminalbeamten der Polizeidirektion Kassel, die nach Mitternacht mit der Tatortaufnahme beginnen und erste Spuren am Wagen und am Opfer selbst sichern. Fündig werden die Spezialisten, als sie nur wenige Meter vom Auto entfernt eine Patronenhülse entdecken. Zu denken gibt ihnen, dass es sich bei dem Tatort um einen überregional bekannten Treff für Homosexuelle handelt. Aber ob dieser Aspekt tatrelevant ist, bleibt zunächst ungewiss.

Nachdem die unaufschiebbare erste Spurensicherung abgeschlossen und der Wagen des Opfers sichergestellt ist, werden alle weiteren Untersuchungen wegen der fortgeschrittenen Zeit und der widrigen Sichtverhältnisse auf den nächsten Tag verschoben.

Allerdings ist bereits eine Großfahndung für den Landkreis Kassel eingeleitet worden. Innerhalb dieser Maßnahme wird gegen 0.20 Uhr etwa einen Kilometer vom Tatort entfernt ein schwarzer Mercedes mit auffällig abgedunkelten Scheiben kontrolliert. Aus dem Führerschein des

Fahrers ergeben sich folgende Personalien: Justus Kramer, 41 Jahre alt, wohnhaft in Eiterhagen, einer kleinen Gemeinde etwa fünfzehn Kilometer von Kassel entfernt. Der Mann kann zwar nicht schlüssig erklären, warum er nachts unterwegs ist und wo er hinwill, doch die Beamten lassen ihn schließlich weiterfahren, weil sich in seinem Wagen keine verdächtigen Gegenstände finden und er auch nicht gesucht wird.

Zur Klärung des mysteriösen Verbrechens auf dem Parkplatz setzt die Kripo Kassel eine Mordkommission mit 24 Beamten ein, die am Sonntag ihre Arbeit aufnimmt. Etwa drei Dutzend Schutzmänner der Bereitschaftspolizei suchen das Gelände rund um den Tatort nach Spuren ab. Auch ein Polizeihubschrauber mit einer Wärmebildkamera überfliegt das Gelände am Parkplatz und den nahegelegenen See. Gefunden wird jedoch nichts.

Die Identifizierung des Opfers anhand seines Führerscheins und die Erhellung seiner Lebensumstände gelingen schnell. Bei dem Toten handelt es sich um Harald Huber, einen 43-jährigen Ingenieur, wohnhaft gewesen in Söhrewald. Der Mann hinterlässt eine Ehefrau und zwei Töchter, sieben und neun Jahre alt. Erste Ermittlungen im sozialen Umfeld des Opfers ergeben, dass Harald Huber nur wenige soziale Kontakte pflegte. Bis 2005 war er zwölf Jahre lang regelmäßig im Ausland tätig gewesen, letztmals in Indonesien. Dort hatte er die Instandsetzung von Gebäuden betreut, die durch den Tsunami beschädigt worden waren. Nach seinem krankheitsbedingten Ausscheiden aus der Firma war er arbeitslos. Das Auto, mit dem er zur Tatzeit unterwegs war, hatte er sich von einem Bekannten geliehen, weil sein eigenes in der Werkstatt war.

Nach dem vorläufigen Ergebnis der Obduktion muss davon ausgegangen werden, dass Harald Huber den Folgen der Schussverletzung erlag. In seinem Gehirn haben die Rechtsmediziner ein Projektil vom Kaliber 7,62 gefunden.

Aufgrund der Erkenntnisse von Spurensuche und Obduktion lässt sich der Tathergang grob rekonstruieren: Das Opfer saß im Wagen und ist vom Täter von links angesprochen worden. Als Harald Huber daraufhin die Scheibe herunterkurbelte oder die Fahrertür öffnete, traf ihn die Kugel, die außerhalb des Wagens aus Nahdistanz abgefeuert wurde, an der linken Schläfe knapp über dem Ohr und verletzte ihn tödlich. Der Täter kann demnach nicht auf dem Beifahrersitz gesessen haben. Harald Huber muss arglos gewesen sein, denn er starb, während er sich in aller Ruhe eine Zigarette drehte hat. Wie es dem Täter gelungen ist, das Opfer zu überraschen, bleibt indes unklar.

Den Ermittlern erscheint es unwahrscheinlich, dass es auf dem einsam gelegenen Parkplatz zu vorgerückter Stunde eine zufällige Begegnung zwischen Täter und Opfer gegeben haben könnte, die dann binnen kürzester Zeit einen tödlichen Verlauf genommen hat. Sie vermuten vielmehr, dass Harald Huber in eine Falle gelockt worden ist. Demzufolge gehen sie von einer Beziehungstat aus und konzentrieren ihre Ermittlungen zunächst auf das Umfeld des Getöteten.

In einem späteren Interview sagte die Ehefrau des Täters über ihren Mann: »Ich habe meinen Mann kennengelernt, als mich mein damaliger Freund versetzt hat. Als ich mich nach meinem Freund umgesehen habe, habe ich meinen späteren Mann aus Versehen angerempelt. Da hat er spontan zu mir gesagt: ›Das ist Liebe auf den ersten Blick.‹ Anfangs wollte ich mit ihm gar nichts zu tun haben, er war gar nicht mein Typ. Aber er hat nicht lockergelassen, hat sich bei meiner Freundin meine Adresse und Telefonnummer besorgt und hat immer wieder angerufen. Seine höfliche und charmante

Art hat mir aber schon gefallen. Weil ich schlecht allein sein kann, habe ich mich dann doch mit ihm getroffen. Später habe ich mich in ihn verliebt.

Die erste Zeit mit ihm war sehr schwierig, weil er sofort bei mir eingezogen ist, nur mit ein paar Hemden und ein paar Klamotten, sonst nichts. Es ging etwa ein Jahr lang so, dass er auch immer mal einfach weggeblieben ist. Einen Tag, zwei Tage oder auch drei Tage. Da wusste ich nicht, wo er war. Zu der Zeit war ich aber auch schon irgendwie abhängig von ihm und bin, wenn er nicht nach Hause gekommen ist, durch die Straßen gelaufen und hab nach seinem Auto gesucht. Dafür habe ich mich selbst gehasst, aber ich habe es gemacht. Gefunden habe ich ihn bei meinen Suchaktionen nie. Und nach zwei oder drei Tagen tauchte er plötzlich wieder auf und tat so, als ob nichts gewesen wäre. Letztlich war ich aber froh, dass er wieder da war. Hinterfragt habe ich seine Abwesenheiten meistens nicht.

Wenn ich aber mal nachgefragt habe, hat er nichts dazu gesagt, warum er weg gewesen ist. Gar nichts. Er hat auch nicht von früher gesprochen, von seiner ersten Ehe oder von seiner Kindheit oder von seiner Familie. Ich habe ihn aber auch nicht danach gefragt, weil ich damals schon gemerkt habe, dass er es nicht mag, wenn man ihn zu sehr bedrängt. Dann hat er zugemacht und ist ärgerlich geworden. Also habe ich meinen Mund gehalten und bin froh gewesen, dass er wieder zurückgekommen ist.«

Aus den Vernehmungen der Verwandten, Bekannten und Arbeitskollegen des Opfers ergibt sich, dass Harald Huber durchaus beliebt war. Keiner von ihnen kann sich vorstellen, dass der Getötete Beziehungen zu kriminellen Kreisen in Kassel unterhalten haben könnte. Von einer möglichen bisexuellen Neigung hat insbesondere seine Frau nichts bemerkt. Die 39-jährige Sekretärin hat vielmehr betont, es habe keine sexuellen Auffälligkeiten während ihrer Ehe gegeben, und ihr Mann sei auch ein guter Vater gewesen.

Allerdings hat er laut ihrer Aussage nach seinem letzten Auslandsaufenthalt häufig einen deprimierten Eindruck gemacht. Nach dem Ausbruch seiner Krebserkrankung im Jahr 2006 sei er oft mit ihrem Auto ganze Nachmittage und Abende unterwegs gewesen. Wohin, wusste sie nie, weil er nicht darüber sprach. Auch Harald Hubers Vater gibt an, in den letzten Monaten bei seinem Sohn eine Veränderung festgestellt zu haben: »Auf mich wirkte er sehr bekümmert und merkwürdig distanziert.«

Den Tatzeitraum können die Ermittler inzwischen auf knapp zwei Stunden eingrenzen. Der tödliche Schuss muss nach 21.30 Uhr gefallen sein, denn Harald Huber hat zu dieser Zeit noch kurz mit einem Bekannten telefoniert, das letzte Lebenszeichen. Die Schusswaffe wurde auch nach eingehender Suche weder am Tatort noch in der näheren Umgebung gefunden. Entweder besitzt der Täter sie noch, oder er hat sie andernorts entsorgt. Deshalb lässt sich abgesehen vom Kaliber nichts Näheres über die Art der Schusswaffe sagen.

Vor allem aber ist auch weiterhin unklar, warum das Opfer sterben musste. Deshalb untersuchen die Ermittler auch den Computer des Getöteten, in der Hoffnung, dort auf weitere soziale Kontakte zu stoßen.

»Vor zwei Jahren hatte mein Mann so eine Phase, da saß er ständig am Computer, manchmal die ganze Nacht. Und da habe ich mal beim Saubermachen so Zettelchen gefunden, auf denen er sich notiert hatte, wo er mit wem gechattet hat. Zum Beispiel mit einer Frau, der hatte er geschrieben: ›Hab keine Angst vor meinen Gefühlen, ich liebe dich, möchte dich kennenlernen und mit dir Sex haben.‹ Dadurch hab ich mitbekommen, dass er in der Richtung sehr rege war. Ich wusste zwar nicht, ob er sich mal mit jemand getroffen hatte, aber das war mir dann doch zu viel. Das mache ich nicht mit, habe ich gedroht.

Und er hat mir dann versprochen, er würde es nicht wieder machen, er liebe mich doch so sehr. Da bin ich wieder weich geworden. Er hat sich aber nicht dran gehalten und war bald wieder im Internet.«

Zweifelsfrei ist Harald Huber kurz vor der Tat aus Richtung Kassel gekommen und auf dem Heimweg gewesen. Unerklärlich bleibt jedoch, warum der Mann nur knapp einen Kilometer vor dem Ortseingang von Söhrewald, seinem Wohnort, noch einmal einen Stopp eingelegt hat. Diesen Umstand halten die Ermittler für tatrelevant.

Doch auch ein Fahndungsaufruf in den Medien bringt die Ermittler nicht weiter. Alle 27 Hinweise führen ins Nichts. Und die große Leerstelle in diesem Fall bleibt weiterhin der Täter.

»Mein Mann ist ein Kavalier der alten Schule, hilft einem in den Mantel, macht einem die Autotür auf und lauter solche Sachen. Das ist bei uns bis zum Schluss so gewesen, da hat er sich auch nicht geändert. Er war immer lieb zu mir. Er hat mir praktisch jeden Wunsch von den Augen abgelesen und jeden Tag tausendmal gesagt, wie sehr er mich liebt und braucht. Er war aber auch oft launisch und humorlos. Das hat mich gestört, weil ich eigentlich ein sehr humorvoller Mensch bin. Er war wenig kontaktfreudig, aber zuverlässig, was mich angeht. Sehr großzügig war er, ab und zu jähzornig; meistens in Situationen, wenn er sich irgendwie in die Enge getrieben fühlte, wenn er gemerkt hat, hoppla, die fragt mich jetzt zu viel nach Dingen, zu denen ich gar nichts sagen will. Dann konnte er auch sehr laut werden, und es flog öfter mal was durch die Luft. Aber das war in den neunzehn Jahren unserer Beziehung nicht mehr als fünfmal der Fall.

Gehasst habe ich es, wenn er gelogen hat; besonders wenn ich das gemerkt habe, und er hat es nicht zugegeben. Und er hat häufig gelogen. Ein Beispiel: Er war immer sehr braun, weil er regelmäßig ins Solarium gegangen ist. Und wenn ich ihn darauf angesprochen habe, hat er gesagt: ›Ich war noch nie in einem Solarium. Meine Haut ist eben so.‹ Das hat mich richtig auf die Palme gebracht.

Meines Erachtens war er auch kaufsüchtig. Er hat immer zu viel von allem gekauft. Zum Schluss besaß er etwa 160 Oberhemden. Und ich weiß nicht, wie viel Paar Jeans. Obwohl ich Jeans überhaupt nicht an ihm mochte, weil er dafür nicht die richtige Figur hatte. Und er trug so viel Schmuck und Kettchen, überall, das war unmöglich.«

Am 17. Mai wird Harald Huber zu Grabe getragen. Der Gemeindepfarrer hält die Trauerrede und spendet den Angehörigen, Freunden und Bekannten des Opfers Trost. Etwa zweihundert Trauergäste sind erschienen, um der Zeremonie beizuwohnen und Abschied zu nehmen. »Wenn die schreckliche Tat aufgeklärt wird, ist das für alle von uns im Ort sehr wichtig«, spricht der Pfarrer vielen aus der Seele. Alle hoffen, dass der Mörder bald dingfest gemacht wird. Denn für sie steht fest: Er ist ein kaltblütiger Killer, dem jede Form von Mitgefühl abgeht.

»Mein Mann wusste ganz genau, dass ich Blumen über alles liebe. Und wenn er mir einen Strauß mitgebracht hat, machte er mir eine große Freude damit. Aber er hat auch immer übertrieben. Er hat dann nicht nur einen Strauß gebracht, er brachte zehn. Er hat mir auch sonst viel geschenkt, teuren Schmuck, aber es war ja meistens von meinem Geld. Als Werbefachfrau habe ich sehr gut verdient, manchmal 10 000 Mark im Monat.

Das Leben mit ihm war größtenteils schön. Es hat mich schon gefreut, wenn wir draußen spazieren gelaufen sind, fast jeden Tag. Wir haben immer Händchen gehalten und wurden von anderen beneidet, vor allen Dingen von Frauen. ›Mensch, hast du einen tollen Mann, der liebt dich ja wirklich, und ihr seid wie frisch verliebt‹, haben viele gesagt. Und dieses Gefühl des Geliebtwerdens, das war wie ein warmer Mantel, in den ich mich einhüllen konnte. Geborgenheit eben, das hat er mir vermittelt; geliebt zu werden. Sonst hatte ich ja niemand, der mich liebhatte. Er war der Einzige, und das war für mich sehr wertvoll.«

Die Mordkommission sucht weiter nach Kontaktpersonen, die Auskunft darüber geben können, mit wem sich Harald Huber zuletzt getroffen und warum er sich am Parkplatz »Grüner See« aufgehalten hat.

Genau um diese zentrale Frage drehen sich die Ermittlungen. Was wollte der Getötete an jenem dunklen Ort, an dem der Mörder wahrscheinlich auf das ahnungslose Opfer gewartet und es kurzerhand erschossen hat? Nach tagelangen Erörterungen und nach Auswertung aller vorhandenen Spuren sehen sich die Kriminalisten in ihrer ersten Annahme bestätigt: Täter und Opfer dürften sich gekannt haben. Dennoch will die Kripo nicht ausschließen, dass der Mord auch von einem Psychopathen verübt worden sein könnte, der die günstige Gelegenheit genutzt und einfach abgedrückt hat. Aus purer Mordlust.

»Im Gegensatz zu mir guckte er sich gerne Gewaltfilme an. Wir haben ja auch zwei Fernseher. Er hat sich die Filme oft im Schlafzimmer angeschaut. Das waren so Sachen, wo wirklich Gewalt vorkam. Es ging ums Töten. Wenn ich mal einen Krimi geguckt hab, dann musste das einen psychologischen Hintergrund haben. Ich habe mir lieber mal Problemfilme oder Liebesfilme angesehen. Aber er schaute liebend gerne harte Thriller an, wo es richtig zur Sache ging.

Er fand das wirklich gut, wenn sehr viele Leute umgebracht wurden, erschossen, erstochen, egal, Hauptsache, es ging blutig zu. Er hat sich auch gerne Horrorfilme angesehen oder so Sachen, wo ständig Leute miteinander kämpfen. Das hasse ich, aber er mochte es. Und wenn dann noch möglichst viel Gewalt oder Brutalität dazukam, war es für ihn besonders schön.«

Knapp zwei Wochen nach der Tat verhaftet die Polizei Justus Kramer, den Mann, dessen schwarzer Mercedes mit den stark getönten Scheiben bereits in der Tatnacht kontrolliert wurde. Denn inzwischen sprechen mehrere Indizien dafür, dass der 41-Jährige Harald Huber ermordet hat: Er konnte in der Tatnacht keinen plausiblen Grund für sein nächtliches Herumstromern nennen; er fährt einen dunklen Wagen, wie ihn mehrere Zeugen – die sich erst viel später bei der Polizei meldeten – kurz nach der Tat in der Nähe des Tatorts gesehen haben; wie ein Abgleich mit der Datenbank des BKA ergab, weisen mehrere auf dem Parkplatz gefundene Zigarettenkippen und ein Papiertaschentuch DNA-Spuren von ihm auf.

Während seiner Vernehmung verstrickt Justus Kramer sich zunehmend in Widersprüche, indem er wiederholt Dinge behauptet, die er kurz darauf zurücknehmen oder anders darstellen muss. Dennoch will er mit der Tat nichts zu tun haben. Vielmehr behauptet der gelernte Fliesenleger, nach einem Streit mit seiner Frau ziellos herumgefahren zu sein und an verschiedenen Stellen geraucht zu haben, so auch am 5. Mai in den späten Abendstunden auf dem Parkplatz »Grüner See«; wann genau er sich dort aufgehalten hat, daran kann er sich angeblich nicht erinnern. Und er behauptet zunächst, nicht zu wissen, dass der Parkplatz ein beliebter Treffpunkt für Homosexuelle ist. Schließlich gibt er jedoch zu, sehr wohl über diesen Umstand informiert gewesen zu sein.

Die Daten seines Handys belegen, dass er zur ungefähren Tatzeit am Tatort war: Um 22.55 Uhr und 22.57 Uhr hat er vom Parkplatz aus zwei SMS an seine Ehefrau geschickt und um 22.58 Uhr mit ihr dreieinhalb Minuten telefoniert. Allerdings finden die Ermittler weder in der Wohnung noch im Wagen des Beschuldigten die Tatwaffe. Dennoch ist auch der Ermittlungsrichter davon überzeugt, dass ein dringender Tatverdacht gegen Justus Kramer besteht, und verhängt gegen ihn Untersuchungshaft.

Christiane Kaufhold, die Ehefrau des mutmaßlichen Mörders, ist mittlerweile stark verunsichert. Sie fragt sich unentwegt, ob es nicht vielleicht doch sein könnte, dass ihr Mann bisexuell ist und er ihr die heile Welt in all den Jahren nur vorgespielt hat.

»Dass mein Mann bisexuell ist, habe ich nicht gewusst, eher geahnt. Vor Jahren hat meine Mutter mich mal gefragt, ob es sein könnte, dass mein Mann auch schwule Kontakte hat. Ich hab gesagt: ›Nee, wie kommst du denn auf so was?‹ Darauf antwortete sie: ›Schau doch mal, wie der aussieht, ständig braun gebrannt und rennt jeden Tag ins Solarium. Und die Cowboystiefel, das ganze tuntenhafte Gehabe. Für mich steht der auch auf Kerle.‹

Mein Mann hat sich auch am ganzen Körper rasiert; dazu dieser viele Schmuck, mit dem er sich behängt hat. Später ließ er sich an seinem Wagen auch noch diesen komischen Angeberauspuff montieren. Eigentlich hätte ich schon draufkommen müssen, dass er bisexuell ist.

Irgendwann habe ich ihn auch darauf angesprochen. Ich wollte es einfach wissen. Aber er hat es vehement verneint. Dass er sich am ganzen Körper rasiert, das gefällt ihm eben, hat er gesagt. Der Schmuck würde ihm eben auch gefallen. Und er liebe es halt, braun zu sein. Da habe ich wieder die Augen zugemacht und dachte: Lass es doch. Lass ihn einfach. Ich habe ja nichts vermisst. So gesehen, wurde mir nichts weggenommen dadurch – bis auf die Tatsache, dass er nicht mehr mit mir geschlafen hat. Das hat er dann so begründet, dass er mich auf einen zu hohen Thron gesetzt hätte, wo er nicht mehr drangekommen wär. Das hat er bestimmt irgendwo mal gelesen, das ist natürlich Unsinn, das habe ich ihm auch nicht abgekauft. Aber mein Leben mit ihm war trotzdem schön.«

Freitag, 19. Juni 2007, 14.26 Uhr.
Parkplatz »Silbergrund« an der A 5,
Streckenkilometer 643, unweit von Rastatt.

Ein Autofahrer bremst, verlässt hastig den Wagen und verschwindet in den Büschen, um sich zu erleichtern. Doch
schon nach wenigen Schritten schreckt er zurück. Denn
direkt vor ihm in dem kleinen Waldstück aus Kiefern und
Birken liegt die Leiche eines älteren Mannes: nackt, zu-
sammengekrümmt, am Schädel klebt ein Rinnsal aus ge-
trocknetem Blut, die Genitalien sind mit Sand und einem
Ast bedeckt.

Der Rechtsmediziner stellt vor Ort durch eine Messung
der Körpertemperatur fest, dass das Opfer bereits seit drei
bis vier Stunden tot ist. Die Kleidung des Mannes wird
nicht gefunden, der Täter hat ihm nur die Sandalen und
die Armbanduhr gelassen. Ob ein schwarzer Handschuh,
der einige Meter neben dem Leichnam gefunden wird, mit
der Tat in Zusammenhang steht, ist ungewiss. Irritierend
finden die Ermittler der eiligst zusammengerufenen Mordkommission der Kripo Karlsruhe vor allem den religiös
anmutenden Gegenstand, den der Täter auf den Genitalien
des Opfers hinterlassen haben muss.

Die Situation am Tatort legt die Vermutung nahe, das
Opfer könnte sich in Erwartung einer sexuellen Handlung
ausgezogen haben und von hinten erschossen worden sein.
Darauf deuten zumindest die Schussverletzung am Hinterkopf und die fehlende Bekleidung hin. Zudem ist der Tatort als stark frequentierter Treff für Schwule überregional
bekannt und auch über das Internet zu finden.

*»Nachdem die Sache mit meinem Mann rausgekommen war, bin
ich auch mal auf so einem Schwulenparkplatz gewesen. Ich dachte,*

ich seh nicht recht. Ich war dort eine Stunde, von 17 bis 18 Uhr, da kamen mindestens fünfzig Autos an. Hauptsächlich dicke Wagen mit Männern, die nicht mehr ganz jung waren. Viele hatten Krawatte, Hemd und Anzug an. Da dachte ich bei mir: Freunde, nach der Arbeit noch schnell hier einen Quickie im Wald, danach nach Hause zur Ehefrau und vorlügen: ›Och, das war wieder so anstrengend. Ich brauche erst mal ein Viertelstündchen, lass mich mal erst mal in Ruhe.‹

Ich wusste gar nicht, dass es so was gibt. Dass das auch so schnell geht. Die gingen alle ins gleiche Wäldchen und kamen nach fünf, spätestens zehn Minuten wieder raus. Und man sah es denen schon an, dass sie verheiratet waren. Aber mein Mann war ja auch nicht besser.

Ich habe nichts gegen Schwule, die können alle machen, was sie wollen. Aber ich habe was dagegen, wenn Männer ihre Frauen dermaßen anlügen. Die heiraten aus Alibigründen oder warum auch immer. Die zerstören doch das Leben der Frauen gleich mit. Dagegen habe ich was. Sollen sie doch alleine bleiben. Sollen sie ihre Freuden haben. Aber sie sollen sich nicht binden und der Ehefrau was vorschwindeln.«

Schon bald findet die Kripo Karlsruhe heraus, dass es sich bei dem Opfer um Wilhelm Lohr handelt, einen 67-jährigen Rentner aus Kelkheim, einer Kleinstadt im hessischen Main-Taunus-Kreis, zehn Kilometer von Frankfurt am Main entfernt. Der Mann war ledig, lebte allein in einem unscheinbaren Mehrfamilienhaus und fuhr einen dunkelgrauen Audi A8.

Nur wenige Stunden nach dem Leichenfund hat die Mordkommission eine heiße Spur, als feststeht, wer etwa zur Tatzeit zuletzt mit Wilhelm Lohr zusammengetroffen ist: Der Mann heißt Günther Kozlik, ein 61-jähriger Immobilienmakler aus Offenbach. Täter und Opfer kannten sich aus der Homosexuellen-Szene, daran besteht kein Zweifel. Die Fahnder gehen fest davon aus, dass es Günther Kozlik war, der sich mit seinem Bekannten getroffen und ihn hinterrücks erschossen hat.

»Einmal hat mein Mann mich geschlagen, das war noch ganz in der Anfangszeit. Ich hatte ihn wieder mal gefragt, wo er denn in den letzten Tagen war. Da kriegte ich auf einmal von ihm eine ins Gesicht geknallt. Aber da war er auch betrunken. Ich hatte ein blaues Auge, die Brille war kaputt, das war's dann aber auch. Er hat sich entschuldigt, damit war die Sache für mich erledigt. So eine Sache ist auch nie wieder vorgekommen.

Sonst war er immer sehr zärtlich zu mir, hat mich am Tag x-mal in den Arm genommen und gestreichelt. Wir haben uns oft geküsst, da habe ich nichts vermisst. Er hat auch immer sehr glaubhaft beteuert, wie sehr er mich liebt. Meine Familie mochte ihn nicht, weil er sich zum Beispiel bei Feiern nicht gerne mit an den Tisch gesetzt hat. Er blieb lieber für sich und ist rausgegangen und hat geraucht. Das hat man ihm übelgenommen; dass er sich so ausgegrenzt hat. Aber er hat immer geguckt, dass es mir gutgeht. Und er hat versucht, alles von mir fernzuhalten, was irgendwie negativ war.«

Den Ermittlern gelingt es, Günther Kozliks Handy zu orten, woraufhin er mit mehreren Zivilstreifen und einem Spezialeinsatzkommando quer durch Offenbach verfolgt wird. Schließlich parkt der Verdächtige seinen giftgrünen Maserati in der Innenstadt und mischt sich unter die Leute. Minuten später greifen die Fahnder zu und drücken den Verdächtigen bäuchlings auf das Trottoir. Günther Kozlik lässt sich widerstandslos festnehmen, hinter seinem Rücken klicken die Handschellen. Das Spiel ist aus.

Nun beginnt für die Kriminalisten die Routinearbeit: Kontaktaufnahme mit der Staatsanwaltschaft, Auswertung und Bewertung der gesicherten Spuren, Befragung von Zeugen, Vernehmung und erkennungsdienstliche Behandlung des Beschuldigten, Vorbereitung einer Pressekonferenz.

Am nächsten Morgen berichten Staatsanwaltschaft und Kripo den Medienvertretern von der Festnahme des Beschuldigten, der die Tat zwar bestreite, gegen den jedoch ein Haftbefehl erlassen worden sei. Allerdings seien die Beweggründe zur Tötung des Opfers und der genaue Tathergang noch unklar, man stehe eben noch am Beginn der Untersuchungen. Dennoch gibt sich der Polizeisprecher optimistisch: »Das Motiv werden die Ermittlungen der nächsten Tage ans Licht bringen.«

»Das Motiv nicht zu kennen, ist für mich besonders schlimm. Ich würde gerne verstehen können, warum mein Mann das gemacht hat. Ich denke für mich immer noch, das kann nicht sein, dass er aus purer Mordlust gehandelt, dass er aus purer Lust am Töten wahllos Menschen erschossen hat. Das kann ich immer noch nicht begreifen. Ich glaube aber schon, dass es einen Grund gegeben hat, warum auch immer. Vielleicht wurde er erpresst. So stelle ich es mir lieber vor. Ich kann einfach nicht glauben, dass er wahllos und kaltblütig Menschen erschossen hat, gerade wenn ihm danach war. Dem zweiten Opfer hat er ein Holzkreuzchen auf die Genitalien gelegt. Mein Mann war aber gar nicht religiös, nicht im Mindesten. Was hat er damit denn bezweckt?«

Günther Kozlik gibt während der Vernehmungen unumwunden zu, das Opfer gekannt zu haben, bestreitet jedoch vehement jeglichen sexuellen Verkehr mit ihm. Dass er Wilhelm Lohr am Tattag getroffen hat, streitet er dagegen nicht ab, aber das sei purer Zufall gewesen. Es komme eben schon mal vor, dass Schwule sich an Homosexuellen-Treffpunkten über den Weg laufen. Daraus könne man ihm aber doch keinen Strick drehen und ihn des Mordes verdächtigen, empört sich der Mann. »Ich bin unschuldig!«

Nur dreizehn Tage nach dem Mord an Wilhelm Lohr müssen die Ermittlungsbehörden zurückrudern. Auf einer gemeinsamen Pressekonferenz der Staatsanwaltschaften Kassel und Karlsruhe wird offiziell bekanntgegeben, dass sowohl Günther Kozlik als auch Justus Kramer zu Unrecht des Mordes beschuldigt worden sind. Der Grund für diese Einschätzung der Ermittler ist spektakulär und beunruhigend zugleich: Die Tötungen bei Eiterhagen und Rastatt wurden mit an Sicherheit grenzender Wahrscheinlichkeit von demselben Täter begangen. Denn ballistische Untersuchungen beim Bundeskriminalamt haben inzwischen ergeben, dass die in beiden Mordfällen gefundenen Projektile höchstwahrscheinlich aus demselben Lauf abgefeuert wurden. Jedenfalls handelte es sich in beiden Fällen um Munition, die in erster Linie von Sportschützen verwendet, aber seit 1996 nicht mehr hergestellt wird.

»Für Waffen hatte er auch ein Faible. Allerdings hatte ich keine Ahnung, dass mein Mann Schusswaffen besaß. Ich wusste nur von diesem großen Gewehr, mit dem man Schwarzpulver verschießen konnte. Irgendwann hat er mal einen Schwarzpulverschein gemacht. Dann hatte er noch so eine kleine Pistole, damit hat er zu Silvester immer Kracher in die Luft geschossen. Mehr wusste ich nicht. Er konnte seine Vorliebe ja nicht so ausleben, weil er wusste, dass ich das überhaupt nicht mag. Jegliche Art von Waffen habe ich strikt abgelehnt und wollte sie vor allem nicht in der Wohnung haben. Er hatte aber ein kleines Schränkchen. Da habe ich aber nie reingeguckt, weil ich von Natur aus keine Frau bin, die Männern nachspioniert. Erst als die Polizei kam, hab ich gesehen, dass da auch viele Messer drin waren. Und dass er jede Menge Schmuckrevolver hatte, so große Dinger, womit man aber nicht mehr schießen kann.«

Die Mordermittler in Kassel und Karlsruhe müssen nun wieder bei null beginnen. Sorge bereiten den Fahndern insbesondere der kurze Abstand zwischen den Taten sowie die unorthodoxe Vorgehensweise des mutmaßlichen Serienmörders, der seine Opfer wahllos zu attackieren scheint: hier ein eher jüngerer Mann, der einen eher ungepflegten Eindruck macht und seine Bisexualität heimlich auslebt, dort ein lebenslustiger älterer Herr, der auf sein Äußeres achtet und sich offen zu seiner Homosexualität bekennt.

Offenbar ist es dem Täter auch gleichgültig, wie eine Tat abläuft. Denn: Harald Huber wurde vollständig bekleidet gefunden, Wilhelm Lohr nackt. Allein die Art und Weise der Schussabgabe ist nahezu identisch. Auch das Nachtatverhalten divergiert deutlich: Nur beim zweiten Mord versuchte der Täter, die Leiche zu verbergen. Hat er dazugelernt?

Neben der übereinstimmenden Munition und der gleichartigen Tatörtlichkeit gibt es aber auch ein Merkmal, das zunächst an eine unterschiedliche Herangehensweise denken lässt: die Tatzeit. Im Naturschutzgebiet »Grüner See« schlug der Täter nachts zu. Wahrscheinlich erschien ihm tagsüber das Risiko zu hoch, da der dortige Parkplatz nicht nur von Homosexuellen angesteuert wurde. Im zweiten Fall tötete er das Opfer in den Mittagsstunden. Allerdings war es auf dem Parkplatz an der A 5 zu dieser Zeit sehr laut, und mit zufälligen Besuchern war eher nicht zu rechnen. Diese Umstände dürften dem Täter bekannt gewesen sein. Nicht zuletzt ist es dem Unbekannten in beiden Fällen gelungen, die ihm wohl fremden Opfer von seiner Ungefährlichkeit zu überzeugen und in eine Situation zu manövrieren, in der sie ihm schutzlos ausgeliefert waren. Deshalb schreiben die Ermittler dem Mann neben seiner Kaltblütigkeit auch ausgeprägte manipulative Züge zu.

»Bestimmte Charaktermerkmale haben sich bei ihm erst im Laufe der Jahre herauskristallisiert. Er konnte zum Beispiel gut manipu-

lieren, besonders mit seinem Taschentrick. Wenn irgendetwas passiert war, das ich mal mehr hinterfragen wollte, dann hat er immer gesagt: ›Jetzt hör doch endlich auf, das ist meine Sache!‹ Wenn ich dann aber nachgebohrt habe, ist er immer schnell ins Schlafzimmer gegangen, hat eine Tasche vom Schrank geholt, fing an zu packen und hat gesagt: ›So, ich gehe jetzt, es stinkt mir!‹ Und ich dummes Schaf habe immer gesagt: ›Ach, bleib doch bitte.‹ So, da waren wir wieder im alten Spiel, und dann habe ich auch nicht mehr weiter nachgefragt.«

Auch mehr als drei Wochen nach dem Mordfall an der A 5 sucht die Kripo weiter mit Hochdruck nach dem mysteriösen Serientäter, der jeden Tag erneut zuschlagen kann. Der Schlüssel zum Erfolg in diesem sehr ungewöhnlichen Fall wird übereinstimmend in der so genannten Opferdisposition gesehen. In diesem Fall sind nämlich »Cruiser« getötet worden, also Männer, die sich auf der mobilen Suche nach anderen Männern befanden und der üblichen Vorgehensweise entsprechend Kontakt aufnahmen – eine rituell anmutende Kombination von flüchtigen Blicken und schnellen Bewegungen –, um möglichst anonym möglichst schnell ans Ziel zu kommen. Oder aber die Opfer hielten sich längere Zeit in einer bekannten Cruising-Area auf, um angesprochen und »abgeschleppt« zu werden. Dem Mörder dürften diese Umgangsformen jedenfalls vertraut gewesen sein, sonst hätte er sich den später Getöteten nicht bis auf wenige Zentimeter ungehindert nähern können. Demzufolge dürften sich die Taten gezielt gegen Homosexuelle gerichtet haben, jedoch ohne dass der Täter eine bestimmte Person im Blick hatte.

Möglicherweise hasst der Täter Homosexuelle, überlegen die Ermittler. Vielleicht ist der Mörder jemand, der sich nicht damit abfinden kann, dass an den Schwulentreffs die Toilettenwände mit Kontaktanzeigen vollgeschmiert werden und benutzte Kondome für jedermann, auch Kinder, sichtbar herumliegen und dass die sexhungrigen Männer ihren Bedürfnissen öffentlich nachkommen, ohne Rücksicht auf das Schamgefühl anderer Menschen zu nehmen. Macht da jemand regelrecht Jagd auf Homosexuelle und will dadurch seine eigenen Vorstellungen von Moral und Anstand gewahrt wissen?

Eventuell ist der Täter aber auch von einem Sexualpartner mit einer schwerwiegenden Krankheit angesteckt worden, vielleicht sogar mit dem HI-Virus. Nachdem die Krankheit ausgebrochen ist, rächt er sich dafür wahllos an Schwulen. Weil er den Mann, der ihm das angetan hat, nicht mehr ausfindig machen kann oder weil er gestorben ist.

Alle Hypothesen werden ausgiebig und kontrovers diskutiert, doch unter dem Strich ist kein klares Motiv zu erkennen. »Alles ist undurchsichtig«, resümiert ein Polizeisprecher. »Nur einen Irren oder Psychopathen, der sich wahllos Opfer sucht, den schließen wir aus.« Dafür erscheint den Ermittlern die Vorgehensweise des Täters zu planvoll und zu umsichtig.

»Die Sache mit der Aids-Erkrankung meines Mannes kam vor vielen Jahren raus. Er hat mich mal von der Arbeit abgeholt und gesagt, er hätte sich wohl angesteckt, als er mit seiner ersten Frau in Kenia in Urlaub war. Das habe ich ihm geglaubt. Inzwischen bin ich anderer Meinung. Ich vermute nämlich, dass er sich bei irgendeinem Mann angesteckt hat. Anfangs habe ich mit ihm darüber gesprochen, dann war das für uns aber kein Thema mehr.

Er ist zweimal im Jahr zu einem Professor gefahren, der auf dem Gebiet eine Kapazität ist. Wir hatten seine Krankheit so gut im Griff, dank mir, weil ich ihm immer pünktlich die Tabletten gegeben habe. Er hätte es sonst vergessen. Er war so gut eingestellt, dass man den

Virus in seinem Blut gar nicht mehr hätte nachweisen können. Ich habe auch ganz ohne Angst weiter mit ihm zusammengelebt.

Ich glaube nicht, dass er sich für die Ansteckung mit Aids an Schwulen rächen wollte. Das ist absoluter Schwachsinn. Auch sein Hausarzt hat doch immer gesagt, dass alles in Ordnung ist und er sehr zufrieden sein kann. Warum also hätte sich mein Mann rächen sollen. Wofür?«

Düstere Engel, grell geschminkte Männer mit Turmfrisuren und andere Paradiesvögel: Am 28. Juli 2007 feiern zweieinhalbtausend Kostümierte ausgelassen den Christopher Street Day, der diesmal in Stuttgart stattfindet. Knapp hundertfünfzigtausend Zuschauer sind gekommen, um den bunten Aufzug zu bestaunen. Und zwei Ermittler der Karlsruher Mordkommission, die einen Infostand aufgebaut haben. Sie zeigen Fahndungsplakate mit den Fotos der Opfer, stehen für Gespräche bereit und hoffen auf Hinweise. Die Fahnder wollen die Teilnehmer des Schwulen-und-Lesben-Festivals vor dem Killer warnen, der sehr mobil zu sein scheint und eventuell auch als Stricher auftritt. Möglicherweise gelingt es auf diese Weise, Menschen zu erreichen, die den Täter näher kennen und vielleicht sogar Dinge beobachtet haben, die ihnen vor dem Fingerzeig durch die Polizei nicht verdächtig vorkamen.

»Mein Mann war der totale Einzelgänger. Er hatte niemanden außer mir. Als ich ihn kennenlernte, da hatte er keinen Freund, mit dem er sich mal hätte treffen können. Er ist nur hin und wieder mit Arbeitskollegen Bowling spielen gegangen. Das hat dann aber schnell aufgehört. Er war auch jemand, der nicht wollte, dass ich Kontakt zu anderen Leuten bekam. Er wollte mich ganz für sich alleine haben. Ich durfte keine Freundin haben. Am besten sollte ich nicht mal zu meiner Familie gehen.

Die Eifersucht war so groß bei ihm, dass er sogar auf eine Katze eifersüchtig war. Ich wollte immer eine Siamkatze haben, aber erst Jahre später hat er endlich nachgegeben, und ich durfte mir eine kaufen. Aber dann beschwerte er sich: ›Die Katze nimmt mir Liebe von dir weg. Ich will deine ganze Liebe haben.‹ Wenn er Freunde gehabt hätte, wäre er vielleicht nicht so eifersüchtig gewesen. Aber er hatte einfach niemanden, dem er vertrauen konnte.«

Die mysteriösen Mordfälle sind mittlerweile zu einem bundesweiten Medienthema geworden. Dabei hat die abwertende Berichterstattung mancher Zeitungen, die im Zusammenhang mit den Taten vom »Homosexuellen-Milieu« geschrieben haben, wie beispielsweise die Bild, für Unmut unter schwulen Lesern gesorgt. Die Leser kritisieren zu Recht, dass der Begriff »Homo-Milieu« suggeriere, homosexuelle Menschen seien in einer kriminellen Umgebung unterwegs. Und eine derartige Darstellung in der Öffentlichkeit könne auch Wasser auf die Mühlen des Täters sein, der sich in seinem mörderischen Tun bestätigt sehe.

Am 31. August 2007 geht um 19.37 Uhr bei der Polizei und Feuerwehr in Aachen der Notruf eines Spaziergängers ein: In einem Waldgebiet bei Stolberg soll eine männliche Leiche liegen.

Ein Streifenwagen und ein Notarzt eilen zum Fundort, der etwa 400 Meter entfernt von der A 4 liegt. Der Leichnam ist nur mit einem grauen T-Shirt bekleidet und weist einen Einschuss am unteren Hinterkopf und mehrere Verletzungen im Brustbereich auf. Das Opfer ist förmlich hingerichtet worden, allerdings höchstwahrscheinlich nicht am Fundort. Die äußerlichen Merkmale sprechen für eine südeuropäische Herkunft, das Alter des Mannes wird auf 30 bis 35 Jahre geschätzt.

Die Polizei sucht den Tatort und die Umgebung mit Metalldetektoren, Diensthunden und einem Hubschrauber ab. Eine schnell eingerichtete Mordkommission fahndet nach einem weißen älteren Pkw, der in der Nähe des Tatorts kurze Zeit gestanden haben soll. Entsprechende Reifenspuren sind vorhanden, aber aufgrund der Witterungsverhältnisse nicht auswertbar.

Die Ermittler haben von den Morden an Homosexuellen in den vergangenen Monaten gehört und nehmen Kontakt mit den zuständigen Behörden auf. Tatsächlich gibt es eine Vielzahl von Parallelen, die auf denselben Täter schließen lassen. Deshalb nimmt die Kripo auch den Parkplatz Eilendorf an der A 4 zwischen Eschweiler-West und dem Autobahnkreuz Aachen unter die Lupe, der als Homosexuellen-Treff genutzt wird.

Um die Identität des Opfers aufzuklären, wird ein Foto zusammen mit einer weiteren Beschreibung des Mannes veröffentlicht. Auffällig ist eine 14 Zentimeter lange Narbe quer dem rechten Oberarm. Nach der Presseveröffentlichung gehen mehrere Hinweise ein, unter denen jedoch nur einer brauchbar ist: Ein Lkw-Fahrer hat gemeldet, zur Tatzeit im Bereich des Parkplatzes mehrere Knallgeräusche gehört zu haben, eventuell Schüsse. Diese glaubwürdige Aussage und der kriminalistische Befund an der Leichenfundstelle – fehlende Geschosshülsen und fehlende Kleidung des Opfers – führen zu der Annahme, der Mann könnte im Bereich des Parkplatzes ermordet worden sein. Deshalb beginnen die Ermittler damit, Fahndungsplakate der Kripo Kassel und Karlsruhe an sämtlichen Autobahnparkplätzen der Region aufzuhängen, die von schwulen Männern als Treffpunkt für flüchtige Sexualkontakte genutzt werden.

Die Parallelen zu den Morden in Hessen und Baden-Württemberg sind verblüffend: gleicher Opfertyp, gleichartiger Tatort, gleiche Tötungsart, gleichartige Vorgehensweise – alles passt zusammen. Die Ermittler gehen davon aus, dass der Täter Beziehungen in Homosexuellenkreisen unterhält. Und er könnte ein soziales Umfeld haben, das von diesen Aktivitäten weiß. Ehefrauen, Freundinnen oder Familienmitglieder könnten stutzig geworden sein, wenn der Mann auf Tour ging und nach Opfern suchte, tagelang, nächtelang.

»Ich überlege heute natürlich auch, wann er das alles gemacht haben soll. In meinem Gedächtnis ist das so, als ob er fast immer da gewesen wäre. Es hat wohl damit angefangen, dass er ab und zu mit dem Wagen los ist. Er sagte dann, er bräuchte das, um Stress abzubauen. Er müsse auf die Autobahn und möglichst schnell fahren. Da würde er alles vergessen und könnte Stress abbauen. Ich hab das zwar nicht gut gefunden, weil ich auch Angst um ihn hatte, aber ich habe ihn dann doch fahren lassen. Ich sagte, okay, dann mach das, wenn du das brauchst.

Manchmal war es schon komisch mit ihm, da rief er mich in den frühen Morgenstunden an und sagte zum Beispiel: ›Du, ich bin jetzt weiter gefahren, als ich wollte. Ich bin jetzt irgendwo bei Frankfurt und so müde, ich stell mich jetzt auf einen Parkplatz und schlafe ein paar Stunden.‹ Wo er aber wirklich gewesen ist, das habe ich nie erfahren.«

Die an der bundesweiten Fahndung beteiligten Kriminaldienststellen gehen jetzt übereinstimmend davon aus, dass sie es mit einem planvoll und umsichtig agierenden Serienmörder zu tun haben, der seine Taten gut vorbereitet und geduldig auf die passende Gelegenheit wartet. Und das macht ihn besonders gefährlich.

»Die ganzen Taten, die er begangen hat, das war doch dilettantisch. Überall hat er seine Zigarettenkippen liegen lassen. Das ist doch bescheuert. Er musste doch wissen, dass man ihm mit seiner DNA

auf die Spur kommen würde. Dann hat er einen gebrauchten Handschuh neben dem zweiten Leichnam liegen lassen. Und er ist immer mit unserem Wagen unterwegs gewesen. Da hätte sich doch jeder das Kennzeichen merken oder aufschreiben können. Das ist schon irgendwo verrückt. Ich muss doch denken, der spinnt. Der ist nicht mehr ganz richtig im Kopf. Oder dachte er, er wird niemals gefunden? Aber so kann doch kein Mensch denken in der heutigen Zeit. Sicher, er ist ein unbeschriebenes Blatt, hatte nie mit der Polizei zu tun; aber trotzdem, er hat so viele Fehler gemacht, geradezu stümperhaft.«

Die Obduktion ergibt, dass dem unbekannten Mann mehrfach in den Oberkörper geschossen wurde, ein Projektil drang jedoch auch direkt oberhalb des Nackens ein. Hat der Täter das Opfer durch die Schüsse in den Oberkörper erst widerstandsunfähig gemacht und dann durch einen Nackenschuss getötet? Oder war es vielleicht andersherum? Sind die Schüsse in den Oberkörper, sollten sie zuletzt erfolgt sein, mehr als Zeichen hoher Aggression zu werten? Hat der Täter sich abreagiert? Ist Hass das Motiv?

Am siebten Tag der Ermittlungen landet die Mordkommission endlich einen Volltreffer, als es gelingt, das Opfer anhand seiner Fingerabdrücke zu identifizieren. Es handelt sich um Cesare Conti, einen 42 Jahre alten Geschäftsmann italienischer Abstammung, der in Belgien lebt. Die dortigen Polizeibehörden teilen mit, dass man den Mann in der Nacht zum 30. August letztmals lebend gesehen habe, als er mit seinem dunkelblauen Porsche Panamera durch den Brügger Stadtteil Koolkerke gefahren sei. Den Wagen habe man einen Tag später im neun Kilometer entfernten Stadtteil Sint-Kruis verlassen aufgefunden.

Da das Opfer laut sämtlicher Befragter weder homo- noch bisexuell veranlagt war und somit nicht als Cruiser in Betracht kommt, entstehen erste Zweifel, ob ein Zusammenhang mit den Schwulenmorden besteht. Oder hat der Täter das Opfer irrtümlich für einen Homosexuellen gehalten und deshalb getötet? Diese Hypothese wird jedoch schnell verworfen, als das Ergebnis des ballistischen Gutachtens vorliegt: Der Mord in Stolberg ist demnach zweifelsfrei mit einer anderen Waffe begangen worden als die übrigen Taten. Dennoch kann nach Auffassung der Ermittler nicht gänzlich ausgeschlossen werden, dass die Taten in Eiterhagen, Rastatt und Stolberg doch zusammenhängen.

Die Fahndungsaufrufe in den Medien sensibilisieren und mobilisieren die Bevölkerung. Zum Fall Wilhelm Lohr melden sich unabhängig voneinander zwei Zeugen, die angeben, zur mutmaßlichen Tatzeit im Nahbereich des Tatorts einen 50–60 Jahre alten Mann gesehen zu haben. Auch in weiteren Details stimmen ihre Beschreibungen überein: knapp 1,80 Meter groß, kurze graue Haare, dunkle Augen, bekleidet mit einem weißen T-Shirt, einer beigefarbenen Jeans und hellen Sandalen. Der Mann war mit einem dunklen Trekkingrad unterwegs. Entweder ist der jetzt Gesuchte, nach dem mit einem Phantombild gefahndet wird, ein wichtiger Zeuge – oder der Täter.

Die Sonderkommissionen in Kassel und Karlsruhe verfolgen mittlerweile rund 800 Spuren. Alle Internetforen, die Homosexuelle zur Beziehungsanbahnung nutzen, werden penibel darauf überprüft, ob sich jemand verdächtig macht. Möglicherweise knüpft der Täter in einem solchen Forum Kontakte, um die nächste Tat zu initiieren, oder er prahlt gar mit seinen Taten und gibt dabei Dinge preis, die nur der Täter wissen kann.

Unterdessen hat man herausgefunden, dass Wilhelm Lohr zur Zeit seiner Ermordung eine Unterhose der Marke

Passionata trug. Wieder wenden sich die Kriminalisten an die Öffentlichkeit. Vielleicht hat der Täter die Unterhose auf der Flucht weggeworfen oder besitzt sie noch, um sich damit zu stimulieren. Überhaupt hofft die Kripo, durch die häufigere Berichterstattung in allen Medien Menschen zu erreichen, die aufgrund bestimmter Details Verdacht schöpfen und vielleicht den entscheidenden Hinweis geben.

»Ich habe nach den Morden an meinem Mann keine Veränderung festgestellt. Überhaupt nicht. Er muss ein toller Schauspieler sein. Was mich im Nachhinein sehr nachdenklich macht: Der erste Mord passierte am 5. Mai 2007. Und eine Woche später sind wir zu einem Italienurlaub aufgebrochen. Wir hatten es da wunderschön, haben uns sehr wohl gefühlt. Wir hatten unheimlich viel Spaß zusammen und haben viel gelacht. Ich konnte an ihm keine Veränderung feststellen. Und eine Woche vorher hatte er einen Menschen umgebracht. Das nenne ich kaltblütig.

Auch nach dem zweiten Mord war das so: Er war ruhig wie immer. Gut, er war ja meistens ruhig und in sich gekehrt. Und er war depressiv, bekam Tabletten dagegen. Da dachte ich mir halt, er denkt vielleicht über seine Krankheit nach. Mal verhält es sich besser, mal schlechter. Aber nun weiß ich, dass er ganz andere Dinge im Kopf hatte. Oder er hat nicht gesprochen, weil er Angst hatte, er verplappert sich.

Einmal kam die Sache im Radio, da wurde über die Morde berichtet. Da habe ich meinen Mann auch drauf angesprochen: ›Du, Schatz, das ist ja furchtbar, das ist ja entsetzlich. Da müssen ja jetzt alle Schwulen Angst haben.‹ Darauf sagte er: ›Ja, mein Täubchen, ich finde es auch grauenvoll. Ich kann nicht verstehen, wie jemand so etwas machen kann.‹ Dass der da so lapidar drüber weggehen konnte, Wahnsinn.«

Im Fall Cesare Conti teilt die belgische Polizei den deutschen Ermittlungsbehörden Anfang Oktober mit, dass der Mann in Brügge getötet und höchstwahrscheinlich noch am selben Tag im Waldgebiet bei Stolberg abgelegt wurde. Vermutlich ist das Opfer von Tätern aus dem Bereich der organisierten Bandenkriminalität erschossen worden. Somit dürfte ein Zusammenhang mit den Morden an Harald Huber und Wilhelm Lohr ausgeschlossen sein.

Dafür gibt es aber plötzlich eine heiße Spur des unheimlichen Serienmörders, die in die älteste Stadt Baden-Württembergs nach Rottweil führt. Das Landeskriminalamt teilt den Ermittlern der Kripo Rottweil und Kassel nämlich mit, dass es in der bundesweiten DNA-Datenbank eine Übereinstimmung von Tatortspuren gibt: Eine nach einem Überfall auf einen Autofahrer am 19. Juli in Rottweil gesicherte DNA-Spur weist die gleichen Merkmale auf, wie sie auch bei dem Mord am 5. Mai bei Eiterhagen gesichert wurden.

Rückblende.
Sonntag, 19. Juli 2007, gegen 15.30 Uhr. Rottweil,
im Bereich der Busparkplätze am Oberen Marktplatz.

Daan Simons sitzt in seinem schwarzen VW Touareg und wartet auf seine Frau. Der 55-Jährige wohnt in Maastricht, seit drei Tagen macht er mit seiner Gattin einen Kurzurlaub in Deutschland. Plötzlich wird die Beifahrertür seines Wagens aufgerissen. Ein unbekannter Mann bedroht Daan Simons mit einem Klappmesser und brüllt, er solle den Wagen starten und losfahren. Doch Daan Simons, ein 100-Kilo-Mann, weigert und wehrt sich, es kommt zu einem Handgemenge, bei dem das Opfer an beiden Händen

Schnittverletzungen erleidet. Dennoch gelingt es Daan Simons, mehrfach mit den Händen auf die Hupe zu schlagen. Passanten werden aufmerksam und nähern sich dem VW Touareg, worauf der Täter flüchtet und das Messer zurücklässt. Ein junger Mann verfolgt den Täter bis ins nahe Heinrichstal, doch dort verliert sich seine Spur.

Der Täter wurde von allen Zeugen sehr ähnlich beschrieben: 55–65 Jahre alt, 1,70 bis 1,75 Meter groß, gepflegte Erscheinung, bekleidet mit einem grünen Hemd und einer hellen Hose. Vermutlich hatte er eine dunkle Umhängetasche bei sich. Eine ältere Dame hatte dem Täter direkt in die Augen geschaut. In seinem Gesicht sei »so ein Verlegenheitslächeln gewesen«, berichtete die Frau der Kripo. »Er hat mich angeschaut. Das waren hellblaue Augen. Sie hatten irgendetwas Merkwürdiges an sich.«

Weitere Zeugen sagten bei der Kripo aus, der Täter habe nur wenige Meter vom VW Touareg des Opfers entfernt längere Zeit auf einer Begrenzungsmauer gesessen und geraucht und dabei ganz und gar unbeteiligt gewirkt. Der junge Mann, der den Täter verfolgt hatte, sprach gegenüber der Polizei von dem »stechenden Blick« des Flüchtenden. Der war wohl nur entkommen, weil der Zeuge ungeeignetes Schuhwerk getragen hatte: Badelatschen.

Die Ermittler rekonstruierten den Fluchtweg des Täters und fotografierten alle dort parkenden Fahrzeuge. Auch erstellten sie mit Hilfe der Zeugen ein Phantombild des Täters und präsentierten es der Öffentlichkeit. Möglicherweise war der Unbekannte von Passanten auf dem Marktplatz, insbesondere im Bereich der Wasserfontänen, gesehen worden. Denn an diesem sonnigen Sommertag hatte auf dem Oberen Marktplatz ein gut besuchter Trödelmarkt stattgefunden.

Bei dem zurückgelassenen Messer handelte es sich um ein Klappmesser des amerikanischen Herstellers Spyderco. Es hatte eine Klingenlänge von 21 Zentimetern, das Griffstück war dagegen nur 13 Zentimeter lang. Weil es sich um ein recht auffälliges Messer handelte, erhoffte sich die Kripo Hinweise darauf, wer ein solches Klappmesser besaß bzw. besessen hatte. Obwohl die Ermittler an den Zigarettenkippen, die der Täter weggeschmissen hatte, DNA-Spuren sichern konnten und zudem über eine recht präzise Beschreibung und über ein Phantombild verfügten, blieb die Tat zunächst ungeklärt.

Erst der später durchgeführte routinemäßige Abgleich der an den Tatorten in Rottweil und Kassel gesicherten DNA-Spuren in der Datenbank des BKA führt zu der Erkenntnis, dass es sich höchstwahrscheinlich um denselben Täter handeln dürfte.

»Im Juli passierte die Sache in Rottweil mit dem Autofahrer. Nur einige Tage später war eine große Hochzeit in unserer Familie. Da hat eine Nichte von mir geheiratet, etwa 150 Gäste waren geladen. Am selben Tag ist auch mein Vater gestorben. Mein Mann war wie immer, man hat ihm nichts angemerkt. Also ich begreife das nicht.«

Die Ermittler der Sonderkommissionen in Kassel und Karlsruhe sind erstaunt: Der Raubüberfall in Rottweil, begangen zwei Monate nach dem Mord bei Eiterhagen, passt nicht ins Bild. Insbesondere das Motiv bleibt unplausibel. Wollte der Täter sein Opfer vom belebten Marktplatz entführen, um es anderswo zu töten? Oder wollte er den Touristen nur ausrauben? Oder hatte er es auf den Wagen abgesehen? War allein Habgier das Motiv?

»Ich habe von den finanziellen Problemen meines Mannes nichts bemerkt. Aber er muss wohl in der letzten Zeit sehr klamm gewesen sein; deshalb hatte er wohl auch die vielen Konten. Im letzten halben

Jahr, noch vor seiner Verhaftung, hatte er sage und schreibe 24 Konten, eins nach dem anderen eröffnet. Jedes Konto hat er dann ins Soll gehen lassen. Bei einer der Banken hat er sogar noch ein Darlehen von 17 000 Euro bekommen. Was ich nicht verstehen kann, ist, wie er unser ganzes Geld durchgebracht hat, weit über 250 000 Euro. Das Geld war einfach weg. Er alleine weiß, wo es geblieben ist.

Mir ist gar nicht aufgefallen, dass alles Geld weg war. Er hatte mir zwei Jahre vor seiner Verhaftung gesagt, er würde sich ab jetzt um die Finanzen kümmern. Ich war auch ganz froh darüber, weil ich vorher alles Finanzielle geregelt hatte. Er hat mir mein Taschengeld immer in eine Schatulle getan, bis zum Schluss. Aber dann war er wohl so ausgereizt, dass er auch bei mir aufgeflogen wäre.«

Anfang Dezember kommt es zu einem intensiven Informations- und Gedankenaustausch der Ermittler aus Kassel und Karlsruhe mit den Kollegen der Kripo Rottweil. Fallerkenntnisse werden diskutiert, Datenbanken verknüpft und Strategien für die weitere Verfahrensweise bei den Ermittlungen formuliert und dokumentiert.

Schließlich kristallisiert sich ein besonders erfolgversprechender Ermittlungsansatz heraus: Nach dem Überfall auf den 51-jährigen Niederländer in Rottweil haben die Ermittler entlang des angenommenen Fluchtwegs des Täters alle Pkws fotografiert, auch in den Nebenstraßen. Beim Abgleich der Fahrzeuge mit den Zeugenaussagen im Fall Harald Huber richtet sich das Augenmerk nun auf einen anthrazitfarbenen Saab 9-2X mit Waiblinger Kennzeichen, der zur Tatzeit im Nahbereich des Tatorts in Rottweil geparkt war und auch kurz nach dem Mord bei Eiterhagen auf einem Ausweichparkplatz gesehen worden sein könnte, jedenfalls soll dort ein dunkler »skandinavisch aussehender« Wagen gestanden haben. Die Ermittler hoffen nun, dem Serienmörder endlich auf der Spur zu sein.

»In den Tagen und Wochen vor seiner Verhaftung war mein Mann noch schweigsamer als sonst, regelrecht in sich gekehrt. Er hat noch weniger gelacht. Das habe ich aber alles auf seine fortschreitende Depression zurückgeführt. Außerdem war er antriebslos, hatte zu nichts mehr Lust. Ich habe öfter zu ihm gesagt: ›Komm, lass uns mal wieder mit dem Auto ein bisschen wegfahren.‹ Doch er hat immer bloß geantwortet: ›Nein. Ich habe keine Lust.‹ Er war irgendwie an allem desinteressiert. Und weil er seit kurzem neue Tabletten gegen seine Aids-Erkrankung und gegen die Depressionen nahm, habe ich sein merkwürdiges Verhalten auf die Tabletten geschoben. Ich dachte, er kommt damit noch nicht so gut klar.

Zu dieser Zeit hat er auch öfter mal die ganze Nacht am Computer zugebracht, ist nicht ins Bett gegangen. Oder er ist ganz früh ins Bett und schlief vierzehn Stunden durch. Sein Schlafrhythmus war ziemlich durcheinander. So hatte ich ihn noch nie erlebt. Auch wenn er von seinen Autofahrten zurückkam, hat er nichts gesagt. Aber das war ich ja schon gewohnt und hab mir deshalb nichts dabei gedacht.«

Der anthrazitfarbene Saab ist auf einen 63-jährigen Rentner zugelassen, der im Zentrum Waiblingens wohnt, und das seit siebzehn Jahren. Der Mann heißt Franz Rawski, ist verheiratet und nicht vorbestraft. Einen Waffenschein besitzt der Verdächtige nicht. Die Ermittler wollen zunächst weitere Erkenntnisse sammeln und observieren den Mann, der auch große Ähnlichkeit mit dem Phantombild des Täters in Rottweil aufweist. Nachdem weitere Informationen über Franz Rawski zusammengetragen worden sind und ein richterlicher Beschluss für die Durchsuchung seiner Wohnung vorliegt, schlagen die Fahnder am 12. Dezember 2007 zu.

»Als die Kripo anrückte, dachte ich zuerst an einen Überfall. Ich habe einen Mordsschreck gekriegt. Die sind einfach in die Wohnung hineingestürmt, haben wohl vorher meinen Mann abgepasst, der vom Einkaufen kam. Wenig später standen mehrere Beamte um mich herum und fragten, ob ich allein bin. Ich hab ja gesagt. Und dann ging es los, die haben alles auf den Kopf gestellt. Nachher sah es aus, als hätte eine Bombe eingeschlagen.

Erst waren die ziemlich forsch zu mir, das hat sich aber relativ schnell gelegt. Vielleicht haben sie gedacht, ich wüsste über die Morde Bescheid. Aber ich durfte mich in meiner Wohnung nicht mehr alleine bewegen, selbst auf die Toilette durfte ich nur in Begleitung einer Beamtin. Ich saß während der Durchsuchung auf meinem Lehnstuhl und hatte meine Katze auf dem Arm, die am ganzen Leib zitterte. Schließlich haben die Beamten mir Fragen gestellt.«

Die Fahnder vermuten tatsächlich, Elisabeth Rawski könnte an den Taten beteiligt gewesen sein oder davon gewusst haben. Deshalb wird die 61-Jährige ins Kreuzverhör genommen:

»Frau Rawski, wir haben im Kofferraum Ihres Wagens Sachen gefunden, die man auch für einen Banküberfall benutzen kann. Was wissen Sie darüber?«

»Davon weiß ich nichts.«

»Sie wollen uns also weismachen, dass Sie nichts davon mitbekommen haben?«

»Ich habe mich um den Wagen nicht gekümmert, das war Sache meines Mannes.«

»Warum haben Sie sich denn dafür nicht interessiert?«

»Es ist doch immer nur er damit gefahren!«

»Und Sie nicht?«

»Nein. Ich habe zwar einen Führerschein, aber ich bin seit über zwanzig Jahren nicht mehr Auto gefahren. Deshalb habe ich auch nicht in den Kofferraum geguckt. Das muss doch alles ein großer Irrtum sein. Sie haben bestimmt den falschen Mann verhaftet.«

Schließlich lassen die Beamten von Elisabeth Rawski ab, sie macht einen durchaus glaubwürdigen Eindruck und ist wohl auch nicht in der Lage, sich zu diesem Zeitpunkt einer echten Vernehmung zu stellen.

Bei den Durchsuchungsmaßnahmen stoßen die Fahnder auf wertvolle Beweismittel: Im Kofferraum des Saab werden ein brauner Rucksack und eine Umhängetasche gefunden, in denen neben einer Sportschützenpistole auch Munition aufbewahrt wurde. Es ist dieselbe, inzwischen vergriffene Munitionsart, mit der auch Harald Huber und Wilhelm Lohr erschossen wurden.

Ebenfalls im Kofferraum des Wagens findet man einen Elektroschocker, eine dunkelblaue Wollmaske, schwarze Wollhandschuhe, Einmalhandschuhe und einen handgeschriebenen Zettel:

»Das ist ein Überfall: Bleiben Sie ruhig, keinen Alarm schlagen, dann passiert hier keinem etwas. Diese Waffe ist geladen und entsichert. Legen Sie jetzt die Banknoten in diese Plastiktüte, aber keine markierten oder präparierten Scheine. Bleiben Sie ruhig.«

Entweder hat Franz Rawski bereits einen Banküberfall verübt oder er hatte es vor, schlussfolgern die Ermittler. Der Verdächtige wird aufgrund der gefundenen Beweise vorläufig festgenommen und erkennungsdienstlich behandelt – Fotos, Fingerabdrücke, Speichelprobe. Jeden Versuch der Fahnder, mit ihm über die Morde ins Gespräch zu kommen, lehnt der Mann ab und schweigt beharrlich.

»Ich bin durch die Hölle gegangen. Eigentlich habe ich die ganze Zeit gedacht: Das kann nicht wahr sein! Ich dachte: Franz ist mein Mann, der war doch immer lieb und nett. Wann soll er das denn alles gemacht haben? Am Tag der Verhaftung habe ich bei meiner Freundin übernachtet. Natürlich wurde dann auch noch an dem

Abend über die Sache gesprochen. Aber auch da hab ich immer wieder gesagt: ›Du, ich glaube nicht daran. Ich glaube nicht, dass er das war. Das wird sich bestimmt aufklären.‹«

Noch am Wochenende haben Experten des Landeskriminalamtes Baden-Württemberg die DNA-Probe des Beschuldigten mit den Spuren aus Rottweil und Eiterhagen verglichen – Volltreffer! Franz Rawski ist an beiden Tatorten gewesen und hat dort biologische Spuren hinterlassen, die einen besonders hohen Beweiswert haben. Die Staatsanwaltschaft Karlsruhe beantragt daraufhin einen Haftbefehl, der von einem Richter noch am selben Tag erlassen wird.

»Die ersten Tage nach seiner Verhaftung waren die schlimmsten meines Lebens. Ich war ganz auf mich allein gestellt. Ich hatte niemand, der bei mir war. Ich bin in meiner Wohnung hin und her getigert. Obwohl ich sonst von Alkohol nichts halte, habe ich viel getrunken, einmal sogar eine ganze Flasche Schnaps. Ich wollte mich einfach nur betäuben, damit ich nicht unablässig darüber nachdenken muss. Schließlich bin ich zum Hausarzt gegangen, und der hat mich sofort am gleichen Tag in die Psychiatrie eingewiesen. Und das war auch gut so, denn ich wollte mir das Leben nehmen. Ich hatte keinen Willen und keine Kraft mehr, das alles auszuhalten. Es war eine verdammt schwere Zeit.«

Drei Tage nach der Festnahme des mutmaßlichen Serienmörders liegt das Sachverständigengutachten des Bundeskriminalamts vor: Demnach steht fest, dass die in Franz Rawskis Wagen sichergestellte Pistole des Schweizer Herstellers Hämmerli sowohl auf dem Parkplatz an der L 3228 als auch auf dem Parkplatz an der A 5 abgefeuert wurde. Jetzt besteht kein vernünftiger Zweifel mehr an Franz Rawskis Täterschaft.

Seine Beweggründe dagegen liegen weiter im Dunkeln.

Erscheint die Sache in Rottweil noch wie ein missglückter Raubüberfall, so bleibt das Motiv für die Morde in Eiterhagen und Rastatt eher diffus. Die Ermittler vermuten, dass die Gründe für das Abgleiten des Mannes in die Kriminalität mit seinen Lebensumständen zusammenhängen. Denn schnell hat sich bei den Ermittlungen herausgestellt, dass Franz Rawski über viele Jahre hinweg ein bizarres Doppelleben geführt hat: Biedermann und Lebemann, Macho und Mörder.

»Ich habe davon erst erfahren, als mich zwei Kriminalbeamte in der Klinik besucht und befragt haben. Natürlich wusste ich nicht, dass mein Mann mich in all den Jahren mit einer Arbeitskollegin betrogen hat. Natürlich wusste ich nichts von seiner Bisexualität. Natürlich wusste ich nicht, dass er unser gesamtes Vermögen durchgebracht hatte. Das war schon ein schwerer Schlag. Mit einem Mal stand ich vor dem Nichts.

Er war für mich jetzt nicht mehr nur ein Mörder, der mich obendrein um mein Geld gebracht hat, sondern er war mit einem Mal auch ein Mensch, der mich wahrscheinlich nie richtig geliebt hat, der mir wohl von Anfang an was vorgespielt, mich nur benutzt hat. Die Kripo hat das doch alles herausbekommen: die Besuche in den Clubs und im Pornokino für Schwule, die Fahrten zu den Schwulenparkplätzen, die Frauenbekanntschaften im Internet. Man hat das ja alles rekonstruiert, was er gemacht hat. Und da habe ich halt gemerkt, was für ein Doppelleben er geführt, wie er mich verarscht, wie er mich die ganze Zeit über angelogen hat. Das hat mir wirklich den Boden unter den Füßen weggezogen, weil er für mich doch immer ein Mensch gewesen war, von dem ich geglaubt habe, dass er mich liebt. Ich war auf einmal mit einem Fremden verheiratet.«

Und doch hält Elisabeth Rawski an ihrem Mann fest, steht zu ihm und hofft darauf, dass alles vielleicht doch nur ein großer Irrtum sein könnte. Schon der erste Brief, den sie von ihrem Mann bekommt, lässt ihr das Herz schwer werden.

»Täubchen, mein süßes Täubchen«, schreibt Franz Rawski an seine Frau, »mein Kopf ist so leer, und mein Herz ruft nach Dir. Es ist das erste Mal, dass wir es so lange getrennt voneinander aushalten müssen. Schlimm! Sicher stürzen viele Sachen auf Dich ein. (...) Wenn ich an Dich denke, dann muss ich weinen. Aber das muss ich mir hier verkneifen, das würde ganz schnell als Schwäche angesehen und mich gefährden. Bitte bleib stark. Ich werde Dich immer lieben. (...)«

Selbst in den täglichen Briefen an seine Frau geht Franz Rawski mit keinem Wort auf die ihm vorgeworfenen Taten ein. Und weil der Mann auch weiterhin partout nicht aussagen will, befragen die Ermittler Personen aus seinem Umfeld. Dabei offenbart sich eine längere Krankheitsgeschichte.

»Bereits in den 1970er Jahren musste er mehrere Monate in einer Klinik verbringen. Damals war er noch mit seiner ersten Frau verheiratet und hatte mehrere Geliebte. Damit ist er irgendwann nicht mehr klargekommen, die Sache ist ihm über den Kopf gewachsen. Sein Sexualleben muss wohl sehr ausschweifend gewesen sein. Jedenfalls bekam er später Depressionen. Dagegen wurden Medikamente verschrieben. Vielleicht ist er deshalb auch beruflich nie weitergekommen. 2001 ist er dauerhaft krankgeschrieben worden, zwei Jahre später ging er in Rente.«

Wer nichts zugibt, kann sich auch nicht dazu äußern, warum er zwei Menschen ermordet hat. Auch Wochen nach Franz Rawskis Verhaftung fischen die Ermittler im Trüben, weil der Beschuldigte die Aussage verweigert. Gestützt auf die vorliegenden Untersuchungsergebnisse kann deshalb nur gesagt werden, dass sich der Täter seine Opfer kurzfristig und willkürlich ausgesucht hat. So bleibt den Ermittlungsbehörden nur die Hoffnung, Franz Rawski könnte sich im Verlauf der Gerichtsverhandlung offenbaren.

Schwerverbrechen wie die Morde an Harald Huber und Wilhelm Lohr finden ihren vorläufigen Abschluss mit der Abgabe der Ermittlungsakten an die Staatsanwaltschaft. Jetzt geht alles seinen juristischen Weg. Und am Ende steht das Urteil. Doch es bleibt immer etwas zurück. Jemand bleibt zurück. Menschen, die gerne übersehen und vergessen werden, weil sie keine Lobby haben und kurzerhand in Sippenhaft genommen werden: die Ehepartner der Täter. Ihnen werden bisweilen sogar von den eigenen Angehörigen Mitgefühl und Mitleid verweigert, weil sie mit verantwortlich gemacht werden für Verbrechen, die sie nicht begangen und von denen sie nichts gewusst haben. Die Folgen dieser sozialen Ausgrenzung sind regelmäßig dramatisch. Bei Elisabeth Rawski ist es besonders schlimm.

»Als die Sache rauskam, hat mehr oder weniger keiner mehr mit mir gesprochen. Die meisten in meiner Familie wollten von Anfang an nichts mehr mit mir zu tun haben. Die wollten auf gar keinen Fall in die Sache mit hineingezogen werden. Das wäre rufschädigend, und das könnten sie sich nicht erlauben. Da hat sich einfach keiner mehr gemeldet. Die ganze Zeit nicht. Überhaupt nicht. Egal ob ich Geburtstag hatte oder sonst was. Für die bin ich tot.

Selbst meine beste Freundin hat mir noch in der Klinik gesagt, sie will mit mir nichts mehr zu tun haben, weil sie meinen Mann sowieso nie gemocht hat. ›Und dieser Mann hat mich angefasst!‹, hat sie sich beschwert. ›Dieser Mann hat mir noch die Hand gegeben!‹ Sie hat einfach total überreagiert. Ich habe sie seitdem auch nicht mehr gesprochen und nicht mehr gesehen. Mein Bruder hat sich inzwischen auch von mir distanziert. Der hat vor kurzem eine Metzgerei aufgemacht, die ich nicht betreten darf. Ich habe dort Hausverbot. Auch er fürchtet um seinen Ruf. Ich darf aber auch nicht mehr zu ihm nach Hause.«

Elisabeth Rawski gehen die Haare aus, sie verliert ihre Stimme, kann nur noch krächzen. Die Ärzte finden keine biologische Ursache, die Seele ist verletzt. Trotz all dieser Erniedrigungen und Entbehrungen, die sie psychisch krank werden lassen, hält sie zu jenem Mann, dem sie all ihr Leid zu verdanken hat.

»Ich habe ihn zum ersten Mal besucht, nachdem ich aus der Klinik gekommen bin. Bis dahin hatten wir uns nur geschrieben, ich war einfach für ein Treffen mit ihm noch nicht bereit gewesen. Dann hat er es sich aber so gewünscht, dass ich mal komme, da bin ich Mitte April zu ihm gegangen. Und das war schon sehr, sehr schlimm, ihn so zu sehen. Er heulte die ganze Zeit, und ich habe auch geheult. Da war das noch relativ frisch, und er hat mir sehr gefehlt. Das tat körperlich richtig weh. Wir waren doch die Jahre über so eng zusammen gewesen. Wir hatten ja nur uns. Ich hatte nur ihn. Das war ein ganz trauriger, ganz schwerer Besuch für mich. Er hat es letztlich mir überlassen, ob ich ihn auch weiterhin besuchen würde.«

Alle Rahmen, in denen Bilder ihres Mannes hängen, hat Elisabeth Rawski abgedeckt. Sie will ihn nicht mehr sehen und hat Angst davor, nicht Distanz halten zu können zu diesem Mann, der ihr in fünfzehn Ehejahren nur etwas vorgespielt, der sie ausgenutzt, der sie bloßgestellt, der sie gekränkt, der ihr Leben ruiniert hat.

»Am meisten hat mich verletzt, dass er mich so verarscht hat. Dass ich im Nachhinein erfahren musste, dass er eben sehr viele sexuelle Kontakte hatte, nur eben mit mir nicht. Dass er mir da die ganze Zeit etwas vorgespielt und mir auch mein Sexualleben vorenthalten hat. Dass er mich mit so einer Kaltschnäuzigkeit belogen und betrogen hat.«

Das bisherige Leben hat für Elisabeth Rawski abrupt aufgehört. Peng! Peng! – zwei Schüsse aus der Pistole ihres Mannes haben sie in ein persönliches Desaster befördert: finanziell ruiniert, ein Leben in Schande, ausgegrenzt, totgeschwiegen. Auch die Nachbarn grüßen sie nicht mehr oder wechseln die Straßenseite, wenn die Frau des Serienkillers ihnen entgegenkommt. Mit so einer will man nicht gesehen werden, mit so einer will man nichts zu tun haben. Kontaktsperre. Funkstille. Kriegserklärung. Und wenn man sich aus den Augen verloren hat, werden die Messer gewetzt. »Wir haben es ja schon immer geahnt«, heißt es dann.

»Anfangs habe ich mich für meinen Mann geschämt. Da bin ich auch nicht mehr rausgegangen. Da habe ich mich wochenlang in meiner Wohnung versteckt. Ich wollte nicht raus, weil ich dachte, die sehen mir das alle an, dass mein Mann ein Mörder ist. Erst Wochen später habe ich das nicht mehr eingesehen, dieses Fremdschämen ist jetzt vorbei, habe ich mir gesagt. Du kannst doch überhaupt nichts dafür. Aber die Menschen verstehen das nicht, die wissen nicht, wie sie damit umgehen sollen. Wie sie mit mir umgehen sollen. Für die bin ich nur noch Luft.

Aber manchmal denke ich schon: Was bin ich nur für eine furchtbare Person? Immer schleicht sich der Gedanke in meinen Kopf, ich könnte schuld sein an der Sache, ich hätte doch etwas merken müssen. Aber selbst Psychologen haben zu mir gesagt, dass sich mein Mann eben sehr gut verstellen konnte und sich nichts hat anmerken lassen.«

Doch die Selbstzweifel lassen sich nicht einfach wegpusten wie Seifenblasen, sie bleiben und nagen an ihrem Selbstwertgefühl.

Elisabeth Rawski hat nichts von den Mordgelüsten ihres Mannes gewusst. Und dennoch: Es gab immer wieder Anhaltspunkte dafür, dass die schöne heile Welt Risse hatte und sich hinter der Maske des liebevollen Ehemanns ein Mensch versteckte, der dem Leben und seinen eigenen überhöhten Ansprüchen nicht gewachsen war und schließlich daran zerbrach. Und der sich sehenden Auges in eine Sackgassensituation hineinmanövrierte und irgendwann seinen niederen Instinkten nichts mehr entgegensetzen wollte.

Seine Frau hat sich ihren ehelichen Problemen nicht gestellt, sondern stets einen Grund gefunden, ihren Mann gewähren zu lassen. Ausblenden und verdrängen ist eben bequemer als die Konfrontation mit der Wahrheit, die unbequem ist und viele Probleme und wenig Hoffnung macht. Doch die schlimmste Strafe ist für Elisabeth Rawski das Alleingelassenwerden. Das Alleinsein.

»Die Einsamkeit ist furchtbar, einfach niemand zu haben, nicht einmal mit jemand reden zu können. Am liebsten würde ich meinen Mann wiederhaben wollen, aber ohne die Morde und das alles. Aber mit dem Wissen, das ich jetzt habe, darf er mir gar nicht fehlen. Es vergeht keine Stunde, in der ich nicht an ihn denken muss. Er ist ständig in meinem Kopf. Natürlich fehlt mir auch meine Familie. Überhaupt menschliche Nähe.«

Die Gerichtsverhandlung beginnt unter massiven Sicherheitsvorkehrungen, das Medieninteresse ist groß. Die Staatsanwaltschaft sieht in dem Angeklagten »eine Gefahr für die Sicherheit«, Franz Rawski habe »einen Hang zu erheblichen Straftaten«. Als Motiv nehmen die Anklagevertreter Rache an, weil der mutmaßliche Serienmörder sich vor Jahren mit dem HI-Virus angesteckt habe. Franz Rawski selbst gibt den interessierten, stoischen Zuhörer und schweigt auch diesmal.

Zunächst wollte seine Frau ihn schonen. Denn am Anfang, als er verhaftet wurde, da waren noch Gefühle in ihr –

für ihn. Später war es mehr Loyalität, unterhalten von der Vorstellung, dem eigenen Ehemann verpflichtet zu sein: in guten wie in schlechten Zeiten. Für Elisabeth Rawski sind das nicht nur Lippenbekenntnisse, sondern unverrückbare Maximen ihres Handelns. Eigentlich.

Doch je mehr sie über ihren Mann erfuhr, desto fremder wurde er ihr, desto tiefer bohrte sich der Stachel der Enttäuschung in ihre Seele. Jetzt also will sie vor Gericht aussagen, reinen Tisch machen und mit Vorurteilen aufräumen. Doch es kommt erst einmal anders als erwartet.

»Ich saß da vorne und kriegte ein Ding nach dem anderen über meinen Mann gesagt, was ich bis dahin gar nicht wusste. Ich saß da wie betäubt. Alles zog an mir vorbei, weil ich dachte, das kann doch nicht wahr sein. Ich dachte: Das kann nicht sein, das geht nicht, das geht schon zeitlich gar nicht. Da stimmt was nicht. Aber die Beweise waren erdrückend. Ich musste es dann glauben.«

Als Elisabeth Rawski aussagt, zeigt der sonst so kühl und unnahbar wirkende Angeklagte erstmals Reaktionen: Er schluchzt unentwegt, sein Verteidiger oder die Wachtmeister müssen ihm immer wieder die Nase putzen und die Augen trocknen, weil seine Hände gefesselt sind und zur Sicherheit aller in Spezialhandschuhen stecken, sogenannten Cuffbags. Auch die Füße sind aneinandergekettet. All die Fesseln signalisieren: Da sitzt jemand auf der Anklagebank, vor dem man sich fürchten muss, der gemeingefährlich ist. Da sitzt aber auch jemand, der sich selbst gefährden könnte – Franz Rawski hat während der Inhaftierung zwei Suizidversuche überlebt.

»Ich hörte immer, wie er flehte: ›Täubchen, schau mich doch mal an. Täubchen.‹ Ich schüttelte immer den Kopf und versuchte nur, jetzt bloß nicht zu heulen. Ich versuchte nur, die Zeit rumzukriegen und die Fragen zu beantworten, so gut ich konnte; dass es vorbeigeht, *dass Schluss ist. Dass ich dann endlich alleine sein und auch heulen kann. Es war schlimm, und er sagte immer wieder: ›Es tut mir so leid. Es tut mir so leid.‹«*

Elisabeth Rawski fällt es unerwartet schwer, die Stationen ihrer Ehe Revue passieren zu lassen und auch zu erklären, warum alles so gekommen ist. Stets betont sie, ihren Mann gar nicht zu kennen. Den Blickkontakt zu ihm vermeidet sie.

»Erst zum Schluss habe ich ihn angeguckt und nur den Kopf geschüttelt. Ich wollte ihm signalisieren, dass ich kein Gefühl mehr für ihn habe, dass da nichts mehr ist. Obwohl mir mein Herz etwas anderes gesagt hat. Am liebsten wäre ich zu ihm hingegangen und hätte ihn in den Arm genommen. Trotz allem.

Er sah jetzt aber auch so verändert aus, hatte zugenommen und sich einen Dreitagebart wachsen lassen. Obendrein hatte er jetzt sehr lange Haare, obwohl er genau wusste, dass ich beides nicht mag. Er saß mir gegenüber wie ein Fremder. Und ich dachte so bei mir: Du bist nicht mehr mein Mann. Das ist ein anderer Mensch. Dich haben sie irgendwie ausgetauscht. Dir haben sie das Gehirn rausgenommen. Ich kriege das nicht in diesen einen Mann rein. Ich schaffe das nicht.«

Die insgesamt dreistündige und mitunter belastende Aussage seiner Frau nimmt den Angeklagten derart mit, dass die Verhandlung kurz unterbrochen werden muss. Als Franz Rawski wieder in den Saal zurückgeführt wird, weint er immer noch so stark, dass seine Worte, die er an seine Frau richtet, nicht zu verstehen sind.

An den folgenden Verhandlungstagen schildern Zeugen, darunter zwei Ex-Geliebte des Angeklagten, Franz Rawski als charmanten, einfühlsamen und höflichen Menschen, teils von entwaffnender Freundlichkeit, dem man solche Verbrechen nicht zugetraut habe. Nur stehen diese eher freundlichen Charakterisierungen im krassen Gegensatz zu den verhandelten Verbrechen und befeuern die Rätselhaftigkeit des Motivs. Deshalb wird dem Auftritt des psychiatrischen Sachverständigen enorme Bedeutung beigemessen. Kommt jetzt endlich Licht ins Dunkel?

Dabei ist die Ausgangssituation des Experten für die Abgründe der menschlichen Seele denkbar schlecht: Franz Rawski hat eine Begutachtung bisher strikt abgelehnt, der Sachverständige kennt den Angeklagten demnach nicht persönlich, sondern nur aus den Akten, aus den Erzählungen der Zeugen und aus dem Gerichtssaal. Aber auch dort spielt Franz Rawski nur eine Rolle, die mit seinem Verteidiger abgesprochen ist. Nur einmal ist seine Maske verrutscht, als seine Frau ausgesagt hat. »Ich muss hier eine Black Box begutachten«, umschreibt der Kriminalexperte sein Dilemma.

Der Gutachter holt bei seinen Ausführungen weit aus, referiert viele Details aus der Vita des Angeklagten und zitiert aus Zeugenaussagen, bevor er Stellung bezieht. Seine Einschätzung in Kürze: Es gibt keine Hinweise auf eine psychische Einschränkung mit Krankheitswert, Franz Rawski muss demzufolge als voll schuldfähig gelten. Der Angeklagte war also jederzeit in der Lage, die Verwerflichkeit seines Handelns zu erkennen und nach dieser Einsicht zu handeln. Seine Morde waren eben keine impulshaften und somit unvermeidbaren Augenblickstaten, sondern kühl kalkuliert und planmäßig vollendet.

»Wer diese Morde durchgeführt hat, schwingt sich zum Herrscher über Leben und Tod auf. Und der ist zu weiteren schwersten Delikten fähig«, erklärt und mahnt der Psychiater. Und diese Einschätzung führe letztlich auch zum Motiv: »Der Täter handelte aus Lust am Töten und aus einer narzisstischen Daseinsüberhöhung heraus. Er empfindet einen abgrundtiefen Hass auf die Welt.«

Also doch kein Racheakt an Schwulen, wie es die Staatsanwaltschaft formuliert hat? Der Gutachter stellt zwar in Rechnung, dass Franz Rawski, der nach wie vor bestreitet, bisexuell zu sein, sich die HIV-Infektion tatsächlich beim – allerdings unbewiesenen – Geschlechtsverkehr mit einem Mann zugezogen haben könnte, doch habe er mit der Krankheit »zehn Jahre lang relativ gut gelebt«. Aus diesem Grund sei das Rachemotiv wenig überzeugend. Allerdings relativiert der Sachverständige seine Schlussfolgerungen, als er vollkommen zutreffend bemerkt: »Über diesem Fall schwebt ein Begriff: Geheimnis.« Und das kennt nur der Angeklagte.

Die Staatsanwaltschaft schließt sich dem Gutachter an und unterstellt dem Angeklagten »Mordlust«, er habe »aus Freude an der Vernichtung eines Menschenlebens gehandelt, aus Zeitvertreib«. Und: »Die Taten sind geprägt von kalter Willkür und Hinterhältigkeit, sie sind besonders ruchlos und niederträchtig.« Die juristische Konsequenz daraus soll bei der eindeutigen Beweislage die höchstmögliche Strafe sein: Lebenslänglich, Feststellung der besonderen Schwere der Schuld, Sicherungsverwahrung.

Für den Anklagevertreter ist Franz Rawski ein Serienmörder, den nur die Verhaftung gestoppt habe. Auch der Raubüberfall in Rottweil sei auf das Motiv der Mordlust zurückzuführen. »Er hat mehr Risiko gesucht, weil er den Kick steigern wollte«, begründet der Staatsanwalt das in diesem Fall absonderlich anmutende Verhalten des Angeklagten.

Der Verteidiger hingegen sieht zumindest den Raubüberfall in einem anderen Licht. »Da war die Entdeckung doch vorprogrammiert. In so große Gefahr hätte er sich doch nicht aus reiner Mordlust begeben.« Nur vermag auch Franz Rawskis Rechtsbeistand nicht zu erklären, aus welchen Gründen sein Mandant gehandelt hat. »Ich glaube, wir kennen nur die halbe Wahrheit«, bekennt er und vermutet: »Da steckt eine völlig andere Geschichte dahinter, die wir wahrscheinlich nie erfahren werden.«

Nach den Plädoyers der Staatsanwaltschaft und der Verteidigung hat der Angeklagte das letzte Wort. Franz Rawski überrascht alle Anwesenden und sagt tatsächlich etwas. »Wenn jemand hier im Saal sein sollte, heute oder an den vergangenen Verhandlungstagen«, formuliert er mit fester Stimme, »der annimmt, dass ich der Grund für seinen Kummer, sein Leid oder seine Nöte bin, würde mir das sehr leidtun, und ich bitte um Vergebung. Wenn Menschen ihre Neigung verleugnen und sie in obskuren Subkulturen ausleben müssen, dann sind nicht die Schwulen und Lesben pervers, sondern die Umwelt, in der sie leben müssen.«

Nach zweimonatiger Verhandlung wird schließlich das Urteil verkündet. Niemand zweifelt ernsthaft daran, dass ein Schuldspruch erfolgt, mit Spannung wird dagegen die Einschätzung des Gerichts zum Tatmotiv erwartet. War es tatsächlich Mordlust?

»Dass er die Taten begangen hat, steht zweifelsfrei fest«, begründet die Vorsitzende zu Beginn ihrer Ausführungen das Urteil. Franz Rawski muss deshalb lebenslang hinter Gitter, kann nicht vorzeitig entlassen werden und ist obendrein mit Sicherungsverwahrung belegt worden. Höchststrafe.

Franz Rawski gibt sich unberührt, wahrscheinlich hat er mit dieser drakonischen Strafe gerechnet. Immer wieder sucht er mit den Augen das Publikum nach seiner Frau ab. Vergeblich. Elisabeth Rawski ist zu Hause geblieben.

Was den Mann zu den Morden getrieben hat, bleibt jedoch nach wie vor ein Rätsel. »Die Frage ist am schwersten zu beantworten, weil der Angeklagte keine Angaben gemacht hat«,· sagt die Richterin. Zwar sei unbestritten, dass die Taten eine »Affinität zum Homosexuellen-Milieu zeigen«, allerdings habe niemand herausfinden können, in welcher Form. Die HIV-Ansteckung des Angeklagten sei allerdings zu lange her und daher für den Entschluss, Homosexuelle zu töten, unbeachtlich.

Beim Motiv »Mordlust« ist das Gericht der Auffassung der Staatsanwaltschaft nicht gefolgt. Für diese Annahme hätten zwar deutliche Anhaltspunkte vorgelegen, doch sei »dies nicht ganz ausreichend« gewesen. Jedoch habe der Angeklagte bei den Taten einen »unbedingten Vernichtungswillen« erkennen lassen und aus »niederen Beweggründen« gehandelt. Auch hält die Kammer Franz Rawski für dauerhaft gefährlich. »Er hat die fest eingewurzelte Neigung und wird sie immer wieder ausleben, wenn er die Gelegenheit bekommt«, resümiert die Vorsitzende und zieht damit den Schlussstrich unter einen denkwürdigen Prozess. Einen Prozess jedoch, der letztlich insbesondere für die Hinterbliebenen der Opfer unbefriedigend war, denn sie werden nun wohl niemals erfahren, warum ihre nächsten Angehörigen einen gewaltsamen Tod sterben mussten.

Hat Franz Rawski tatsächlich nicht aus »Mordlust« gehandelt? Dieses Motiv zählt zu den neun sogenannten Mordmerkmalen, die ein Urteil auf Totschlag ausschließen und die vorsätzliche Tötung eines Menschen als Mord im Sinne von Paragraph 211 des Strafgesetzbuches kennzeichnen. Als Strafmaß kommt dann nur lebenslange Freiheitsstrafe in Frage.

Bevor man diesem sehr selten zu beobachtenden Motiv nachspürt, muss die Rechtsprechung bemüht werden. Denn der Bundesgerichtshof hat in mehreren Beschlüssen definiert, was genau unter Mordlust zu verstehen ist: »Dieses Merkmal ist gegeben, wenn der Täter aus unnatürlicher Freude an der Vernichtung eines Menschenlebens handelt.«

Das Opfer wird also aus Zeitvertreib, aus Angeberei, aus Mutwillen getötet, oder aber der Täter empfindet die Tötung als Nervenkitzel bzw. »sportliches Vergnügen«. Die Tötung aus Mordlust unterscheidet sich von anderen Tötungsvarianten dadurch, dass bei ihr der Tod des Opfers der alleinige Zweck der Tat ist. Mit diesem Merkmal sollen Fälle erfasst werden, bei denen weder ein Anlass (wie beispielsweise Eifersucht, unbändige Wut oder auch ideologische Motive) noch ein Zweck (etwa Geldbeschaffung, Beseitigung eines Zeugen oder Rache) zu erkennen ist. Mit anderen Worten: Ich töte, um zu töten. Und ich habe Spaß dabei.

Um das Tatverhalten von Franz Rawski besser beurteilen zu können, habe ich mir zunächst einen kriminalhistorischen Überblick verschafft. Seit Ende des Zweiten Weltkriegs hat es in Deutschland genau vier Serientäter gegeben, die aus Mordlust gehandelt haben. Charakteristische Merkmale des Täterverhaltens waren: vorherige Tötungsphantasien, kein dezidierter Tatplan, beliebige Opferauswahl, spontaner Tatentschluss, deutlich hervortretende und wiederholte Ausübung von Gewalt, längerer Aufenthalt am Tatort, besonders gravierende Verletzungen bei den Opfern, die sich durch die Tötungsabsicht allein nicht erklären lassen. Außerdem: Die Opfer gehörten keiner spezifischen Gruppe an, die sie für die Taten prädestinierte. Ebendiese Tatbegehungsmerkmale habe ich auch bei Tätern feststellen können, die wegen einer einzigen Tötung aus Mordlust verurteilt wurden.

Tötungsdelikte aus Mordlust haben demnach ein spezifisches Gepräge. Untersucht man Franz Rawskis Taten auf dessen Merkmale, ergeben sich jedoch kaum Übereinstimmungen: Für die Annahme von Tötungsphantasien gab es keine Anhaltspunkte, die Taten waren geplant, es kam nicht zu wiederholter Gewaltausübung, die Opfer wurden nicht über den Tötungsakt hinaus besonders brutal zugerichtet, und der Täter hielt sich nur kurze Zeit am Tatort auf. Zu guter Letzt: Die Opfer gehörten sehr wohl einer bestimmten sozialen Gruppe an, die sie für die Taten prädestinierte. So gesehen erscheint die Annahme von Mordlust auch aus kriminalistischer Sicht nicht gerechtfertigt.

Auch gibt es bei Franz Rawski keine Hinweise auf ein sadistisch eingefärbtes Verhalten, das erfahrungsgemäß das Tatbild einer Tötung aus Mordlust prägt und sich auch kriminalpsychologisch herleiten lässt: Denn der mordlüsterne Täter muss sich Zeit lassen, damit sein Bedürfnis erfüllt werden kann. Will er seine pathologische Freude an der Tötung eines Menschen auskosten, darf die Sache nicht mit einem Stich oder einem Schlag erledigt sein. Oder mit einem Schuss. Vielmehr muss die Tat zelebriert werden, der Täter will das Opfer sterben sehen, den Todeskampf beobachten. Das Bedürfnis wird also nur erfüllt, wenn der Prozess des Tötens eine gewisse Zeit in Anspruch nimmt, wenn der Täter es gestaltet. Dieses *Gestalten* zeigt sich in solchen Fällen in den furchtbaren Verletzungen der Opfer. Das heißt: Die Mordlust wird regelrecht augenscheinlich. Nichts von alldem kennzeichnet die von Franz Rawski begangenen Morde. Seine Taten weisen vielmehr den Charakter von Hinrichtungen auf: kurz und schmerzlos.

Auch ich bin überzeugt davon, dass der Grund für Franz Rawskis Morde nicht allein in der Homosexualität seiner Opfer begründet liegt. Aus dem gleichen Grund wie das Gericht: Warum sollte Franz Rawski mehr als ein Jahrzehnt gewartet haben, um seinen Rachefeldzug zu beginnen? Das ergibt wenig Sinn und widerspricht allgemeiner kriminologischer Erfahrung.

Eher ist anzunehmen, dass Franz Rawski sich bei der Opferauswahl an einschlägigen Erfahrungen und eigenen Alltagsroutinen orientiert hat – wie so viele Serienmörder vor ihm. Er kannte die Lebensgewohnheiten von Homosexuellen, insbesondere ihre Rituale bei der Suche nach einem Sexualpartner oder auch nur kurzfristiger sexueller Befriedigung. Und genau diese besonderen Rahmenbedingungen dürften Franz Rawski für die Durchführung seiner Taten erfolgversprechend erschienen sein: Das Opfer lässt sich (frei)willig manipulieren; der Tatort bietet Anonymität und Sichtschutz; ein Opfer ist jederzeit verfügbar; die Tötung kann ohne Gegenwehr erfolgen; die Chancen auf eine erfolgreiche Flucht stehen gut. Das sind allerbeste Voraussetzungen, um einen Mord unbehelligt begehen zu können und ungeschoren davonzukommen.

Nur erklärt diese Vorgehensweise nicht, warum Franz Rawski die Opfer getötet hat. In diesem Kontext verdient ein Aspekt besondere Erwähnung, der während der Gerichtsverhandlung nicht erörtert wurde: Habgier. Den Überfall in Rottweil könnte Rawski verübt haben, um das Opfer zu berauben. Worauf genau es Franz Rawski abgesehen hatte, erscheint mir unerheblich. Vermutlich wollte er in erster Linie an den VW Touareg gelangen, um mit diesem Wagen später einen Banküberfall verüben zu können. Dazu passen die im Kofferraum seines Saab gefundenen Utensilien, besonders der Drohzettel: »Das ist ein Überfall«. Auch spielt es keine entscheidende Rolle, ob Franz Rawski zuvor geplant hat, sein Überfallopfer zu töten.

Und wie verhält es sich mit dem Motiv Habgier bei den Morden? Es fällt zunächst auf, dass Franz Rawski sich zum Zeitpunkt der Taten in großen finanziellen Schwierigkeiten befand, die er als sehr bedrohlich empfunden haben dürfte. Jemand, der so über seine Verhältnisse lebte wie er, musste damit rechnen, dass er sich bald würde offenbaren müssen, auch seiner Frau gegenüber. Und um diesen existenzbedrohenden Super-GAU zu vermeiden, könnte ihm jedes Mittel recht gewesen sein, auch Mord.

Habgier erscheint demnach als durchaus plausibles Motiv, das sich ohne weiteres in die verfahrene Lebenssituation des Täters einbetten lässt. Möglicherweise ist Franz Rawski auch davon ausgegangen, bei Cruisern mit Sicherheit an Bargeld, Kreditkarten, Schmuck oder andere Wertgegenstände zu gelangen, weil er bei anderen Gelegenheiten entsprechende Erfahrungen gemacht hatte. Vielleicht ging es ihm aber auch nur um die Fahrzeuge der Betroffenen. Und weil ihm die sonstigen Rahmenbedingungen günstig erschienen, wurden schließlich Homosexuelle seine Opfer.

Die Sache hat nur einen Haken: Die Getöteten wurden nicht beraubt. Oder wurde Franz Rawski bei der Tatausführung durch plötzlich auftauchende Autofahrer oder Passanten gestört und musste flüchten, ohne sich bereichern zu können? Gegen diese Annahme spricht jedoch der Umstand, dass die Bekleidung von Wilhelm Lohr mitgenommen wurde. Hätte Franz Rawski den Tatort Hals über Kopf verlassen müssen, wäre ihm kaum ausreichend Zeit geblieben, die Kleidung des Opfers vollständig an sich zu nehmen. Zudem hat er versucht, den Leichnam mit Erde und Laub zu verbergen. Auch dieses Verhalten spricht eher gegen ein überhastetes Täterhandeln.

Unter dem Strich bleibt Habgier trotz der beschriebenen Widersprüche und Unwägbarkeiten ein schlüssiges und den Lebensumständen des Täters entsprechendes Motiv, nur lässt sich diese Annahme nicht beweisen. Und der Raubüberfall in Rottweil allein reicht nicht aus, um das dort verfolgte Motiv auf die Morde unbesehen übertragen zu können.

Nach mehr als zwanzig Jahren Forschung im Bereich des Serienmordes und vielen Gesprächen mit den Tätern bin ich der festen Überzeugung: Das Motiv für Franz Rawskis Taten dürfte insbesondere aus seinen Lebensumständen herzuleiten sein, denn die Art und Weise, in der er gemordet hat, ist in der deutschen Kriminalgeschichte bisher einzigartig und kann deshalb nicht mit anderen Serienmorden verglichen werden, um so zu motivrelevanten Schlussfolgerungen zu gelangen.

Franz Rawski ist ein psychopathischer Einzelgänger, der Mitmenschen in seinem Sinne zu manipulieren weiß und persönliche Bedürfnisse über alles andere stellt: Ich bin die Welt. Ein narzisstischer Täter, privat und beruflich gescheitert, der sein Omnipotenzverlangen rücksichtslos ausgelebt hat. Und er ist jemand, der von sich glaubt, über den Dingen zu stehen und sich alles herausnehmen zu dürfen, natürlich vornehmlich auf Kosten anderer, denen er blindlings auch die Schuld für eigenes Versagen zuschreibt.

Als Franz Rawski sich schließlich in einer Situation befand, die ihm aussichtslos erschien, und er um seine soziale Existenz fürchten musste, könnte er die Wut über die eigene Unzulänglichkeit auf seine homosexuellen

Opfer projiziert haben. Denn in diesem Milieu hatte er höchstwahrscheinlich auch einen beträchtlichen Teil des Vermögens seiner Frau durchgebracht und war mittellos geworden. Der Mann war ruiniert, am Ende. Und nun brauchte er einen Sündenbock, um sich nicht selbst in Frage stellen zu müssen. Insofern erscheint es mir naheliegend, dass Franz Rawski sich homosexuelle Männer als Opfer ausgesucht hat, weil er sie in Verkennung der Realität als Gegner und Verursacher betrachtete, die maßgeblich zu seinem finanziellen Desaster beigetragen hatten und daher zur Verantwortung gezogen werden sollten. So empfinden, denken und handeln Psychopathen. In diesen Momenten pathologischen Hochgefühls, als Franz Rawski über Leben und Sterben seiner Opfer bestimmen konnte, war er wieder ganz oben, ganz bei sich.

Zu dieser Annahme passt auch das – oberflächlich betrachtet – wenig stringente Tatverhalten: erst ein hinterhältiger Mord, dann ein offen vorgetragener (missglückter) Überfall, schließlich wieder ein arglistiger Mord. Falls Franz Rawski das erste Opfer getötet haben sollte, um sich lediglich einen besonderen Kick zu verschaffen, dann könnte die zweite Tat deshalb in aller Öffentlichkeit stattgefunden haben, um dieses Hochgefühl noch zu steigern: *Thrill Kill*. Und weil diese Tat missglückt war, wurde Franz Rawski bei der nächsten Tat wieder vorsichtiger und kehrte zu der bereits erfolgreich angewandten Methode zurück – ein im Übrigen bei Serienmördern sehr häufig zu beobachtendes Lernverhalten.

Aber auch diese Überlegungen bleiben Hypothese, solange Franz Rawski sein Geheimnis nicht preisgibt. Wahrscheinlich bereitet es ihm sogar diebische Freude, die Menschen über sein Motiv im Unklaren zu lassen. So macht man sich interessant. Nichtsdestotrotz ist es wieder so ein Fall, der mich nicht loslässt, dem ich auch in den nächsten Jahren weiter nachgehen werde. Und irgendwann wird Franz Rawski mir gegenübersitzen.

Morbus Freitag

Die Arbeit wird schlecht entlohnt und ist anstrengend, hart, manchmal schmutzig und eklig. Schichtdienst ist auch an Wochenenden und Feiertagen üblich, ganz zu schweigen vom täglichen Umgang mit dem Leid der Patienten – und ihrem Tod. Trotzdem ist das Ansehen von Krankenschwestern und Altenpflegern nicht sonderlich hoch, weil die Bevölkerung zu wenig weiß von den Schattenseiten dieses nervenaufreibenden und extrem belastenden Berufs, der für viele, die ihn ausüben, mehr eine Berufung ist: Sie wollen Patienten helfen.

Thomas Bracht hat sich genau aus diesem Grund für den Beruf des Krankenpflegers entschieden. Der 32-Jährige arbeitet seit Jahren auf der Inneren Station eines Krankenhauses. Dort liegen unter anderem Patienten mit Nierensteinen, geschädigter Leber, Lungenembolie oder Darmkrebs, andere haben einen Herzinfarkt erlitten. Notfall- und Risikopatienten werden in einem gesonderten Raum überwacht. Auf der 22-Betten-Station arbeiten zwanzig Pflegekräfte im Schichtdienst, drei Ärzte, ein Psychologe und ein Sozialarbeiter.

Grundsätzlich macht Thomas Bracht die Arbeit gern, doch das Betriebsklima ist seit Monaten schlecht und die Stimmung entsprechend gereizt. Die Mitarbeiter der Inneren Abteilung unterstellen ihren Kollegen aus der psychiatrischen Abteilung, ihnen zum Wochenende hin vermehrt Patienten zu überstellen, denen es besonders schlecht geht und die wahrscheinlich nur noch Tage oder Wochen zu leben haben. Aus Sicht der Pflegekräfte auf der Inneren Station gibt es in vielen Fällen keine medizinischen Gründe für die Verlegungen, es gehe allein darum, Risikopatienten loszuwerden, deren Tod immer auch einen Misserfolg für die eigene Abteilung bedeutet. Eine vertrackte Situation, die dazu geführt hat, dass sich Stationen bekriegen und Kollegen als Rivalen wahrgenommen werden. Eine Art Ausnahmezustand.

Einige Pflegekräfte weigern sich sogar, vertretungsweise auf einer anderen Station auszuhelfen. Auch die Kommunikation zwischen Ärzten und Pflegern ist empfindlich gestört, nicht zuletzt deshalb, weil Berufsanfänger als Stationsärzte eingesetzt werden, die erst eingearbeitet werden müssen und so für zusätzliche Belastungen und Frust sorgen. Und dass sich die Chefärzte nicht immer grün sind und bisweilen befehden, sorgt zusätzlich für Irritationen.

Thomas Bracht fühlt sich auf der »Inneren« mit seiner belastenden Arbeit zunehmend alleingelassen. Andererseits ist er aber auch jemand, der die Dinge lieber mit sich selbst ausmacht. Es gibt niemanden, mit dem er reden, dem er sich anvertrauen kann, selbst seiner Frau nicht.

Es sind berufliche und private Dinge, die ihm das Leben schwermachen. Die Arbeitskollegen in der Klinik indes registrieren keine Veränderung im Verhalten ihres überaus tüchtigen Kollegen. In den Selbsterfahrungsgruppen, zu denen sich Pflegekräfte und Ärzte regelmäßig versammeln, um sich über Probleme und Schwierigkeiten auszutauschen, tritt Thomas Bracht kaum in Erscheinung. Der ehemalige Student der Betriebswirtschaft wird außerhalb der Station jedoch durchaus geachtet, vor allem wird ihm hoch angerechnet, dass er sich in der Personalvertretung für die Belange der Kollegen einsetzt.

Niemand bemerkt, dass Thomas Bracht mit erheblichen Schwierigkeiten zu kämpfen hat, weil sich der gehemmte und kontaktscheue junge Mann hinter der Fassade des allzeit hilfsbereiten Kollegen verschanzt. Statt darüber zu reden, was ihm zu schaffen macht, stürzt er sich lieber in die Arbeit, übernimmt freiwillig für Kollegen unangenehme Wochenenddienste und kümmert sich eben um die Patienten, die andere quasi abgeschrieben haben, weil jeden Moment mit ihrem Tod gerechnet werden muss. Eine höhere körperliche und vor allem psychische Belastung ist kaum vorstellbar. Dennoch mögen ihn die Kollegen auf der Station nicht besonders. Thomas Bracht erscheint ihnen unnahbar und wird lediglich als nützliches Faktotum angesehen, dem man lästige und unangenehme Arbeiten problemlos aufhalsen kann, mit dem man aber sonst nicht näher in Kontakt kommen möchte, schon gar nicht privat.

Eines Abends wird – wieder einmal – ein Patient von der Psychiatrie in die Innere verlegt. Der 72-Jährige leidet unter Alzheimer und Herzproblemen. Thomas Bracht nimmt sich des Patienten an, der bisweilen laut schreit, unruhig ist, manchmal auch aggressiv. Plötzlich bekommt der ältere Herr eine lebensbedrohliche Atemdepression. Thomas Bracht alarmiert den Stationsarzt, der Patient wird sofort auf die Intensivstation verlegt und erholt sich dort wieder. Warum es zu diesem Zwischenfall gekommen ist, bleibt zunächst unklar.

Allerdings fällt Brachts Kolleginnen auf, dass es nun schon zum dritten Mal zu einem solchen Zwischenfall gekommen ist, und zwar immer dann, wenn er Dienst hatte. Misstrauisch geworden, stellen zwei Schwestern Nachforschungen an und entdecken in einem Mülleimer vier Ampullen eines Medikaments, das in falscher Dosierung eine Atemdepression auslösen kann. Verdächtig erscheint dieser Fund insbesondere deshalb, weil kein Arzt das Präparat Neurocil verordnet hat.

Die Schwestern übergeben die verdächtigen Ampullen dem Stationsarzt, von dort wandern sie zum Oberarzt, schließlich landen die Röhrchen im Schreibtisch des Pflegedienstleiters, der sie dort erst einmal unter Verschluss hält. Die Schwestern besprechen die pikante Angelegenheit daraufhin mit einer Ärztin. Gemeinsam mit ihr ziehen sie später einen Rechtsanwalt ins Vertrauen, der vorschlägt, der Betriebsleitung von den Vorfällen zu berichten. Allerdings sollten sie den Namen des Verdächtigen möglichst unerwähnt lassen, damit sie nicht ihrerseits wegen Verleumdung angezeigt werden.

Doch als Schwestern und Ärztin einige Tage später die Klinikleitung in einem vertraulichen Gespräch informieren, halten sie der hartnäckigen Frage nach einem Verdächtigen nicht stand, so dass schließlich der Name Thomas Bracht fällt. Zudem verlangen die Verantwortlichen einen schriftlichen Bericht und weisen die Schwestern darauf hin, dass sie die Vorkommnisse schon viel früher hätten protokollieren sollen. Aber wegen der eindringlichen Mahnung ihres Rechtsanwalts scheuen sich Thomas Brachts Kolleginnen, den mündlich geäußerten Verdacht schriftlich zu wiederholen. Denn letztlich kann niemand den ungeheuerlichen Vorwurf der böswilligen Medikamentengabe zweifelsfrei beweisen.

Dennoch geht die Klinikleitung dem Verdacht nach: Sie

lässt Blut und Urin des Patienten auf Neurocil untersuchen, befragt mögliche Zeugen und setzt ein Krisengespräch auf der Inneren an. Doch ergibt sich weder ein eindeutiger Nachweis von Neurocil, noch kann geklärt werden, wer die vier Ampullen verwendet und später in den Abfalleimer befördert hat. Folgerichtig wird Thomas Bracht rehabilitiert. Der ärztliche Direktor lässt sogar ausdrücklich verbreiten, der Verdacht gegen ihn habe gänzlich ausgeräumt werden können. Die Initiatorinnen der Untersuchung reagieren verschämt und halten sich fortan bedeckt. Dennoch bleibt das sichere Gefühl, dass da etwas nicht mit rechten Dingen zugegangen ist. Konsequenzen werden jedoch nicht gezogen und auch nicht eingefordert.

Der schwerwiegende Verdacht, Patienten könnten vorsätzlich in eine lebensbedrohliche Situation gebracht worden sein, wird dem Träger der Klinik entgegen der Dienstanweisung nicht schriftlich mitgeteilt, sondern in einem Telefonat, ganz nebenbei: Es habe kleinere Irritationen in der Klinik gegeben, die Sache sei aber schon vom Tisch. Falscher Alarm. Erledigt. Dennoch verfügt der Klinikleiter, Neurocil nicht mehr frei zugänglich aufzubewahren, sondern im Giftschrank.

Wochen später hat Thomas Bracht Nachtdienst. Auf der benachbarten Intensivstation liegen drei schwerkranke Patienten, einer von ihnen hatte einen schweren Herzinfarkt, einer leidet seit mehreren Stunden unter Nierenversagen, der dritte liegt im Koma. Für die Nachtschwestern ist es schon an sich belastend, einen Patienten betreuen zu müssen, dem man nicht mehr helfen kann. Aber gleich drei Todeskandidaten – eine solche Situation geht weit über das Erträgliche hinaus.

Die Schwestern wenden sich hilfesuchend an Thomas

Bracht, den »Liquidator«, wie ihn viele Kollegen mittlerweile hinter vorgehaltener Hand nennen, weil es während seiner Schichten in den vergangenen Monaten zu auffällig vielen Todesfällen gekommen ist. Die Schwestern bitten ihn, hin und wieder nach den Patienten zu schauen. »Die will ich hier morgen früh nicht mehr sehen«, sagt eine der Kolleginnen scherzhaft. Solche saloppen Bemerkungen gehören zum Umgangston; man will das Leid anderer Menschen nicht so nah an sich herankommen lassen, weil es sonst noch schwerer zu ertragen ist.

Am nächsten Morgen sind die drei Patienten tot, und Thomas Bracht meldet seinen Kolleginnen: »Befehl ausgeführt!« Natürlich ebenfalls im Scherz.

Einige Tage später wird eine Patientin von der Abteilung für längerfristige Rehabilitation auf die Innere Station verlegt. Die 81-Jährige ist sehr blass, fühlt sich nicht gut, verweigert das Essen und will nicht aufstehen. Lebensgefahr besteht jedoch nicht, die ältere Dame soll nur aufgepäppelt werden.

Thomas Bracht hat bereits über zwanzig Patienten zu versorgen und versieht seinen Dienst bis 22 Uhr allein. »Ist die Frau pflegebedürftig?«, fragt er den Stationsarzt beunruhigt. Außer Bettenbeziehen sei nichts weiter zu tun, ist die Antwort. Es soll aber noch ein Bett-EKG gemacht werden. Thomas Bracht möge das Gerät besorgen, sagt der Arzt, der nur noch kurz etwas erledigen und schon bald zurück sein will. Doch es dauert länger als gedacht, denn zunächst müssen bei einem anderen Patienten Fäden gezogen werden, und in der Neurologie randaliert ein junger Mann, der vom Pflegepersonal kaum zu bändigen ist.

Als der Arzt zwanzig Minuten später nach der 81-Jährigen sehen will, liegt sie regungslos im Bett – tot. Damit hat niemand gerechnet. Dem Arzt kommt der plötzliche Herzstillstand der Patientin verdächtig vor. Als er die Verstorbene genauer untersucht, bemerkt er einen frischen Einstich am rechten Handrücken. Jemand muss der Frau kurz vor ihrem Tod eine Injektion verabreicht haben. Nur wer?

Auf den Totenschein schreibt er »unklare Todesursache«. Noch am selben Abend informiert der Stationsarzt die Klinikverwaltung. Daraufhin wird der Verstorbenen Blut abgenommen, um festzustellen, ob ihr Tod auf ein Medikament zurückzuführen ist, gegebenenfalls überdosiert. Kaum ist der Klinikchef informiert, beruft er sofort eine außerordentliche Betriebsleitungssitzung für den nächsten Tag ein. Der Verdacht, es könnte jemand beim Sterben nachgeholfen haben, wird dort nach kurzer Erörterung als gravierend eingestuft. Als die Klinikleitung daraufhin die Kripo benachrichtigt, wird aus dem Verdachtsfall ein Kriminalfall.

Zum Mordfall wird die Sache, als das Ergebnis der Obduktion vorliegt: Das Opfer ist nämlich an einer Überdosis Digitoxin gestorben. Dieses Medikament wird üblicherweise bei Patienten mit einer Herzmuskelschwäche gegeben, um die Herzkraft zu steigern und das Herz effizienter arbeiten zu lassen.

Schnell kommt man auf Thomas Bracht als Verdächtigen, da er das Opfer als Letzter betreut hat. Die Kripo nimmt ihn fest und konfrontiert ihn mit dem Vorwurf, die ältere Dame getötet zu haben. Thomas Bracht bestreitet anfangs, etwas mit den Todesfällen zu tun zu haben, doch bereits einige Stunden später knickt er ein. Als Motiv für die Tötung gibt er an, überfordert gewesen zu sein. Er habe durch eine akute Erkrankung der Patientin lediglich zusätzliches Personal

»herbeirufen« wollen. Es sei ihm keinesfalls um die Tötung der Frau gegangen, er habe ihren Gesundheitszustand »nur verschlechtern« wollen.

Nach diesem ersten noch verschwommenen Geständnis vermutet die Kripo, Thomas Bracht könnte noch weitere Taten begangen haben, zumal jetzt auch herauskommt, dass gegen ihn bereits seit längerem der Verdacht bestand, Patienten unerlaubt Medikamente verabreicht zu haben. Schließlich signalisiert Thomas Bracht eine generelle Aussagebereitschaft. Die Kripo geht mit ihm daraufhin eine Liste von gut fünfzig Patienten durch, die in der jüngeren Vergangenheit während seiner Dienstzeit plötzlich und unter unklaren Umständen gestorben sind. Und immer wieder sagt der Beschuldigte, wenn ihm ein Name genannt wird: »Ja, das war ich auch.« Am Ende hat die Kripo eine zweistellige Zahl von getöteten Patienten auf ihrer Liste.

Nach langwierigen Ermittlungen kommt es zum Prozess. Die Staatsanwaltschaft wirft Thomas Bracht vielfachen Mord vor, weil er sich »als Herrscher über Leben und Tod« der Patienten aufgespielt habe. Allerdings lässt sich diese Einschätzung in der Hauptverhandlung nicht untermauern. Vielmehr zeichnen die Aussagen von Zeugen und Angeklagtem, der zwar nicht die ihm vorgeworfenen Tötungen, jedoch entschieden die Mordabsicht bestreitet, ein unklares Bild: Thomas Bracht hat Patienten vorsätzlich getötet, allerdings ohne feindselige Gesinnung und ohne Vorteil für sich selbst. Niemandem gelingt es, ein Motiv zu ergründen, auch mehreren psychiatrischen Gutachtern nicht. Und auch der Angeklagte selbst weiß nicht, warum er so gehandelt hat – das jedenfalls hat er immer wieder gebetsmühlenartig betont. Demzufolge wird Thomas Bracht nicht wegen vielfachen Mordes, sondern wegen Totschlags verurteilt. Unter dem Strich ein unbefriedigendes Ergebnis, das alle Prozessbeteiligten ratlos zurücklässt.

Bei meinen Untersuchungen zu Serienmorden lege ich stets ein besonderes Augenmerk auf solche Fälle, die eine oder mehrere markante Leerstellen erkennen lassen. Dort fühle ich mich gefordert, vielleicht auch herausgefordert. Wie im Fall Thomas Bracht. Ich wollte herausfinden, wie und vor allem warum dieser Mann zu einer Gefahr für – ausgerechnet – seine eigenen Patienten werden konnte. Dass es bisher niemandem gelungen war, dieses Geheimnis zu lüften, spornte mich zusätzlich an.

Im März 1997 schrieb ich ihm einen längeren Brief und bat um sein Einverständnis, vor einem Gespräch zunächst Einsicht in die Gerichtsakten nehmen zu dürfen. Anderthalb Wochen später erhielt ich eine Antwort: »(...) Ihren Brief sowie die Fallbeschreibung Ihrer Studie habe ich erhalten und aufmerksam gelesen. Trotz Ihrer mehrmaligen Versicherung, alles würde streng anonym und vertraulich behandelt, bin ich nicht bereit, Ihnen die Genehmigung zur Einsicht in meine Verfahrensakten zu geben. Zu Ihrer Information: Vor einiger Zeit ist schon mal ein Arzt mit einer ähnlichen Bitte an mich herangetreten. Auch ihm habe ich die Einsichtnahme in meine Akten nicht gestattet. Dieser Mensch meinte dann, er könne per Gerichtsentscheid eine Einsichtnahme erzwingen. Allerdings stand er mit seiner Meinung wohl ziemlich alleine da, denn auch das Oberlandesgericht hat seinen Antrag zurückgewiesen. Ich hoffe, dass Sie meine Entscheidung auch so akzeptieren. (...)«

Genau das tat ich auch. Ich legte den Fall zunächst ad acta. Im Laufe der nächsten Jahre machte ich jedoch im

Umgang mit Serienmördern die Erfahrung, dass mitunter viel Zeit ins Land gehen muss, bevor Häftlinge wie Thomas Bracht umdenken und sich zu einem Gespräch bereit erklären. Häufig hat dieser Sinneswandel mit Therapieerfolgen zu tun, nicht selten aber auch mit meiner Beharrlichkeit, die Flinte eben nicht gleich ins Korn zu werfen, sondern mich in regelmäßigen Abständen bei dem Gefangenen in Erinnerung zu bringen.

In diesem Fall vergingen elf Jahre, bevor ich den Täter besuchen und interviewen durfte. Schon beim ersten Gespräch zeigte Thomas Bracht ein vollkommen verändertes Verhalten: Er war einverstanden, mit mir über alles zu reden, insbesondere über die Taten und deren motivischen Hintergrund. Mir saß ein Mensch gegenüber, der offenkundig willens war, sich und sein Handeln selbst zu hinterfragen und hinterfragen zu lassen. Eine Seltenheit bei solchen emotional sehr belastenden Gesprächen.

Insgesamt ergab sich für mich das Bild eines Mannes, der für andere erst durch die falsche Berufswahl zu einer Gefahr geworden war. Das Arbeitsumfeld, in das er geraten war, hatte ihn – schon vorher sozial ausgegrenzt, geringgeschätzt, konfliktscheu, überfordert – geradezu beharrlich mit seinen eigenen Schwächen und seelischen Deformationen konfrontiert. Nur gelang es mir letztlich nicht, mit ihm herauszuarbeiten, aus welchem Grund er die Patienten getötet hatte. Auch bei einem weiteren Gespräch etwa ein Jahr später kamen wir in diesem Punkt nicht weiter, obwohl sein Bemühen um Aufklärung aufrichtig war.

Im Dezember 2011 starte ich einen erneuten Versuch, Licht ins Dunkel zu bringen. Ich habe mir für dieses Gespräch eine andere Strategie überlegt, wie ich Thomas

Bracht dabei behilflich sein könnte, sich und seine Taten besser zu verstehen, das Motiv endlich freizulegen.

Die vorherigen Interviews haben an neutralen Orten stattgefunden, diesmal hat Thomas Bracht mich zu sich nach Hause eingeladen. Seine Drei-Zimmer-Wohnung im Parterre eines gepflegten Mehrfamilienhauses ist vollgestopft mit Grünpflanzen, an den Wänden hängen großformatige Bilder und zeigen imposante Landschaften und Tieraufnahmen. Die Fotos habe er bei Urlauben in Neuseeland, Südafrika und Thailand selbst geschossen, erzählt er mir stolz. Ich bin beeindruckt.

Nach der Begrüßung gehen wir in sein Wohnzimmer, der Hausherr serviert Kaffee und Kuchen. Vor mir sitzt ein asketisch wirkender 56-Jähriger, der sein kantiges, von Falten zerfurchtes Gesicht hinter einem Vollbart zu verstecken scheint und freundlich lächelt. Eine Nickelbrille umrahmt seine dunklen Augen, die Hände sind gepflegt, der Mann könnte auch als Intellektueller durchgehen. Thomas Bracht hat nichts Anstößiges oder Abstoßendes an sich.

Weil ich bei meinen bisherigen Analysen zu dem Ergebnis gelangt bin, die Beweggründe für seine Taten dürften insbesondere aus den Lebensumständen abzuleiten sein, die ihn schon Monate vor der ersten Tötung bewegt haben, bitte ich ihn, mir von dieser Zeit zu berichten. Nachdem ich meine Frage gestellt habe, drücke ich die Aufnahmetaste meines Diktaphons. »Das war eine sehr belastende Situation«, beginnt Thomas Bracht zu erzählen. »Ich wollte eigentlich immer Kinder haben mit meiner Frau, es hat aber nicht geklappt. Aus diesem Grund bin ich zum Arzt gegangen und hab mich untersuchen lassen. Der hat dann festgestellt, dass ich zu wenige und zu unbewegliche Samenfäden habe. Und damit war für mich das Kinderzeugen im

Prinzip gestorben. Er hat mir zwar gesagt, es gäbe da wohl Medikamente, da könnte man vielleicht etwas erreichen, aber das habe ich ihm nicht geglaubt.«

Thomas Bracht macht eine kurze Pause. Dieses erste sehr intime Bekenntnis bestärkt mich in der Annahme, im Verlauf der letzten Jahre zu ihm ein Vertrauensverhältnis aufgebaut zu haben. Wir duzen uns mittlerweile. Für mich ist das nicht ungewöhnlich. Im Gegenteil: Ich habe festgestellt, dass sich das Duzen fast von allein aus dem Vertrauensverhältnis ergibt, ohne das ich in meinen Gesprächen nur schwer in tiefere, oft unbewusste Regionen bei den Tätern vordringen kann. Oder anders ausgedrückt: Ohne Vertrauen in mich und meine Art, mit seinen Antworten umzugehen, wird sich kein Täter und auch kein Angehöriger eines Mordopfers meinen Fragen öffnen. Das gegenseitige Du ist dabei eine gute, stabile Brücke.

»Danach bin ich in ein ziemlich tiefes Loch gefallen«, fährt er fort. »Meine ganze Zukunftsplanung war dahin. Dabei hatte ich schon damit begonnen, unser Haus umzubauen. Ich wollte den Dachboden ausbauen und dort die Kinderzimmer einrichten. Plötzlich tat sich ein tiefes schwarzes Loch auf. Ich habe das auch meiner Familie erzählt, aber da hieß es nur lapidar: ›Adoptiert doch einfach eins.‹ Das war aber nicht so einfach, und ich wollte unbedingt eigene Kinder haben.«

»Hast du deine Zeugungsunfähigkeit als Kränkung empfunden? Oder eher als Schicksalsschlag?«

»Ich weiß gar nicht mehr so genau, was ich damals empfunden habe. Einfach nur diese Aussichtslosigkeit. Ich hatte keine Zukunft mehr.«

»Die Hoffnung auf ein Leben, wie du es dir vorgestellt hattest, musstest du aufgeben. Das ist ein schwerer Schlag, ich habe selbst Ähnliches erlebt. Und wie kamst du jetzt an deinem Arbeitsplatz und mit deinen Kollegen zurecht?«

»Der Charakter der Station hatte sich schon ein paar Wochen oder Monate vorher verändert. Zuvor war es eine psychosomatische Station, auf der auch mal internistische Patienten und auch Suchtkranke behandelt wurden. Aber dann wurde es immer mehr zu einer Sterbestation. Die Risikopatienten wurden von der Psychiatrie auf unsere Station verlegt, weil es dort keine Todesfälle geben sollte. Das passierte meistens freitags. Deshalb hieß das bei uns Morbus Freitag. Und die Patienten waren dann montags oder Tage später tot. Im Grunde wurden Sterbende zu uns verlegt.«

»Also hast du damals in so einer Art Hospiz im Krankenhaus gearbeitet?«

»Nee, das war kein Hospiz, sondern eine Abschiebestation. In einem Hospiz wird bei den Menschen nicht mehr viel gemacht, da wird eigentlich nur draufgeachtet, dass sie schmerzfrei und friedlich sterben können.«

Thomas Bracht stockt. Tränen stehen ihm in den Augen. Doch schon bald hat er sich gefangen und erzählt weiter.

»Und auf meiner Station wurde halt noch versucht, vorgeblich versucht, sage ich, die Patienten wieder zurück in die Psychiatrie zu kriegen, lebend. Wir waren nicht alle darauf vorbereitet, dass so viele Sterbefälle auf uns zukamen. Es wurde deshalb so gearbeitet, dass die Sterbenden von einer Schicht zur anderen übergeben werden konnten.«

»Wie darf ich mir das vorstellen?«

»Jetzt mal sehr brutal gesagt: Die andere Schicht machte ja auch nichts anderes. Ich habe es damals vielleicht auch nicht so gesehen, aber heute sehe ich das so, dass an den Sterbenden offensichtlich geduldete medizinische Experimente durchgeführt wurden. So nach dem Motto: Mit der Pille, mit dem Medikament, mit der Infusion kann man vielleicht noch einen Tag oder zwei oder wenigstens ein paar Stunden rausholen. Ich habe mich damals schon gefragt, warum so etwas gemacht wird. Man hätte die Patienten doch auch in Ruhe sterben lassen können.«

»Wenn du in dieser Situation hättest entscheiden dürfen, wie wäre es *dann* abgelaufen?«

»Man hätte die Familie dazuholen sollen, was manchmal auch vorkam. Man hätte dem Sterbenden nur Schmerzmittel geben sollen, damit er friedlich einschlafen kann. Aber nein, Schmerzmittel wurden manchen Patienten sogar verweigert, denn die machen ja süchtig.«

Thomas Bracht schaut mich vorwurfsvoll an.

»Wenn ein Patient schwer krebskrank ist und man weiß, der hat wahrscheinlich nur noch einige Tage oder Wochen zu leben, dann sollte man doch so human sein und Schmerzmittel geben, meinetwegen auch Opiate; damit derjenige in Ruhe und Frieden sein Leben abschließen kann. Aber es macht doch keinen Sinn, ihn an Schläuche anzuschließen und sein Sterben zu verlängern. Das ging mir damals schon gegen den Strich. Ich habe auch mal versucht, was dazu zu sagen, aber ich bin dann gar nicht durchgedrungen, denn das stand überhaupt nicht zur Diskussion.«

»Wenn man jetzt einem solchen Sterbevorgang beiwohnt, also mitbekommt, wie jemand eines natürlichen Todes stirbt, ist das ein Ereignis, das einem nahegeht. Wie bist du auf diese Grenzsituationen vorbereitet worden?«

Thomas Bracht schüttelt den Kopf. Und sieht plötzlich so verärgert aus, wie ich ihn selten erlebt habe.

»Gar nicht! Das war einfach so!« Er braucht einen Moment, um sich wieder einzufangen. »Es gab Sterbesituationen, die waren schwer zu ertragen. Aber es gab auch Sterbesituationen, wo ich hinterher gesagt habe, das war eigentlich schön, obwohl der Patient gestorben ist.«

Ich stutze. Und frage dann: »Wie darf ich mir schönes Sterben denn vorstellen? Kannst du mir ein Beispiel geben?«

»Das ist schon Jahre vor den Tötungen gewesen, da hatte ich Nachtschicht. Wir hatten eine alte Dame bei uns, die kam eigentlich jedes Jahr. Immer dann, wenn ihre Pfleger vom Zivildienst Urlaub hatten, kam sie für drei bis vier Wochen zu uns. Sie war schon weit über 90. Irgendwann nachts klingelte sie und sagte zu mir: ›Thomas, ich glaube, ich sterbe jetzt.‹ Ich sagte darauf: ›Das kann doch gar nicht sein. Du bist doch noch so fit.‹ ›Nee‹, sagte sie, ›ich bin davon überzeugt, ich sterbe jetzt.‹ Ich habe vorsichtshalber ihren Blutdruck und den Puls gemessen, was man dann halt so tut als Pfleger. Die Werte waren aber völlig normal.«

Thomas Bracht fällt es sichtlich schwer, über dieses Erlebnis zu sprechen. Ich reagiere entsprechend.

»Du musst das jetzt nicht erzählen …«

»Ist schon okay. Ich hab sie dann gefragt, ob ich den Doktor holen soll. ›Nee, nee, Hauptsache, du bleibst jetzt bei mir‹, hat sie geantwortet. Zwischendurch kam der Doktor über die Station und hat bei ihr kontrolliert: Blutdruck gemessen, Puls gemessen, Herz abgehört. War alles völlig normal. ›Nee, nee, ich bin mir sicher, ich sterbe jetzt‹, hat sie wieder gesagt.

Auf der Station war sonst nichts zu tun, es war ganz ruhig. Alle anderen Patienten haben geschlafen. In dieser Nacht hat sie mir ihr ganzes Leben erzählt. Zum Beispiel, dass sie in den beiden Weltkriegen jeweils ihren Verlobten verloren hatte. Sie hat mir auch Bilder dazu gezeigt, die hatte sie in ihrer Nachttischschublade. Und dann richtete sie sich mit einem Mal auf und sagte: ›Ich glaube, jetzt ist es vorbei. Es war schön, dass du bei mir warst.‹ Dann legte sie sich hin und war tot. Im Prinzip war das schrecklich, aber im Nachhinein war es auch schön.«

»Kannst du mir genauer erklären, was du daran schön gefunden hast?«

»Dass sie ganz friedlich eingeschlafen ist. Dass sie keine Schmerzen hatte. Sie schien mir dabei glücklich zu sein. Sie hatte keine Angst. Das war anfangs anders gewesen. Da hatte sie zu mir gesagt: ›Ich sterbe jetzt, ich hab Angst davor, ich weiß nicht, was auf mich zukommt.‹ Und hinterher sagte sie zu mir: ›Es war doch schön, dass du bei mir warst.‹ Hat sich hingelegt und war tot.«

»Gefiel dir daran, dass du an diesem Sterbevorgang teilhaben und ihr die Sache leichter machen konntest?«

»Ich war Teil dieses Vorgangs, ich saß danebem. Ich habe mit ihr gesprochen und so. Ich mochte sie ja auch. Sie war schon ein paar Jahre vorher bei uns gewesen.«

Ich spüre, dass wir an einem wichtigen Punkt angelangt sind, und möchte diesen Aspekt vertiefen. Deshalb frage ich ihn danach.

»Was hast du empfunden, nachdem die Frau gestorben war?«

»Ich habe das zuerst gar nicht realisiert. Auf einmal merkte ich, dass sie nicht mehr atmet.«

»Warst du darüber erleichtert?«

»Ich weiß gar nicht, was ich da war.« Er überlegt einen Moment. »Ich habe das gar nicht realisiert und erst ein paar Minuten später bemerkt, dass sie nicht mehr atmet. Die hat mich wirklich nicht verarscht, die ist wirklich tot, habe ich gedacht. Da habe ich den Doktor angerufen, der musste den Tod feststellen. Der war auch überrascht, dass sie so schnell gestorben ist, obwohl sie kurz vorher noch topfit gewirkt hatte.«

»Und das war für dich so ein Modell, wie Menschen sterben bzw. wie sie dabei begleitet werden sollten?«

»Das war eigentlich mehr so eine Erfahrung: Wenn es immer so funktionieren würde, dann wäre das doch gar nicht verkehrt. Sie hatte ihr Leben gelebt. Sie hat mir noch alles über ihr Leben erzählen können. Sie hat nichts auf der Welt zurückgelassen, was nicht erledigt war. Sie ist friedlich, ohne Schmerzen und ohne Todeskampf gestorben, ohne dass noch Medikamente in sie reingepumpt wurden. Ihr Leben war einfach zu Ende.«

»Und diese Art des Sterbens stand im krassen Gegensatz zu dem, was auf deiner Station passiert ist bzw. dort praktiziert wurde ...«

»Die Patienten sind eben anders gestorben. Die hatten große Schmerzen, haben geschrien und bekamen doch keine Medikamente.«

»Kannst du mir mal so einen Fall beschreiben, den du als besonders dramatisch empfunden hast?«

»Ja. Da sagte eine alte Dame zu mir, die war auch lange bei uns, also ein halbes Jahr ungefähr: ›Ich will endlich sterben. Mir tut alles weh. Gib mir was, mach was.‹ Ich habe ihr gesagt, dass ich das nicht darf, dass ich das nicht machen würde. ›Gib mir was, ich will nicht mehr, gib mir Medikamente, mir tut alles weh, ich will nicht mehr!‹, hat sie gebettelt. Und ich stand hilflos daneben. Die Frau quälten wirklich starke Schmerzen, sie hatte verschiedene Krebsarten. Eines Morgens kam ich zum Dienst, und da sagt eine Kollegin zu mir: ›Die Alte ist endlich verreckt.‹ Das fand ich furchtbar. So über einen Menschen zu reden, das ist überhaupt nicht mein Ding.«

Zur besseren Orientierung fasse ich für ihn und mich kurz zusammen, dass er in der Zeit vor den Tötungen unter seiner Zeugungsunfähigkeit und den Todesfällen auf der Station litt. Ich bin überzeugt davon, dass ihn das sehr mitgenommen hat, doch scheint mir das nicht alles zu sein.

»Gab es noch was, was dich damals belastet hat?«

»Ja, als dann diese Todesfälle, diese Sterbenden, die zu uns auf die Station kamen, weiter zunahmen. Wenn ich in so ein Zimmer reingekommen bin, dann habe ich immer diese untrüglichen Zeichen des nahenden Todes gesehen: ein weißes Dreieck zwischen Nase und Mund, das deutlich heller ist als die übrige Haut. Und es gibt auch noch andere Zeichen, die ich damals nicht deuten konnte. Jetzt weiß ich, dass es diese Zeichen sind, die den Tod ankündigen.«

Ich bin erstaunt, von solchen Erscheinungen höre ich zum ersten Mal.

»Man sieht also, dass jemand sterben wird. Manche Kollegen sind dann wie aufgescheuchte Hühner herumgelaufen, haben den Stationsarzt alarmiert, damit der Patient bloß nicht stirbt. Ich aber habe mich, wenn noch die Zeit war, daneben gesetzt. Wenn ich keine Zeit hatte, habe ich die Tür leise wieder zugemacht und den Patienten alleine gelassen. Ich bin also nicht wie ein aufgeschrecktes Huhn rumgelaufen und habe den Doktor geholt. Ich war dann halt entweder länger da drin und habe demjenigen die Hand gehalten und noch ein bisschen mit ihm gesprochen, wenn es ging, oder, wenn er oder sie wollte, habe ich gefragt, ob ich einen Geistlichen verständigen soll.«

Thomas Bracht stutzt einen Augenblick und senkt den Blick. Er schweigt. Ich lasse ihn gewähren.

»Die meisten wollten dann doch einen Geistlichen dabeihaben, obwohl sie das vorher abgelehnt hatten«, berichtet er mir mit leiser werdender Stimme. »Dann bin ich halt losgegangen und habe einen Pfarrer angerufen. Die kamen auch immer. Die waren dankbar, wenn sie angerufen wurden, und immer sehr nett. Das fand ich so in Ordnung.

Dann war da aber auch noch das andere Szenario, bei dem der Doktor ins Zimmer gestürmt kam und Rettungsmaßnahmen eingeleitet wurden. Aber es war eigentlich allen klar, dass das nicht zu schaffen war. Ich habe es deshalb ein bisschen anders gehandhabt. Ich habe in solchen Fällen nichts unternommen, habe aber auch keine lebensverkürzenden Dinge gemacht. Und so hatte ich bei meinen Kollegen ziemlich schnell den Ruf weg: Geh mal da rein, der ist jetzt über, den brauchen wir nicht mehr.«

»Sie haben dich den ›Liquidator‹ genannt ...«

Kopfnicken.

»Hast du diese Rolle von dir aus angenommen, oder haben dich die Kollegen dazu animiert?«

»Wahrscheinlich stimmt beides. In mir haben sie wohl einen Dummen gefunden, der eben zu den Sterbenden ins Zimmer gegangen ist und pflegerische Tätigkeiten durchgeführt hat. Aber für mich hört sich das auch so ein bisschen nach Ausrede an, als wollte ich mich davon freisprechen.«

»Kann es sein, dass du in dieser Zeit den Respekt vor dem Sterben anderer Menschen verloren hast?«

»Nein.« Thomas Bracht schaut mich unverwandt an. »Den Respekt vor dem Sterben habe ich nie verloren. Niemals. Generell nie.«

»Gab es da vielleicht eine Entwicklung, die du durchgemacht hast?«

»Das war hinterher schon vermischt: das eigene Sterben und das Sterben anderer Menschen, ja. Irgendwie bin ich mit jedem Menschen, der gestorben ist, ein Stückchen mitgestorben.«

»Meinst du jetzt die natürlichen Todesfälle oder die Tötungen?«

»Das macht keinen Unterschied.«

Mittlerweile ist eine sehr intime Gesprächsatmosphäre entstanden. Wir sitzen uns gegenüber, kaum einen Meter voneinander entfernt. Es scheint nur uns beide und dieses Gespräch zu geben, jedenfalls empfinde ich es so. Auch spüre ich deutlich Thomas Brachts Bereitschaft, heute noch einen Schritt weiter zu gehen als bei den vormaligen Gesprächen. Deshalb komme ich jetzt auf seine seelische Befindlichkeit zu sprechen.

»Thomas, ich möchte dir ein Bild anbieten: Stell dir vor, deine Seele ist ein Berg. Und mit jedem Patienten, der stirbt, trägst du ein Stück von diesem Berg ab. Du fühlst also immer weniger. Liege ich da richtig? Bist du in dieser Phase im Krankenhaus vielleicht auch innerlich verroht?«

»Nein, verroht nicht.«

»Dann drücke ich es anders aus: nicht mehr so empfänglich gewesen für die Leiden anderer Menschen?«

»Nein, empfänglich war ich immer. Gerade weil ich besonders empfänglich für die Leiden dieser Menschen war, wurde der Schritt, selber aktiv zu werden, immer kleiner. Oder anders gesagt, die Schwelle, die man dazu überschreiten muss, war vielleicht zu niedrig.«

Die Antwort ist mir zu unkonkret, zu abstrakt, nicht überzeugend.

»Das ist mir jetzt noch ein bisschen dünn. Du hast eben gerade selbst gesagt, manches hört sich für dich an wie eine Ausrede. Und wenn ich dich jetzt so charakterisiere zu dem Zeitpunkt, als es langsam losging mit den Tötungen, dann warst du jemand, der jede Menge Frustration einzustecken hatte. Du musstest dir die Sache mit den eigenen Kindern aus dem Kopf schlagen, dann war da noch der Stress am Arbeitsplatz. Da gibt es aber noch viele andere Ärzte, Krankenschwestern oder Altenpfleger, die vergleichbar belastende und frustrierende Situationen erlebt haben, die damit aber ganz anders umgegangen sind.«

»Ja, das ist richtig«, räumt er ein. »Ich wollte damals schon über meine Befindlichkeiten reden, das hatte ich mir fest vorgenommen. Wir saßen auch manchmal unter Kollegen zusammen, und ich wollte über meine Probleme sprechen. Dann kam aber direkt ein anderer Kollege, hat mir das Wort abgeschnitten und von seinen Problemen berichtet, meinetwegen über seine Rückenschmerzen. Damit war die Sache für mich erledigt, meine Probleme waren für die eben nicht so wichtig. Mit meiner Familie wollte ich auch mal darüber reden, aber eigentlich auch wieder nicht.«

»Warum nicht?«

»Ich weiß es nicht.« Thomas Bracht überlegt kurz. »Irgendwie bin ich vor mir selbst weggelaufen. Ich wurde von meiner Familie, meiner Mutter oder meinen Geschwistern auch mal darauf angesprochen: Du, wir merken doch, dass mit dir was nicht stimmt. Ich hab dann aber nur gesagt, ich hätte etwas Wichtiges zu tun, und bin mit meinem Hund spazieren gegangen – dem hab ich das dann erzählt. Er konnte gut zuhören, aber er konnte natürlich keine Antwort geben.

Ich habe das erste Mal an Selbstmord gedacht, kurz nachdem man mir gesagt hat, dass ich keine eigenen Kinder haben kam. Am liebsten wäre ich mit meinem Wagen vor den nächsten Brückenpfeiler gerast. Aber ich habe nie etwas in der Richtung unternommen.«

Thomas Brachts Körpersprache signalisiert mir, dass jetzt der richtige Zeitpunkt gekommen ist, um eine neue Strategie auszuprobieren. Ich werde versuchen, ihn behutsam an seine erste Tat heranzuführen. Dabei soll er aber zunächst nicht unbedingt aus der Ich-Perspektive berichten, sondern mehr als teilnehmender Beobachter. Auf diese Weise möchte ich erreichen, dass er sich seiner Erinnerung nicht verweigert – wie bei den vorherigen Gesprächen –, sondern gedanklich eine Situation entstehen lässt, die er beobachten und beschreiben kann, ohne über eigene Gefühle reden zu müssen.

»Thomas, und dann passiert es zum ersten Mal. In dem Zimmer liegt ein Patient, dem es schlechtgeht. Jemand steht neben seinem Bett. Was siehst du?«

»Ja, ich stehe daneben ...«

Ich habe mich wohl nicht deutlich genug ausgedrückt, jedenfalls sieht er nicht irgendjemanden, sondern sich selbst neben dem Patienten stehen. Trotzdem lasse ich ihn gewähren. Er soll sich weiter in die Situation vertiefen.

»Was siehst du noch?«

»Ich sehe auf den Patienten. Er hat Ähnlichkeit mit meinem Vater, der ziemlich früh verstorben ist.«

»Kannst du noch mehr erkennen?«

»Ich sehe meine Nichte auf dem Bauch von dem Patienten und sage: ›Oh, pardon, sag doch was.‹ Aber der Patient sagt nichts. Der ist nach einem Herzinfarkt zu lange ohne Sauerstoff gewesen, da ist im Prinzip vom Hirn nichts mehr da.« Er stutzt einen Moment. »Und dann bin ich irgendwann aufgewacht ...«

»Aufgewacht?«

»Ja, mir dabei zusehend, wie ich demjenigen etwas injiziere. Wie er dann erst noch auf die Intensivstation verlegt und noch versucht wird, irgendwas zu machen. Aber da ist nichts mehr zu machen. Ich sehe, wie ich selber völlig erschrocken bin, was da überhaupt passiert ist. Ich wollte das ja nicht. Ich sehe mir selber dabei zu, wie die Sache abgelaufen ist, wie irgendjemand das dann gemacht hat.«

»Irgendjemand?«

»Derjenige bin ich.«

Bemerkenswert. Bei den Gesprächen zuvor hat er noch behauptet, sich nur bis zu dem Punkt erinnern zu können, wo er das Patientenzimmer betrat. Jetzt sind wir einen wichtigen Schritt weiter. Ich verstehe zwar nicht, warum Vater und Nichte in seinem Bild der Tat auftauchen, aber ich belasse es dabei. Wenn er dazu etwas hätte sagen wollen, hätte er es getan. Allerdings notiere ich mir diesen Aspekt.

»Wie ist das, wenn man in so einer Situation aufwacht?«

»Ganz furchtbar. Man weiß nicht, was passiert ist. Ich wusste jedenfalls nicht genau, was passiert war. Ich habe das erst überhaupt nicht realisiert.«

Thomas Bracht überlegt einige Zeit.

»Ich sehe da jemanden, der dann stirbt«, sagt er schließlich. »Und ich habe selber noch so eine blöde Spritze in der Hand. Ich habe erst nur reagiert: Spritze weg, den Arzt geholt und dann gesehen, dass man den Patienten eventuell wieder ins Leben zurückholt. Es war einfach schrecklich. Und danach konnte ich ja eh mit keinem mehr darüber reden.«

»Hast du über Konsequenzen nachgedacht?«

»Da war für mich ganz klar, jetzt fährst du erst mal irgendwo hin, und dann passiert irgendwas, fährst vor einen Baum und machst ein Ende. Ob ich zu feige dafür war, weiß ich nicht. Auf jeden Fall habe ich es nicht gemacht.«

»Also hast du dich im Moment des Tötens eher als ferngesteuert erlebt?«

»Das kann man so sagen.«

»Das überzeugt mich nicht so richtig. Sind wir da jetzt an so einem Punkt, wo für dich eine Ausrede Sinn macht?«

»Ja. Weil es eigentlich nicht so meine Art ist. Ich kann eigentlich keinem Menschen so was antun. Und dann zu sehen, zu wissen, ich habe doch jemand etwas angetan, was ihm den Tod gebracht hat; die Sache mit sich selber auszumachen, das ging gar nicht.«

»Aber du hast das schon realisiert: Ich habe da etwas getan, das war nicht gut ...«

»Später, ja. Wie viele Stunden später, ob das wirklich Stunden oder nur Minuten waren, das weiß ich gar nicht. Es kam mir auf jeden Fall viel später vor.«

Mir fällt jetzt auf, dass er einen wichtigen Aspekt ausgespart hat. Ich spreche ihn darauf an.

»Thomas, ich möchte, dass du gedanklich noch einmal zurückgehst, an die Stelle, bevor du neben dem Patienten stehst. Was geht dir durch den Kopf, wenn du das Zimmer betrittst?«

»Ja, ich bin da reingekommen, irgendwas musste ich bei dem Patienten machen. Ich weiß nicht mehr, ob das nur routinemäßig war oder ob ich ihm irgendwelche Medikamente geben musste. Irgendwas war da auf jeden Fall zu tun. Also ich bin da nicht grundlos reingegangen ...«

»Kanntest du den Patienten?«

»Ja, ich bin schon ein paar Male vorher bei ihm gewesen.«

Ich stelle ihm jetzt eine Kontrollfrage: »Und in welchem Zustand war er? Konnte er mit dir reden?«

»Nein, er konnte nicht mit mir reden. Wie schon gesagt, er ist nach einem Herzinfarkt zu lange ohne Sauerstoffversorgung gewesen, so dass da keine Reaktion oder Kommunikation mehr möglich war.«

»Hattest du an diesem Tag vorher ein besonders frustrierendes Erlebnis? Warst du schlecht drauf?«

»Nein.«

»Alles so wie immer?«

»Es war eigentlich nichts Außergewöhnliches. Es war auf der Station generell zu der Zeit keine gute Stimmung. Vorher war ich noch vierzehn Tage in Urlaub gewesen. Und ich komme auf die Station zurück, ob das an dem Tag war oder ein Tag vorher, das weiß ich gar nicht mehr so genau; jedenfalls sprachen mich zwei Patienten an, die schon länger da waren: ›Ach Thomas, schön, dass du wieder da bist.‹ Die sagten das mit so einem komischen Unterton. Ich dachte, holla, was ist denn hier los? Da hat es wohl wieder Streit zwischen Mitarbeitern und einem anderen Patienten gegeben, so genau bin ich da nicht dahintergestiegen. Da hat wohl für eine Zeitlang ein sehr komischer Ton geherrscht, während meines Urlaubes.«

»Gab es dafür noch andere Anzeichen?«

»Wenn man längere Zeit in dem Beruf ist und man kommt auf die Station zurück, dann bemerkt man genau, wenn die Stimmung schlecht ist, ohne dass man jemand gesehen oder gesprochen hat. Da ist irgendwie so eine miese Stimmung in der Luft. Man macht die Tür auf und merkt, da ist irgendwas. Und irgendwas war da.«

»Was war denn vorgefallen?«

»Das hab ich nie rausgekriegt. Eben nur, dass es irgendwie Stunk gegeben hatte. Vielleicht wollte ich es auch gar nicht wissen. Das war jedenfalls keine einfache Situation.«

Das ist mir zu unkonkret. Ich habe auch das Gefühl, er könnte sich gedanklich schon wieder zu weit von seiner ersten Tat entfernt haben, die er mir ebenfalls nur fragmentarisch angeboten hat. Ich versuche also, ihn wieder in das Patientenzimmer zurückzuführen.

»Kannst du noch mal nach dem Mann im Zimmer schauen? Hast du ein Bild vor Augen?«

»Ja ...«

Er konzentriert sich. Seine Körperspannung nimmt wieder zu. Er zieht die Schultern zusammen.

»Kannst du die Tür aufmachen? Was siehst du?«

»Ich sehe ein Pflegebett. Darin liegt ein Mann, und zwar auf dem Rücken. Regungslos. Zugedeckt mit einem weißen Laken, dahinter sehe ich den Infusionsständer. Es ist ein sehr steriles Zimmer.«

»Und dann gehst du hinein ...«

»Ich gehe da rein und gebe dem was zu trinken oder versuche es zumindest.« Thomas Bracht schaut mich kurz an, bevor er fortfährt. »Schlucken konnte er nur unter größter Anstrengung, manchmal auch gar nicht. Teilweise haben wir ihm dann noch die Lippen angefeuchtet mit so einem Wattestift, der in Wasser getaucht wird oder in so ein Gel. Er wurde umgelagert, damit er sich nicht wundliegt. Da wurde geguckt, ob die Fusion noch vernünftig läuft, eventuell wurde noch eine neue Flasche drangehängt. Und das war's eigentlich, mehr wurde nicht gemacht. Es war eigentlich allen klar, der ist jetzt bei uns so lange geparkt, bis er entweder in ein Pflegeheim geht oder stirbt. Es war keine Chance mehr, generell überhaupt keine Chance mehr, dass er jemals wieder zu Bewusstsein kommen würde. Man hat bei dem, soviel ich weiß, noch mehrere EEGs geschrieben und mehrere Computertomographien gemacht. Und da war immer klar, da ist vom Hirn nichts mehr über.«

Ich bin nach wie vor unzufrieden. Er hat das Zimmer zwar erneut gedanklich betreten, aber auch gleich wieder verlassen. Die Ausführungen zum Befinden des Patienten werte ich als Ausflüchte.

»Was empfindest du, wenn du neben dem Mann stehst, was fühlst du?«

»Wild, in alle Richtungen.«

»Präziser bitte ...«

»Da ist ein Fluchtreflex: Geh da bloß wieder raus, verschwinde aus diesem Raum! Und da ist noch ein anderer Reflex: Kannst du diesem Mann nicht helfen, dass er wieder aufsteht oder dass er wieder gesund wird? Er hatte kleine Kinder, das weiß ich noch. Seine Frau kam immer mit ihnen. *Gib den Kindern den Vater wieder!*, sage ich mir.«

Plötzlich sagt Thomas Bracht nichts mehr. Ich sage besser auch nichts. Eine Zeitlang schweigen wir beide.

»Und dann fehlt mir ein bisschen was«, erklärt er mir schließlich. »Das kriege ich nicht auf die Reihe. Da fehlt mir was, denn auf einmal sehe ich, wie jemand dem Patienten eine Spritze setzt. Das sehe ich und realisiere erst später, dass ich das bin.«

»Kannst du den Mann mit der Spritze sehen?«

»Nein, ich sehe nur seine Hände.«

»Also siehst du deine Hände ...«

»Ja.«

»Was machen deine Hände?«

»Die setzen eine Spritze. Und ich versuche, es zu verhindern. Ich versuche, diese Hände wegzureißen, aber ich kann es nicht, weil sie sich nicht wegreißen lassen. Ich versuche, dieses Tun zu unterbinden. Aber ich kann es nicht.

Ich sehe mir völlig hilflos dabei zu. Ich bekomme Angst davor, vor dem Tun. Ich kann mich aber auch nicht wegbewegen, ich muss da zugucken.«

»Was empfindest du in diesem Moment für den Mann?«

»Für den Patienten empfinde ich ein Gefühl von Erlösung, aber auch nicht so wirklich.«

»Oder fühlst du dich befreit?«

»Nee, gar nicht. Für mich ist da nur Anspannung und Angst.«

»Wovor fürchtest du dich?«

»Vor mir selber. Oder vor dem, was da gerade passiert.«

»Reizt dich da etwas?«

»Nein. Das löst bei mir eigentlich nur Fluchtreflexe aus. Ich will nur weg.«

»Aber du bleibst ...«

»Ja, ich kann einfach nicht weg. Ich bin wie festgenagelt. Ich kann aus dieser Situation nicht raus. Es ist mir völlig unmöglich, mir ist heiß und kalt zugleich. Ich fange an zu zittern. Ich will einfach nur diese ganze Situation beenden und weg.«

»Wie reagiert der Patient darauf?«

»Gar nicht. Der Patient liegt weiterhin so da wie vorher. Keine Reaktionen kommen, nix. Nur dass er auf einmal anfängt, etwas schwerer zu atmen, aber auch nur unwesentlich schwerer. Und auf einmal sehe ich: Mensch, der stirbt!«

»Woran hast du das erkannt?«

»An der Atemfrequenz. Es gibt ja eine bestimmte Atemfrequenz kurz vor dem Tode. Das ist anders, als wenn jemand normal atmet. Die ist so eine Keuch- und Schnappatmung. Und daran habe ich erkannt, dass er stirbt.«

»Was passiert dann?«

»Ich bin völlig in Panik, sehe eine Spritze in meiner Hand, stecke die weg, hole den Arzt und die Kollegen.«

Seine Körpersprache ist jetzt eine andere. Bisher hat er sich eher ruhig verhalten, jetzt beginnt sein Körper zu arbeiten, besonders die Hände. Thomas Bracht spricht jetzt auch deutlich schneller.

»Die versuchen noch etwas zu retten, was aber nicht gelingt. Ich bin total durch den Wind, nass geschwitzt. Ich kann erst mal überhaupt nicht begreifen, was da eben wirklich passiert ist. Für mich war einfach nur klar, ich muss jetzt weg. Irgendwas ist passiert, einfach nur weg aus dieser Situation. Das wünsche ich meinem schlimmsten Feind nicht, in so eine Situation zu geraten.«

Mitten in seinen aufgewühlten Zustand wiederhole ich eine zentrale Frage:

»Warum bist du überhaupt in das Zimmer hineingegangen?«

»Es gab da eben etwas zu erledigen. Ich habe schon versucht, herauszufinden, weshalb ich da reingegangen bin. Es war auf jeden Fall etwas, was zu dem Zeitpunkt hatte sein müssen. Ich bin da nicht reingegangen mit dem Ziel, den Mann zu töten.«

»Wann hast du realisiert, dass du einen Menschen getötet hast?«

»Auf dem Weg nach Hause.«

»Wie war das genau?«

»Ich habe überlegt, was da nun wirklich passiert ist. Und habe dann für mich erkannt: Mensch, das warst du! Das kann doch wohl nicht wahr sein, dass du so was getan hast! Und was jetzt? Irgendwie habe ich gehofft, dass alles rauskommt. Dass ich nie wieder in so eine Situation gerate.«

»Moment mal, hattest du denn gar keine Angst, dafür ins Gefängnis zu kommen?«

»Hinterher habe ich natürlich auch gehofft, dass es nicht entdeckt wird. Na gut, habe ich mir gesagt, es war ja eine einmalige Situation, der Mann wäre sowieso gestorben. Vielleicht kommst du noch mal ungeschoren davon. Ich war damit natürlich auch nicht glücklich.«

»Also warst du nach der Tat sehr aufgewühlt ...«

»Und wie! Als ich nach Hause kam, meine Frau war an dem Abend nicht da, habe ich mich gleich in die Badewanne gelegt und bin irgendwann ins Bett gegangen. Ich konnte natürlich nicht schlafen. War dann morgens wie gerädert und habe nur gedacht: Mensch, was ist da jetzt passiert?! Ich kann einfach nicht fassen, dass ich so was tun konnte.«

»Du hattest also ein neues und besonders ernsthaftes Problem ...«

»Richtig. Ich habe irgendwie einen Ausweg gesucht und mich auf einer anderen Station beworben. Das war vorher schon kurz im Gespräch gewesen. Da waren Kollegen von einer anderen Station, die wollten mich gerne haben. Das wäre dann nicht körperliche, sondern psychiatrische Pflege gewesen. Und diese Gespräche waren eigentlich schon recht weit gediehen, nur die Pflegedienstleitung wusste davon noch nichts.

Ich hatte aber schon kurze Zeit vorher meinen Kollegen gesagt, dass ich vielleicht die Station verlassen werde. Ich wollte nicht, dass sie es über den Dschungelfunk erfahren, habe sie aber gebeten, darüber Stillschweigen zu bewahren, insbesondere vor der Pflegedienstleitung, weil die Sache noch nicht spruchreif war. Und einer meiner lieben Kollegen hatte nichts Besseres zu tun, als die Sache gleich am Nachmittag dem Pflegedienstleiter zu erzählen. Und dadurch war die Versetzung dann geplatzt, weil er sich übergangen fühlte, obwohl er ja noch gar nicht dran beteiligt war. Dadurch hatte ich natürlich auch zu meinen Kollegen nicht mehr unbedingt so das Vertrauen, um mit denen über meine persönlichen Befindlichkeiten zu reden.«

»Bald kam es zu weiteren Taten. Wie viel Zeit ist denn zwischen erster und zweiter Tat vergangen?«

»Mehrere Wochen.«

»Hattest du diese erste Tat dann bereits verarbeitet oder nur verdrängt?«

»Verdrängt. Ich war bis dahin eigentlich ganz froh, dass ich nicht mehr in so eine Situation geraten bin. Ich habe wirklich gedacht, es würde sich auf diese eine Tat beschränken: *Du bist noch mal mit einem blauen Auge davongekommen.* Dass das strafbar war, war mir an und für sich klar, logisch. Ich wollte auch nie wieder so eine Situation erleben ...«

»Aber ...«

»Ich habe auch gedacht, jetzt ist wieder einigermaßen Normalität eingekehrt. Damit musst du nun leben, da kommst du nicht drumrum, das hast du nun mal getan. Aber du kommst nie mehr in so eine Situation, und wenn, dann kannst du damit anders umgehen.«

Thomas Bracht wirkt jetzt wieder wesentlich entspannter. Er hat das Patientenzimmer verlassen, und ich möchte ihn nicht noch einmal dorthin bringen. Jedenfalls heute nicht.

»Deine Hoffnung, nicht rückfällig zu werden, hat sich aber nicht erfüllt. Wie kam es zur zweiten Tat?«

»Na ja, ich kam eben doch wieder in so eine Situation. An diese zweite Situation kann ich mich aber nicht mehr so genau erinnern.« Thomas Bracht denkt kurz nach. »Ich weiß nur, dass ich neben einer Patientin stand, die tot im Bett lag, und ich so eine blöde Spritze in der Hand hatte. Was da genau passiert ist, da habe ich keine Erinnerung, gar keine. Nur diese eine noch, habe ich gedacht, dann ist Schluss.«

»Menschen, die Dinge tun, die du getan hast (ich vermeide bewusst Begriffe wie Serienmörder oder Serientäter, die ihn nur irritieren würden), erzählen mir regelmäßig, dass ihnen schon die zweite Tat wesentlich leichter gefallen sei. Wie war das bei dir?«

»Erst im Nachhinein ist mir klargeworden, dass die Schwelle, die zu überschreiten ist, um einen Menschen zu töten, beim zweiten Mal viel niedriger war.«

»Kann man das Routine nennen?«

»Nein. Das glaube ich nicht. Weiß ich nicht. Routine hört sich so bitter an. Aber es stimmt schon, dass diese Schwelle leichter zu überschreiten war, weil sie nicht mehr so hoch war.«

»Wie viel leichter?«

»Das weiß ich nicht mehr. Auf jeden Fall leichter.«

»Hattest du Schuldgefühle oder Reuegedanken?«

»Die Gedanken hinterher waren schon sehr bedrückend. So nach dem Motto: Jetzt bist du vielleicht doch ein Monster. Und die Suizidgedanken, die wurden stärker.«

»Aber du hast es nicht fertiggebracht. Waren das denn ernsthafte Gedanken, dir das Leben zu nehmen?«

»Doch. Ich habe mich aber nie getraut, auch irgendwas aktiv bei mir zu machen. Einmal saß der Hund hinten im Auto, ein anderes Mal saß meine Frau während der Fahrt neben mir, ich hatte immer so eine Ausrede parat, jetzt gerade nichts unternehmen zu können.«

»Du hast eine Vielzahl von Patienten getötet. Hattest du eine bestimmte Vorgehensweise?«

»Das war immer derselbe Ablauf. Immer mit der Spritze.

Manche Patienten kannte ich schon länger, aber nicht alle. In dem Punkt gab es kein Muster.«

»Unter den Opfern soll es sterbenskranke, aber auch solche Patienten gegeben haben, die das Krankenhaus wieder hätten verlassen können ...«

»Im Nachhinein ist bei der Gerichtsverhandlung aufgrund von Gutachten herausgekommen, dass von den Patienten keiner mehr das Krankenhaus verlassen hätte. Alle wären innerhalb der nächsten Stunden oder Tage, eher Stunden, sowieso gestorben.«

Ich habe den Eindruck, dass Thomas Bracht das Motiv Sterbehilfe ins Spiel bringen will, das er in den anderen Gesprächen bisher verneint hat. Deshalb hake ich an diesem Punkt nach.

»Wusstest du denn zum Zeitpunkt der Tötungen, dass die Patienten auch ohne deine Spritzen sterben würden?«

»Das war mir überhaupt nicht bewusst. Das habe ich auch erst hinterher erfahren, dass es so ausgegangen wäre. Das ist erst durch die Gutachten und die Obduktionen herausgefunden worden. Ich hatte wirklich keine Ahnung.«

»Also spielte der Gesundheitszustand der Patienten für dich keine Rolle?«

»Das weiß ich nicht mehr.«

Dass er sich in einem Fall nicht mehr an diesen Aspekt erinnern kann, halte ich für möglich, auch in einem zweiten oder dritten – aber grundsätzlich? Bevor ich eine neue Frage stellen kann, erzählt er weiter.

»Etwas näher gebracht hat mir das damals ein Verwandter meines Anwaltes, der ist Arzt. Der hat sich die ganzen Krankenakten durchgeguckt, weil er mit der Sache nichts zu tun hatte und neutral war. Und der sagte auch: Wenn man es nicht besser gewusst hätte, wäre bei allen Patienten ein natürlicher Tod völlig normal gewesen. Und es ist auch bei keinem Patienten hundertprozentig bewiesen, dass da jemand irgendetwas gemacht hat. Ich bin nur verurteilt worden, weil ich ausgesagt habe. Hätte ich geschwiegen, wäre die Sache ganz anders ausgegangen.«

»Warum hast du denn ein Geständnis abgelegt?«

»Der Leidensdruck war einfach zu groß. Es gab für mich nur zwei Alternativen: entweder schweigen und gegen einen Baum fahren oder aussagen und weiterleben. Ich bin froh, dass ich mich für das Leben entschieden habe.«

»Du sagst zu Recht, dass ohne dein Geständnis viele Taten nicht hätten aufgeklärt werden können. Würdest du im Nachhinein sagen, du hast dich bei den Tötungen geschickt angestellt?«

»Nee. Ich war nicht geschickt. Überhaupt nicht. Darum habe ich mir gar keine Gedanken gemacht. Das wäre sonst eine bewusste Planung und eine bewusste Tat gewesen. Ich bin nicht zum Dienst gekommen oder in ein Zimmer reingegangen mit dem Vorsatz, einen Menschen zu töten. Niemals.«

Ich bin überzeugt, Thomas Bracht mauert. Es erscheint mir wenig plausibel, dass jemand x-mal in eine – wie er sich ausdrückt – »Situation« gerät, die schon kurz darauf in die vorsätzliche Tötung des Patienten mündet. »Sind wir jetzt wieder an so einem Punkt, wo du eine Ausrede bemühst?«

»Kritisieren tue ich mich insofern, dass ich nicht die Konsequenz gezogen und gekündigt habe. Sicher spielen da auch Existenzängste mit hinein – was hätte ich machen sollen ohne einen Arbeitsplatz?«

»Das ist aber eine ziemlich egoistische Perspektive ...«

Thomas Bracht überhört meine Bemerkung, jedenfalls geht er nicht näher darauf ein, als er weiterspricht.

»Dass ich nicht schon vor der ersten Tat die Station gewechselt habe, das ist es, was ich mir vorwerfe. Da wäre Zeit gewesen. Da wäre es auch logisch gewesen, zu gehen. Weil mit jemandem weiter arbeiten zu müssen, der einen am beruflichen Fortkommen hindert, macht nicht wirklich Spaß. Ich hätte also schon die Möglichkeit gehabt, mich rechtzeitig zu verändern. Und das hätte ich auch tun sollen. Ich habe es aber nicht getan. Und das ist es, was mich bis heute beschäftigt. Nicht rechtzeitig gemerkt zu haben, dass da jetzt etwas mit mir passiert, das mit Existenzängsten eigentlich nichts zu tun hat, sondern mich selber zerstört.«

»Dann kam der Tag X. Du wurdest festgenommen. Wie hast du das erlebt?«

»Das ging alles relativ schnell. Ich wurde nach vorne gebeten zum ärztlichen Direktor. Auf einmal standen da zwei Männer von der Kripo, die mir erklärt haben, dass da ein Verdacht bestehen würde gegen mich. Und die haben mich gleich mitgenommen.«

Thomas Bracht macht jetzt einen gelösten Eindruck, als würde er sich abermals von dieser Last befreien.

»Irgendwie war keine Angst mehr da. Die Angst war einfach weg. Ich dachte mir: Gott sei Dank! Endlich bist du aus der Zwickmühle raus, egal was jetzt passiert. Mir war's auch völlig egal, was da jetzt passierte. Ich wollte nur weg von der Station. Dieser Fluchtgedanke, der war jetzt endlich angekommen. Ich war weg. Ich war endlich aus dieser Situation raus. Was das für Konsequenzen haben würde, war mir egal. Ob das jetzt nun Knast bedeuten würde oder wie lange, das hat mich nicht interessiert. Es war für mich eine ungeheure Erleichterung, eine Erlösung von dieser ganzen Geschichte. Ich hatte diesen Teufelskreis, in dem ich gefangen gewesen war, durchbrochen.«

»Hast du dich, als die Taten passiert sind, vor dieser Enttarnung gefürchtet?«

»Darüber habe ich mir keine Gedanken gemacht. Ich habe immer nur versucht, egal mit welchen Methoden, diesen Kreis zu durchbrechen. So nach dem Motto: Ich bin zur Arbeit gegangen und habe mir fest vorgenommen, egal was passiert, du tust nichts. Du gehst, egal was passiert. Da liegt wieder jemand, der kurz vor dem Sterben ist, der wieder dahin verlegt worden ist, weil er auf einer anderen Station nicht sterben sollte, aber du bist so stark, du schaffst das. Du kriegst das hin, du sagst dir das immer wieder: Es passiert nichts, es darf nichts passieren! Also das hatte ich mir schon fest vorgenommen, dass da nichts mehr passieren soll. Aber es passierte trotzdem immer wieder.«

»Hast du deine Taten als Akt der Stärke oder als Akt der Schwäche empfunden?«

»Als einen Akt der Schwäche. Weil ich nicht stark genug war, die Taten zu verhindern.«

»Das hört sich jetzt aber sehr rational an ...«

»Inzwischen ist es auch rational.«

»Ich hätte eigentlich erwartet, dass du die Taten eher positiv erlebt hast, als einen dich stabilisierenden Faktor, eben als Akt der Stärke ...«

»Es war ein Akt der Schwäche, weil ich nicht in der Lage war, mich selbst an der Tat zu hindern. Mit Stärke hatte das überhaupt nichts zu tun.«

Ich lasse diese Aussage so stehen und kehre zu einem anderen Aspekt zurück, der mir noch zu undeutlich geblieben ist.

»Wenn man eine Tat begeht oder überhaupt etwas unternimmt, dann tut man das mit einem Vorsatz und verfolgt dabei ein bestimmtes Ziel. Selbst bei einer reflexartigen

Handlung ist das so. Und genauso müsste es bei deinen Tötungen auch gewesen sein: Du hast dich entweder bewusst in diese Situationen hineinbegeben, oder du hast erst später innerhalb dieser Situation eine Entscheidung getroffen und danach gehandelt. Es kann nicht anders gewesen sein ...«

»Das ist aber so gewesen. Ich habe keinen Entschluss gefasst, jedenfalls keinen bewussten Entschluss. Ich bin doch nicht Pfleger geworden, um jemand zu töten.«

»Das glaube ich dir ...«

»Ich bin auch nie zur Arbeit gegangen, um jemanden zu töten.«

»Das glaube ich dir auch ...«

»Ich bin auch nie in irgendein Zimmer reingegangen, um jemanden zu töten.«

»Entschuldige, aber da habe ich erhebliche Zweifel ...«

Thomas Bracht wird jetzt energischer.

»Da bin ich nie reingegangen, um jemand zu töten, sondern es waren immer Tätigkeiten, die ich hätte sowieso machen müssen in diesem Zimmer bei diesem Menschen.«

»Es macht übrigens keinen Unterschied, ob du mit dem festen Vorsatz da hineingehst, den Patienten zu töten, oder ob du zunächst aus einem anderen Grund das Zimmer betrittst und es dann passiert. Da ist kein Unterschied ...«

»Für mich schon. Wenn ich eine Zimmertür aufmache oder in ein Zimmer hineingehe, mit dem Wissen, dass der Patient tot sein wird, wenn ich dieses Zimmer wieder verlasse, dann ist das für mich bewusst. So war das bei mir aber nicht.«

»Wie war es denn dann?«

»Wenn ich bewusst zu irgendjemand hingehe, um dem etwas anzutun, egal ob ich ihn nun töte oder verletze oder beleidige oder was auch immer, das ist ein bewusst gesteuertes System. Dann hat man sich vorgenommen, etwas Verbotenes zu tun.«

Er schaut mich kurz an.

»Nur ich habe mir nie so etwas vorgenommen. Ich habe mir nie vorgenommen, etwas zu tun, was ich nicht darf, sondern ich bin da hineingegangen, um meine Arbeit zu machen; den entweder umzulagern, dem was zu trinken zu geben, dem was zu essen zu geben oder eine neue Infusionsflasche dranzuhängen. Wenn ich da hineingehe mit dem Ziel, dem Menschen Schaden zuzufügen, dann ist das für mich eine bewusste Handlung. Mit so einer Vorstellung bin ich aber nie in ein Zimmer reingegangen. Niemals. Wenn ich das bewusst und vorsätzlich gemacht hätte, dann wäre die Geschichte für mich klar. Dann wäre ich wirklich jemand, der diesen Beruf nur ausübt, um anderen zu schaden. Dann wäre das ganz einfach. Dann wäre ich ein schlechter oder brutaler Mensch.«

»Wir sind eigentlich schon ziemlich nah beieinander. Zwischen uns beiden steht nur diese Tür. Ich glaube schon, dass du die Tür aufgemacht hast, um eine Tat zu begehen. Aber letztlich ist es aus juristischer Sicht egal, ob du diesen Entschluss vor der Tür gefasst hast oder erst, als du vor dem Patienten gestanden hast.«

Wir sind an einem wichtigen Punkt angelangt. Thomas Bracht will partout nicht einsehen, dass er vorsätzlich gehandelt hat. Dabei ist dieser Aspekt unstrittig. Allerdings muss ich ihn erst davon überzeugen, will ich einen Schritt nach vorne tun und den motivischen Hintergrund erfahren.

»Wenn ich diesen Entschluss ganz bewusst gefasst hätte, dann würde ich dir zustimmen«, versucht er mich weiter zu überzeugen. »Aber bei mir war es im Prinzip ein Automatismus, zumindest teilweise. Ich habe immer wieder zu mir gesagt: Du willst es nicht tun. Du machst so was nicht mehr. Ich war aber einfach nur zu schwach, um eine neue Tat zu verhindern. Da reinzugehen, um gezielt jemand zu töten, das ist etwas, was mir absolut widerstrebt. Und da weiß ich auch, dass ich da richtigliege.«

»Woher weißt du das denn so genau? Komisch ist doch, dass du dich in erster Linie an solche Dinge erinnern willst, die deine Taten als Verkettung unglücklicher Umstände darstellen, für die du nichts konntest ...«

»Ich weiß aber, dass es so war, wie ich es sage. Ich weiß, dass ich da niemals hineingegangen bin mit dem Vorhaben, irgendjemand etwas anzutun. Dann wäre ich ja klar damit. Damit könnte ich vielleicht sogar halbwegs umgehen. Dann wäre ich jetzt auch ein anderer Mensch. Dann wäre ich einfach kaltherzig. Das kann man nur machen, da reingehen und so, wenn man keinerlei Gefühle hat. Selbst wenn ich sage: Okay, ich bin damals selber im Prinzip gestorben, und als ich verhaftet wurde und in den Knast kam, da war ich eigentlich tot, aber so kaltherzig war ich nie. Ich hatte immer noch Gefühle.«

Thomas Bracht hat etwas gesagt, dass ich in dieser Form zum ersten Mal höre: Wenn er mit direktem Tötungsvorsatz gehandelt hätte, wäre er ein schlechter Mensch. Diesen Aspekt möchte ich vertiefen.

»Deinen Gedanken von eben finde ich sehr interessant: Jeder Mensch, der einen anderen Menschen vorsätzlich tötet, ist ein schlechter Mensch. Wie ordnest du dich in dieses System ein?«

»Ich weiß nicht, ob ich ein schlechter Mensch bin. Wenn ich tatsächlich mit vollem Bewusstsein gehandelt hätte, dann wäre es für mich ganz klar, dass es so wäre.«

»Lassen wir mal den Begriff ›schlechter Mensch‹ beiseite. Was ist an deinen Taten verwerflich gewesen?«

»Dass ich jemandem etwas tue, was nicht rechtens ist. Dass ich jemand etwas tue, um ihm zu schaden.«

»Das überzeugt mich nicht.«

»Aber mich. Wenn ich irgendwo hingehe und mache bewusst etwas, um jemandem zu schaden, ist das etwas, was eigentlich gegen meine Lebensüberzeugung ist.«

»Okay, ich nehme dir ab, dass du die Sache heute so siehst. Aber damals?«

»Ich bin nie zu einem Patienten ins Zimmer gegangen, um ihm zu schaden, sondern um demjenigen zu helfen. Wenn das anders gewesen wäre, das wäre vorsätzliches und kriminelles Tun.«

An dieser Stelle will ich noch einmal nachhaken. Denn wenn er sich mit dieser Erklärung zufriedengibt, ist der Weg zum Motiv für die Tötungen verstellt. Also versuche ich es noch einmal.

»Thomas, wenn ich dich richtig verstanden habe, glaubst du, Tötungen begangen zu haben, aber kein schlechter Mensch gewesen zu ...«

Mein Einwand zeigt Wirkung, er unterbricht mich.

»Ich hatte auch Angst vor mir selber, dass ich überhaupt in der Lage bin, so etwas zu tun.«

»Gut. Wenn du damals bei den Tötungen kein schlechter Mensch gewesen bist – ein guter Mensch warst du aber doch wohl auch nicht, oder?«

Kopfnicken.

»Was warst du denn für ein Mensch?«

Die Antwort kommt spontan. Thomas Bracht spricht jetzt wieder sehr schnell.

»Ich war gar kein Mensch in dieser Situation. Ich war

nicht ich selbst. Ich kann dir gar nicht mehr beschreiben, was ich damals wirklich von mir gedacht habe. Ich dachte, ich muss diese Welt verlassen, um das alles aus der Welt zu schaffen. Ich war damals hoch selbstmordgefährdet, ohne das jetzt dramatisieren zu wollen. Im Grunde habe ich mich mit jeder Tat ein Stück weit selbst getötet. Das war mir damals so aber nicht klar.«

»Also, das Problem, das ich momentan bei dir sehe, ist: Wenn du in eine sehr negative Richtung gehst, wirst du sehr unkonkret. Du siehst jemanden, der du nicht sein willst. Genau dann hast du Probleme, dich zu erinnern. Aber wenn es sich ins Positive dreht oder die Sache irgendwie neutral wird, dann wirst du plötzlich wieder sehr konkret. Spürst du das?«

»Ja. Gerade an bestimmte Situationen habe ich keine Erinnerung mehr, die sind weg.«

»Ich vermute, dass du die besonders belastenden Dinge tief in deinem Bewusstsein vergraben hast und dort auch belassen möchtest ...«

»Das vermute ich auch. Ich versuche ja, mich daran zu erinnern; eben herauszufinden, wieso ich überhaupt fähig war, so etwas zu tun. Nur viele Dinge sind hinter einem Schleier verborgen. Diesen Schleier krieg ich nicht weg.«

»Vielleicht willst du den ja gar nicht wegkriegen.«

»Doch, ich will den wegkriegen.« Thomas Bracht wird sehr nachdenklich. »Ansonsten würden wir jetzt nicht miteinander reden, wenn ich das nicht wollen würde. Ich will diesen Schleier loswerden, aber das klappt einfach nicht. Ich finde keinen Anfang, und ich finde auch nicht das Ende. Irgendwo muss doch ein Eingang sein, und ich denke, dass ich ihn auch irgendwann finden werde.«

Ich kann nicht ausschließen, dass Thomas Bracht mich

instrumentalisiert, um seine seelischen Nöte zu lindern, ohne sich aber dem Kern des damaligen Geschehens nähern zu wollen. Deshalb spreche ich diesen Punkt jetzt an.

»Kann es sein, dass du mich für deine Zwecke benutzt? Dass du innerlich wieder ein Stück gewachsen bist, etwas Verlorenes zurückerobert hast, wenn das Gespräch beendet ist?«

»Ob ich da größer werden will, weiß ich gar nicht. Ich bin groß genug. Ich versuche es ja. Nur dieser Schleier, der hängt da wie ...«

»Ist *das* der Strohhalm, an den du dich klammerst?«

»Nee. Das ist nicht mein Strohhalm. Dieser Schleier stört mich ja selber. Ich will wirklich wissen, wieso und weshalb wir jetzt hier in so einem Gespräch sitzen. Aber ich kriege den Schleier einfach nicht weg.«

»Du könntest es dir doch auch einfacher machen und die Vergangenheit ruhen lassen ...«

»Das habe ich schon probiert, aber es bringt nichts. Die Vergangenheit werde ich so nicht los.«

Thomas Bracht ist noch nicht so weit. Es wird noch Zeit brauchen, bevor er – wenn überhaupt – den Abgrund in sich freigibt. Deshalb spreche ich ihn auf einen anderen Aspekt an, der mir wichtig erscheint.

»Du hast ein Mal getötet, und dann immer wieder. Warum wirst du es nicht noch einmal tun?«

»Ich glaube schon, dass es zu Rückfällen bei Tätern kommen kann, die meinetwegen des Geldes wegen getötet haben. Aber jemand wie ich, der in einer besonderen Situation war, in so einem Kreislauf dringesteckt hat, ohne es wirklich bewusst zu tun, der aus einer Situation heraus getötet hat, da liegen die Dinge anders.«

»Inwiefern anders?«

»Ich habe diesen Kreislauf durchbrochen. Deshalb werde ich so was nie wieder tun. Ich habe ein System gefunden, um mit solchen kritischen Situationen, in die man immer mal wieder kommen kann, umzugehen.«

»Und das sieht wie aus?«

»Ich bin ein tiefgläubiger Mensch geworden und weiß, wenn ich noch einmal in eine solche Situation geraten sollte, dann werde ich Hilfe bekommen, diese Situation zu meistern. Ich habe auch gelernt, mich in solchen Momenten zurückzuziehen, und es gibt jetzt Menschen, mit denen ich dann darüber reden kann. Deshalb bin ich überzeugt, dass es nie mehr so weit kommen würde, dass ich jemandem körperlichen Schaden zufüge.«

»Was unterscheidet den Thomas Bracht, der mir jetzt gegenübersitzt, von jenem Thomas Bracht, der vor vielen Jahren Patienten getötet hat?«

»Vor den Taten konnte ich nicht über mich und meine Befindlichkeiten reden. Obwohl ich es immer gerne gewollt hätte, ich war dazu aber nicht in der Lage. Vor den Taten hätten wir so ein Gespräch niemals führen können, da wäre ich nämlich schon weg gewesen.«

»Und das ist heute anders?«

»Heute stelle ich mich diesen Fragen und versuche selbst herauszufinden, warum das alles passiert ist. Ich gehe offener mit diesen Dingen um, so offen war ich vorher nicht. Das ist auch eine Geschichte, die ich im Knast gelernt habe. Man hat mir dort meine Grenzen aufgezeigt und mich eben an den Punkt gebracht, über Dinge zu reden, über die ich vorher nicht reden konnte. Ich denke zwar immer wieder an diese schreckliche Zeit, natürlich, aber ich will auch diesen Schleier, diesen Vorhang loswerden. Aber es gibt inzwischen schon Zeiten, wo ich nicht dran denken muss, wo ich einfach nur lebe.«

An diesem Punkt beende ich das Gespräch. Man darf Menschen wie Thomas Bracht nicht überstrapazieren, es gibt Grenzen der seelischen Belastbarkeit. Dieser Grundsatz gilt aber auch für mich selbst. Wir vereinbaren deshalb, uns in nächster Zeit wieder zu treffen und unseren Diskurs fortzusetzen.

Thomas Bracht bringt mich nach einer herzlichen Verabschiedung schließlich zur Tür. Vor knapp sieben Jahren wurde er aus der Haft entlassen, inzwischen hat er einen neuen Beruf ergriffen, eine Partnerin gefunden und sich einen Freundeskreis aufgebaut. Er steht mitten im Leben.

Während der Heimfahrt will mir ein Gedanke nicht aus dem Kopf, der mir Sorge bereitet:

Ist es überhaupt richtig und angemessen, Thomas Bracht in regelmäßigen Abständen mit seinen Taten zu konfrontieren und zu versuchen, das Motiv für seine Taten herauszuarbeiten? Schließlich hat er eine Strafe bekommen und verbüßt, damit könnte man die Sache auch auf sich beruhen lassen. Ist die Verweigerung, sich den eigenen Beweggründen zu stellen, vielleicht nur ein Schutzreflex, um mit der eigenen Schuld überhaupt umgehen zu können? Was wäre die Konsequenz, würde es uns tatsächlich gelingen, den Abgrund in ihm freizulegen? Kann ich das verantworten?

Letztlich berufe ich mich aber auf das, was er mir noch kurz vor Verlassen der Wohnung gesagt hat: »Diese Gespräche tun mir gut.« Wir haben also nicht das letzte Mal zusammengesessen.

Im Übrigen lässt mich diese Begegnung ein Stück weit

unbefriedigt zurück. Denn: Das Hauptziel, die Beweggründe für Thomas Brachts Tötungen freizulegen, habe ich wieder verfehlt. Meine Strategie, ihn auf eine bestimmte Weise gedanklich mit den motivrelevanten Ereignissen zu konfrontieren, hat zwar funktioniert, doch entscheidend weitergekommen bin ich dadurch nicht. Die Tatsache, dass dies bisher auch sonst niemandem gelungen ist, bleibt ein schwacher Trost und bestätigt meine bisherigen Erfahrungen: Den Tätern bereitet es wenig Probleme, ihre Tathandlungen zu beschreiben, doch wenn es darum geht, die Bedürfnisse zu benennen, die sie mit ihren Taten befriedigen wollten, schrecken sie davor zurück – wie ein Pferd, dem beim Springreiten ein Hindernis unüberwindbar erscheint. Als fürchteten sie sich davor, der eigenen Abnormität oder gar Perversion ins Gesicht zu blicken. Bei Thomas Bracht hingegen bin ich mir ziemlich sicher, auf dem richtigen Weg zu sein, um zusammen mit ihm diese Barriere irgendwann zu durchbrechen. Wenigstens das.

Ein Vater sucht einen Mörder

Ich sitze auf einer Holzbank im öffentlichen Stadtpark in Rheine, der sich östlich der Altstadt über etwa acht Hektar erstreckt. Das Panorama wird geprägt von ruhigen Spazierwegen mit Skulpturen und anderen Kunstwerken, bunten Zierbeeten, einem Rosengarten und einem japanischen Garten. Viele Besucher zieht es auf die Terrassen des Parkrestaurants, andere tummeln sich am Konzertpavillon.

Es ist früher Nachmittag. Die Sonne scheint vom wolkenlosen Himmel herab, es herrschen angenehme Temperaturen. Herrliches Spätsommerwetter. Neben den genannten Sehenswürdigkeiten gibt es in diesem Park auch mehrere Themengärten, »Aue« zum Beispiel. Mich beschäftigt an diesem Tag allerdings ein Thema, das ganz und gar nicht zu dieser Idylle passt: Mord. Denn neben mir sitzt Manfred Mohn, dessen Sohn Tobias vor Jahren getötet worden ist. Der 63-jährige Computerfachmann aus Pinneberg bei Hamburg sucht nach wie vor den Mörder. Und ich bin ihm nun dabei behilflich.

Die Mappen und Aktenordner, die das Grauen dokumentieren, liegen zwischen uns auf der Bank. Manfred Mohn kennt die Ermittlungsakten der Kripo Verden sehr genau. Er hat die vielen Hundert Seiten unzählige Male studiert, analysiert, förmlich seziert – alles in der Hoffnung, die Spur des Täters aufzunehmen und ihn zur Strecke zu bringen.

Denn mit der Ermittlungsarbeit von Kripo und Staatsanwaltschaft mag Manfred Mohn sich nicht anfreunden, zu haarsträubend erscheinen ihm die Versäumnisse und Fehlleistungen der Ermittler. Der Misserfolg scheint ihm recht zu geben.

Manfred Mohn zeigt mir die »Bildmappe zur Vermisstensache Tobias Mohn«. Darin sind Farbaufnahmen vom Entführungsort, dem Fundort der Leiche sowie der Obduktion. Die Serie beginnt unspektakulär, geradezu harmlos: eine kleinstädtische Wohnstraße, ein großer Gebäudekomplex, ein Torbogen. »Hier ist er zur Schule gegangen«, sagt Manfred Mohn scheinbar ungerührt, ungemein sachlich, nüchtern. Es folgen Umgebungsfotos der Schule, dann Bilder aus dem Innenbereich, ein Flur, der Aufenthaltsraum, schließlich das Zimmer des Jungen.

Der Mann mit dem akkurat gescheitelten Haar und dem grauen Bart blättert weiter, wortlos, fast wie in Trance. Ich überlege, was wohl in ihm vorgehen mag, wie er diese Belastung erträgt, jetzt, in all den Jahren zuvor und in Zukunft. Wie schafft er das, ohne zu verzweifeln, ohne den Mut zu verlieren, woher nimmt er die Energie, sich mit dem Leid des eigenen Kindes immer wieder auseinanderzusetzen?

Es folgt der nächste Bildband, diesmal beginnend mit Luftaufnahmen einer Dünenlandschaft. Rote Pfeile markieren die Fundstelle des toten Körpers. Ein Kinderfahrrad liegt im Sand, wie hingeworfen. Großaufnahmen einer Reifenspur. Daneben eine leere Sektflasche. Und dann Männer mit Spaten in der Hand, die etwas ausgraben – ein menschlicher Körper wird sichtbar, die Hände sind auf dem Rücken gefesselt. Schließlich liegt der geborgene Leichnam auf einer ausgebreiteten Plastikfolie.

»Möchtest du die Bilder von der Obduktion sehen?«, fragt mich Manfred Mohn leise.

»Nein, schon gut.« Ich fürchte nicht die Bilder selber, sondern die Situation als solche, ihre Emotionalität, die seelische Belastung meines Begleiters, dessen Blicke mir unentwegt sagen: Ich will endlich wissen, was passiert ist!

Dienstag, 31. März 1992.
Ein Internat in der Gemeinde Scheeßel bei Hamburg,
Haus G, Erdgeschoss, Zimmer 4.

Es ist 5.30 Uhr, als der Wecker zu klingeln beginnt. Jochen Maurer wird wach und wartet darauf, dass sein Zimmergenosse den Wecker ausstellt. Doch es klingelt weiter. »Tobias, mach den Wecker aus.« Keine Reaktion. Jochen schaut missmutig zu Tobias' Bett hinüber. Leer. Wahrscheinlich ist er im Bad, überlegt der 15-Jährige, macht den Wecker aus und schläft noch mal ein.

Eine halbe Stunde später wacht Jochen wieder auf. Der erste Blick geht zum verwaisten Bett seines Freundes. Tobias muss wohl immer noch im Bad sein, vermutet Jochen, steht auf und sieht nach. Fehlanzeige. Komisch. Jochen macht sich auf die Suche. Auch im Aufenthaltsraum findet er seinen Freund nicht, dafür aber dessen verdrehten Schlafanzug, der auf einer Tischreihe vor einem entriegelten Fenster liegt. Merkwürdig. Schlimmer: Das ist eindeutig ein Grund zur Besorgnis. Jochen alarmiert sofort die Hausleitung, dass Tobias nicht mehr da ist.

Dreieinhalb Stunden später befragen Beamte der Kripo Verden den verantwortlichen Erzieher in Haus G. Horst Kallen berichtet, dass Tobias erst zu Beginn des Schuljahres in das Internat nach Scheeßel gekommen war, Gründe für das Verschwinden des 13-Jährigen seien für ihn nicht zu erkennen gewesen. Gegen 22 Uhr hat seine Frau noch im Zimmer der Jungen nach dem Rechten gesehen und sie zur Ordnung rufen müssen, da sich die beiden lautstark unterhalten haben und die Zimmertür entgegen der Regel abgeschlossen war.

Horst Kallen beschreibt Tobias als zurückhaltendes, etwas eigenbrötlerisches, aber vernünftiges Kind, das bisher nicht verhaltensauffällig geworden sei. Auch habe der Junge mit anderen Schülern keinen Streit gehabt. Ungewöhnlich sei allein gewesen, dass Tobias sich vornehmlich mit jüngeren Kindern angefreundet habe.

»Mein Sohn war meist aufgeschlossen, konnte sich aber auch in sich zurückziehen. Wenn er mal was berichten sollte, dann ist das immer sehr knapp ausgefallen und man musste immer nachfragen und ihn ermuntern. Als er noch an der Grundschule war, da ist er so ein bisschen der Klassenkasper gewesen. Seine Mitschüler haben ihn deshalb nicht für voll genommen. Insgesamt war er aber ein lieber und lebhafter Junge.«

Charlotte Mohn, Tobias' Mutter, berichtet den Ermittlern, ihr Sohn sei am vergangenen Wochenende wie gewöhnlich zu Hause gewesen. Er habe einen fröhlichen Eindruck gemacht, es sei nichts Außergewöhnliches vorgefallen, es habe auch keine Auseinandersetzung gegeben. Am Sonntagabend sei Tobias von seinem Vater ins Internat zurückgebracht worden, der Junge habe sich auch während der Fahrt unauffällig benommen. Alles wie immer.

»Wir haben es stets so gehalten, dass meine Frau ihn zum Wochenende geholt hat und ich ihn zurückgebracht habe. An dem Wochenende vor seinem Verschwinden war alles normal gewesen, Tobias hatte sich mehrfach mit seinem Freund Marcel getroffen und war

frohen Mutes. Er freute sich schon auf die Ferien, wir hatten nämlich einen Skiurlaub gebucht.

Als Tobias und ich im Internat ankamen, war es wegen der Zeitumstellung noch hell. Ich hielt auf dem kleinen Parkplatz vor dem Internatsgelände. Tobias ist ausgestiegen, hat seinen Beutel genommen, und wir haben uns verabschiedet. Dann ging er den Plattenweg entlang zum Torbogen und verschwand um die Ecke.«

Die Kripo führt in Haus G erste Ermittlungen durch und nimmt auch Tobias' Zimmer in Augenschein, das im Parterre am Ende des Flurs liegt. Die Sachen des Jungen werden durchgesehen, doch Hinweise darauf, warum er das Internat verlassen haben und wo er sich aufhalten könnte, werden nicht gefunden.

Im Aufenthaltsraum des Hauses, in dem der Schlafanzug gelegen hat, finden die Ermittler weder an dem geöffneten Fenster noch am Fensterbrett Fingerspuren von Tobias. Es werden überhaupt keine Spuren gefunden, auch nicht von anderen Schülern oder Lehrern. Deshalb muss zunächst dahinstehen, auf welchem Weg Tobias nach draußen gelangt ist.

Schließlich wird der Zimmernachbar befragt. Nach Aussage von Jochen Maurer war Tobias am Montagabend schlecht gelaunt und hat kaum gesprochen. Ganz anders als an den Abenden zuvor, als sie sich noch lange unterhalten haben. Nach dem Abendessen waren die Jungen noch bis neun vor dem Haus spielen. Zwischendurch sei Tobias allein kurz in einem kleinen Waldgebiet gewesen, das unmittelbar an das Internatsgelände grenzt.

Auch nach dem Abendessen ist aus Sicht des Zimmernachbarn nichts Besonderes vorgefallen, bis Frau Kallen das Zimmer kontrolliert und bemerkt hat, dass die Tür von innen verschlossen war. Die Lehrerin zog den Schlüssel ab und verkündete, dass ihnen zur Strafe bis auf weiteres die einmalige Abendverlängerung pro Woche gestrichen wird. Tobias habe das Zimmer jedoch nur abgeschlossen, um beim Umziehen von Frau Kallen nicht überrascht zu werden. Das wurde von der Erzieherin aber als Ausrede gewertet.

Manfred Mohn hält sich zum Zeitpunkt des Verschwindens seines Sohnes in Heidelberg auf, der Computerfachmann nimmt dort an einer Fortbildungsveranstaltung teil. Als er von der Sache erfährt, bucht er den nächsten Flug zurück nach Hamburg und erfährt noch am selben Abend von seiner Frau, was sich in den vergangenen achtundvierzig Stunden ereignet hat.

»Da war vor allen Dingen dieses Gefühl der völligen Ratlosigkeit. Ich konnte mir überhaupt nicht vorstellen, was das sollte. Mein Schwiegervater hatte anklingen lassen, dass die Kripo vermutet, Tobias könnte weggelaufen sein. Das war mir aber unbegreiflich. Ich war wie vor den Kopf gestoßen. Es hatte keinerlei Anzeichen bei Tobias gegeben, dass etwas nicht in Ordnung sein könnte.«

Die Kripo hat unterdessen Nachforschungen zu Tobias angestellt. Daraus ergibt sich folgendes Bild: Tobias erlitt im Alter von drei Jahren zwei epileptische Anfälle, jedoch konnten mit Hilfe von Medikamenten in der Folgezeit weitere Anfälle unterdrückt werden. Seit einem halben Jahr galt er als geheilt. Trotzdem hatte Tobias in der Schule Lernprobleme, die auch auf die regelmäßige Einnahme der Antiepileptika zurückzuführen waren. Nach der Grundschule kam der Junge aufs Gymnasium, musste aber wegen erheblicher Probleme schon bald auf eine Realschule wechseln. Doch auch hier kam er nicht zurecht und wurde mitten in der sechsten Klasse in die Hauptschule querversetzt. Auf Betreiben der Eltern erfolgte mit Beginn des Herbstschuljahres 1991 die Unterbringung des Jungen in dem Internat in Scheeßel. Daraufhin verbesserten sich seine schulischen Leistungen erheblich.

Nachdem die Ermittlungen im Umfeld des Vermissten vorerst abgeschlossen sind, hält die Kripo ein Verbrechen für wenig wahrscheinlich, zumal keine konkreten Anhaltspunkte dafür vorliegen. Aufgrund der Namensgleichheit mit der prominenten Gütersloher Verlegerfamilie Mohn könnte Tobias möglicherweise irrtümlich entführt worden sein, überlegen die Ermittler, doch auch diese Annahme ist hypothetisch. Um dennoch nichts unversucht zu lassen, wird das Telefon der Eltern an ein Tonbandgerät angeschlossen.

»Als ich mit meiner Frau mal durchgegangen bin, was die Kripo denn nun alles gefunden hatte, da kam dann raus: Tobias' kleiner Rucksack war noch auf seinem Zimmer, ebenfalls seine Getränkeflaschen. Auf dem Tisch haben noch Müsliriegel gelegen. Und seine Jacke hing noch an der Tür, da waren zwölf Mark drin. Wenn er weggelaufen wäre, dann hätte er das doch alles mitgenommen! Das war der Punkt, wo ich mir gesagt habe, da stimmt was nicht. Tobias ist nicht weggelaufen.«

Nach einer weiteren Vernehmung der Internatslehrer steht für die Ermittler fest, dass Tobias das Haus nach 1 Uhr verlassen haben muss. Zu dieser Zeit ist ein Lehrer durch den Aufenthaltsraum gegangen, der vor Beamten ausgesagt hat: »Da stand mit Sicherheit kein Fenster offen, und Tobias' Schlafanzug hat da auch noch nicht gelegen. Ich habe sogar noch das Licht eingeschaltet, um zu prüfen, ob alles in Ordnung ist.«

Bei den Befragungen von Tobias' Klassenkameraden kommt schließlich heraus, dass er nach einer Mathearbeit sehr deprimiert war. »Die habe ich wohl verhauen«, hat er einem Mitschüler gesagt. Nach Auskunft des Mathematiklehrers ist die Arbeit tatsächlich mangelhaft. Die Ermittler halten es deswegen für wahrscheinlich, dass der Junge sich vor der drastischen Reaktion seiner Eltern gefürchtet hat und deshalb abgehauen ist.

»Das war für mich überhaupt kein Grund. Er hätte ja nicht zum ersten Mal eine schlechte Zensur nach Hause gebracht. Und er wusste, dass wir ihm dafür nicht den Kopf abreißen würden. Außerdem hätte er die Mathearbeit erst nach den Ferien wiederbekommen, und er war schon eher der Typ, der sich sagt: Bis dahin ist es noch lange hin, da mache ich mir jetzt keinen Kopf.«

Manfred Mohn ist ein nüchterner Analytiker, seine Gedanken kreisen unablässig um die Vorkommnisse in Haus G. Weil er sich nicht auf das nervenzerrüttende Warten beschränken möchte, stellt er eigene Ermittlungen an. Als Erstes spricht er mit Jochen Maurer, dem Zimmergenossen seines Sohnes. Und der berichtet ihm, Tobias habe das Zimmer nicht nur am Montagabend abgeschlossen, sondern in der Woche zuvor auch.

»Da kam mir die Idee, da könnte irgendwas gewesen sein. Dass er sich vielleicht vor irgendjemandem gefürchtet hat. Was jetzt wiederum darauf hindeutete, dass es eine Begegnung gegeben haben könnte, die so verlaufen sein muss, dass er sich bedroht gefühlt und deshalb abends abgeschlossen hat. Andererseits kann er sich aber auch nicht so sehr bedroht gefühlt haben, da er sich niemandem anvertraut hat. Er hat nämlich zu seinen Mitschülern absolut nichts gesagt. Ich habe auch beim Jochen noch mal nachgefragt, ob denn da irgendwas gewesen ist. Nee, hat er gesagt, er weiß nichts, sie haben auch nicht darüber gesprochen. Er hat einfach hingenommen, dass Tobias abschließt, und sich keine Gedanken darüber gemacht.«

Und noch ein Aspekt gibt Manfred Mohn zu denken. Die Kripo glaubt, Tobias habe das Internat aus freien Stücken erst nach 1 Uhr verlassen. Doch Manfred Mohn hat Zweifel. Denn er kennt seinen Sohn, auch dessen Schlafgewohnheiten.

»Das konnte so eigentlich auch nicht stimmen. Tobias hatte nie Schlafschwierigkeiten. Wenn der mal schlief, dann schlief der durch. Da konnte auch neben ihm ein bisschen Krach sein, das hätte er nicht mitbekommen. Und dass er sich bis weit nach Mitternacht hätte wach halten können, das haben meine Frau und ich ausgeschlossen. Also musste an dem Abend noch etwas anderes passiert sein. Meine Vermutung war, dass sich jemand in das Haus reingeschlichen und Tobias rausgeholt hat.«

Charlotte und Manfred Mohn werden bei der Kripo vorstellig und konfrontieren die Ermittler mit ihren Überlegungen zur Tatzeit und zum Tathergang. Die Kommissare hören den Eltern interessiert und geduldig zu, doch sie vertrauen auf die Aussage des Lehrers und interpretieren das Geschehen anders.

Weil gegen 1 Uhr ein Lehrer durch den Gemeinschaftsraum gegangen sei und Tobias' Schlafanzug noch nicht auf der Tischreihe vor dem erst später geöffneten Fenster gelegen habe, hat der Junge nach ihrer Einschätzung das Internat zwischen 1 Uhr und 5.30 Uhr verlassen, und zwar freiwillig, da einerseits Spuren eines gewaltsamen Eindringens nicht festzustellen gewesen seien und andererseits Tobias frische Kleidung getragen habe.

Die Polizei lässt nichts unversucht, um das Schicksal des Jungen aufzuklären. Immer wieder wird die Bevölkerung über die Medien um Mithilfe gebeten, Suchtrupps durchkämmen die Waldgebiete der Region, Taucher werden an verschiedenen Seen eingesetzt, Hubschrauber überfliegen mit Wärmebildkameras das Gebiet. Doch Tobias bleibt unauffindbar. Irgendwann hält Manfred Mohn die bleierne

Ungewissheit nicht mehr aus und macht sich selbst auf die Suche nach seinem Sohn.

»Ich bin in die Umgebung von Scheeßel gefahren und habe mich dort umgesehen. Jeden Waldweg habe ich abgesucht, bin Feldwege abgefahren, habe Scheunen durchstöbert. Nichts. Irgendwann bin ich zu dem Schluss gekommen, dass er sich alleine gar nicht hätte durchschlagen können, das erschien mir einfach unmöglich. Tobias hätte da keine Nacht durchgehalten, es war ja zu dieser Zeit noch sehr kalt. Wenn er weggelaufen wäre, dann wäre er auf jeden Fall schnell wieder nach Hause gekommen.«

Manfred Mohn klammert sich an die vage Hoffnung, dass Tobias auch nach all der Zeit noch gefunden werden kann – lebend. Schlaflose Nächte durchwacht er trotzdem nicht, dafür ist er abends einfach zu erschöpft. Fünf oder sechs Stunden kommt er traumlos zur Ruhe, dann wacht er auf, und die Grübelei geht von vorne los.

»Ich bin nach zwei Wochen wieder zur Arbeit gegangen, weil ich mir sagen musste, das hat keinen Zweck, dass ich hier sitze und es tut sich nichts. Der Zustand, in dem wir uns befanden, ist eigentlich unbeschreiblich: Wir haben in unserem Haus nachts alle Lichter eingeschaltet, wir dachten, vielleicht taucht er hier irgendwo auf. Wir wollten ihm ein Zeichen geben. Ich bin am Wochenende mit Tobias' Freund hier rumgefahren, um zu sehen, ob er sich nicht irgendwo versteckt hält. Es gibt hier in der Gegend überall Hochstände, die von Jägern genutzt werden. Da bin ich auch hingefahren. Aber da wurde mir schnell klar: Völliger Blödsinn, Tobias kann hier gar nicht sein. Und so ist die Zeit eben rumgegangen.«

Am 3. Mai 1992 finden Spaziergänger in den Dünen des Verdener Stadtwalds, einem überregional bekannten Naturschutzgebiet, die Leiche eines Jungen. Der 30 bis 40 Zentimeter unter der Erdoberfläche liegende Körper ist von

Tieren teilweise freigegraben worden. Die Kripo vermutet, es könnte sich bei dem Toten um Tobias Mohn handeln. Bei der Obduktion des Jungen, dessen Hände mit einem Tau auf dem Rücken gefesselt wurden, bestätigt sich dieser Verdacht. Der Gerichtsmediziner vermutet eine Liegezeit von etwa vier Wochen. Der geschwollene Hals und punktförmige Hautblutungen in diesem Bereich legen Erwürgen oder Erdrosseln als Todesursache nahe. Zudem hat der Täter offenbar im Genitalbereich des Opfers manipuliert, jedenfalls sind entsprechende Spuren vorhanden. Die Kripo hat es demnach mit einem Sexualmord zu tun. Und Manfred Mohn dürfte mit der Vermutung, sein Sohn habe das Internat unfreiwillig verlassen, recht haben.

»Ich wollte gerade aus dem Haus gehen, da kam der Anruf. Im ersten Moment konnte ich gar nichts denken, da war nur ein großes, tiefes, schwarzes Loch. Als mir die Sache klargeworden war, musste ich es auch noch meiner Frau sagen. Das ist mir besonders schwer gefallen. Wir waren total am Boden.

Ich bin allerdings zu dem Zeitpunkt auch der Auffassung gewesen: Die haben jetzt die Leiche gefunden, und damit ist klar, es ist ein Mord passiert. Da muss es Spuren geben, die die Polizei zur Aufklärung des ganzen Falles bringen muss. Anfangs habe ich gedacht, in ein paar Tagen haben die das aufgeklärt. Dass sich die Sache dann so entwickelte, das war für mich unvorstellbar.«

Die Kripo Verden lässt eine Mordkommission aufrufen, der elf Beamte angehören. Als das endgültige Ergebnis der Obduktion vorliegt, kann der Todeszeitpunkt näher eingegrenzt werden. Denn im Magen des Toten ist unter anderem Reis gefunden worden, und die letzte Abendmahlzeit im Internat ist nachweislich ein Reisgericht gewesen. Also dürfte Tobias bereits wenige Stunden nach seinem Verschwinden getötet worden sein.

Die Ermittler besuchen die Familie Mohn und berichten von den Ereignissen der vergangenen achtundvierzig Stunden. Nach wie vor glauben die Fahnder, Tobias habe das Internat aus eigenem Antrieb verlassen. Manfred Mohn lässt sich bei dem Gespräch auch die Bekleidung beschreiben, die Tobias zum Zeitpunkt seines Verschwindens getragen hat.

»Als Tobias gefunden wurde, hatte er ein Sweatshirt an, das wir gar nicht mehr auf unserer Rechnung hatten. Wir waren sicher, dass wir es einem Jungen aus der Nachbarschaft geschenkt hatten. Jetzt trug es plötzlich Tobias. Ich sagte mir, das Ding hätte er von sich aus nie angezogen. Und in seinem Zimmer hat noch das Oberteil seines Jogginganzugs gelegen. Da war mir klar, dass jemand in Tobias' Zimmer gewesen sein muss, der das Sweatshirt aus dem Schrank genommen hat. Also für mich gab es schon deshalb keinen Zweifel, dass unser Sohn entführt worden ist.«

Über den Mord an Tobias wird in den folgenden Tagen mehrfach in den regionalen Medien ausführlich berichtet, die Bezirksregierung Lüneburg setzt eine Belohnung von 10 000 Mark aus, Manfred Mohn will demjenigen, der maßgeblich zur Aufklärung des Verbrechens beiträgt, sogar 15 000 Mark bezahlen. Trotzdem gehen nur wenige Hinweise bei der Mordkommission ein.

Die Kriminalisten werten ihre bisherigen Erkenntnisse aus und legen sich auf folgende Täterhypothese fest: Der Gesuchte ist männlich, mindestens 18 Jahre oder älter, hat homosexuelle Neigungen mit einer Vorliebe für Knaben, er verfügt über Beziehungen nach Scheeßel und Verden, kennt sich am Tatort und am Leichenfundort aus und muss zum Zeitpunkt des Verschwindens des Jungen über einen Pkw verfügt haben.

Sollte es sich um ein Beziehungsdelikt handeln, müsste der Täter Tobias schon vorher gekannt und Einfluss auf ihn gehabt haben; nur so konnte er ihn veranlassen, nachts nach 1 Uhr heimlich das Internat zu verlassen, um sich mit ihm zu treffen. Unter Berücksichtigung des angenommenen Tätertypus bleiben jedoch nur sehr wenige Männer übrig, die auch nur in Teile des Rasters hineinpassen. Von homosexuellen Neigungen von Männern im unmittelbaren Beziehungsgeflecht zu Tobias Mohn ist bislang nämlich nichts bekannt geworden.

Es wäre auch möglich, dass die Tötung ein Zufallsdelikt war, schlussfolgern die Fahnder. Tobias könnte wegen der schlechten Mathearbeit und des sich abzeichnenden Konflikts mit seinen Eltern wach gelegen und das Internat spontan verlassen haben. Danach müsste er schon bald auf seinen Mörder getroffen sein, zum Beispiel beim Trampen.

Doch diese Überlegungen bringen die Fahnder auch nicht weiter. Die Ermittlungen werden zusätzlich dadurch erschwert, dass der Täter sehr vorsichtig und umsichtig vorgegangen ist und keine Spuren hinterlassen hat. Diese Annahme bestätigt auch ein rechtsmedizinischer Befund, der inzwischen vorliegt. Demnach konnte keine opferfremde DNA nachgewiesen werden. Man wird den Mörder also nicht anhand seines genetischen Codes überführen können.

Manfred Mohn kann sich mit den Schlussfolgerungen der Kripo nicht anfreunden. Für ihn liegt auf der Hand, dass Tobias seinen Mörder gekannt haben muss und aus dem Internat entführt wurde. Manfred Mohn befürchtet nun, die Ermittlungen könnten in eine falsche Richtung laufen, mit der Folge, dass der Mord an seinem Sohn nicht aufgeklärt wird. Darum beschließt er, auch weiterhin eigene Nachforschungen anzustellen.

Und nach einer Vielzahl von Gesprächen, die Manfred Mohn geführt hat, gerät ein Lehrer des Internats in Verdacht, der zum Zeitpunkt des Mordes in Urlaub gewesen sein will – nur hat seine Frau eine andere Reiseroute beschrieben als er. Da stimmt etwas nicht, schlussfolgert Manfred Mohn und bittet die Kripo, entsprechende Nachforschungen anzustellen, insbesondere den Reisepass des Lehrers einzusehen. Denn dort müsste vermerkt worden sein, wann der Mann wo eingereist ist.

»Der Lehrer hatte in seiner Befragung angegeben, zur Tatzeit in Neuseeland gewesen zu sein. Das Alibi wurde von der Kripo aber nicht überprüft. Da stellte sich für mich natürlich die Frage, ob das denn überhaupt stimmte. Erst nachdem ich mich heftig beschwert hatte, wurde der Sache schließlich doch nachgegangen.«

Manfred Mohns Verdacht gegen den Lehrer bestätigt sich letztlich nicht, der Mann war zur Tatzeit tatsächlich in Neuseeland, seine Frau hatte sich beim Beschreiben der Reiseroute nur missverständlich ausgedrückt.

Als es auch sieben Monate nach dem Mord an Tobias keine heiße Spur gibt, werden die Ermittlungen eingestellt. Der Leiter der Mordkommission teilt dies Charlotte und Manfred Mohn in einem persönlichen Gespräch mit und erklärt, der Täter sei wohl bereits vernommen worden, sein Name würde sich auch in den Akten befinden, nur könne man ihn nicht identifizieren, die Beweislage sei eben zu dünn. Der Chefermittler verkündet aber auch ausdrücklich, der Fall sei keineswegs endgültig abgeschlossen, nur habe man derzeit keine erfolgversprechenden Ermittlungsansätze. Sollte sich dies ändern, würde die Mordkommission ihre Arbeit fortsetzen.

»Man hat uns geraten, den Mord an unserem Sohn als Unglücksfall anzusehen, damit wir mit der Sache besser abschließen könnten.

Dass dieser Fall nun zu den Akten gelegt werden sollte, war für uns ein schwerer Schlag.«

Weil Manfred Mohn befürchtet, der Kripo könnten bei den Ermittlungen gravierende Fehler unterlaufen sein, engagiert er einen versierten Strafverteidiger und beantragt Akteneinsicht. Im März 1993 liegen ihm schließlich die Hauptakte der Staatsanwaltschaft und die Spurenakten vor. Und beim intensiven Studium der Unterlagen stößt Manfred Mohn auf Annahmen der Kripo zum Todeszeitpunkt, die ihm unschlüssig erscheinen.

Nach der Erörterung des Sachverhalts mit seinem Anwalt nimmt sich Manfred Mohn noch einmal den Obduktionsbericht vor. Dort finden sich bezüglich des Zeitraums, in dem sein Sohn getötet worden sein soll, unter anderem diese Schlussfolgerungen: Der Verdauungszustand des Mageninhalts und die Füllungsverhältnisse von Magen und Darm sprechen dafür, dass der Junge noch in der Nacht seines Verschwindens getötet wurde. Eine präzisere Zeitangabe kann nicht gemacht werden, allerdings ist der Tod wohl eher in der Zeit um Mitternacht als zum frühen Morgen hin eingetreten.

Manfred Mohn bezweifelt die Aussagen des Sachverständigen, denn er ist nach wie vor davon überzeugt, dass Tobias das Internat wesentlich früher verlassen hat und demnach nicht erst nach Mitternacht getötet worden sein kann. Er bittet seinen Anwalt, diesen Aspekt zu prüfen.

»Der hatte kurze Zeit vorher so einen Fall übernommen, wo die biologische Mageninhaltsanalyse auch eine Rolle gespielt hatte. Er schrieb mir dann zurück, bei Kindern würde die Verdauung schneller ablaufen als bei Erwachsenen. Da müsse sich der Professor wohl geirrt haben. Der Tod müsste spätestens drei Stunden nach dem Abendessen eingetreten sein, also etwa gegen 21.40 Uhr.«

Als Manfred Mohn sich auch in den nächsten Tagen und Wochen weiter in die Akten vertieft, entdeckt er eine weitere Ungereimtheit.

»Beim Anschauen der Bilder sind mir die Müsliriegel eingefallen, die Tobias immer gegessen hat. Die Oberfläche sah nämlich so aus, als wenn da Reiskörner in dem Riegel drin wären. Ich habe dann die Aussage von Tobias' Freund noch mal nachgelesen, und Jochen Maurer hatte ausgesagt, dass Tobias am Tag seines Verschwindens solche Riegel bei sich gehabt hat, auch abends noch. Also lag die Vermutung nahe, er könnte einen solchen Riegel auch gegessen haben, möglicherweise nach dem Abendessen.«

Manfred Mohns Anwalt schlägt vor, sich in dieser Angelegenheit auf dem kleinen Dienstweg direkt an den Leiter der Rechtsmedizin zu wenden. Und so kommt es schon bald zu einem Treffen, bei dem Manfred Mohn dem Professor seine Sicht der Dinge vorträgt und darum bittet, unter den genannten Voraussetzungen eine abermalige Bewertung vorzunehmen. Der Rechtsmediziner ist einverstanden.

Ende Oktober ist das neue rechtsmedizinische Gutachten fertig. Tatsächlich korrigiert der Sachverständige darin die bislang angenommene Todeszeit. Statt um Mitternacht dürfte der Tod vielmehr zwischen 22 Uhr und 23 Uhr eingetreten sein, möglicherweise sogar »direkt im Anschluss an die Nahrungsaufnahme«.

Abermals sieht Manfred Mohn sich bestätigt. Sein Vertrauen in die Fähigkeiten der Kripo ist nun endgültig zerstört. Allerdings kommt durch die neuen Fakten keine Bewegung in die Ermittlungen. Wochen und Monate des Wartens vergehen, doch es passiert nichts.

»Ich habe den Täter in dieser Zeit verabscheut. Meine Gedanken kreisten unentwegt um diesen Mann und die Frage, was genau passiert war. Für mich wurde dieser Typ zu einem echten Hassobjekt.

*Manchmal habe ich sogar Selbstgespräche geführt und den Mörder
meines Sohnes verflucht. Ich musste aber auch aufpassen, dass das
niemand mitkriegt. Die Leute hätten mich wohl für verrückt erklärt.«*

Am 8. August 1995 macht ein Spaziergänger in einem Dünengebiet zwischen Vinderup und Skive (Dänemark) eine grausige Entdeckung: Aus dem Heidesand ragt eine Hand heraus. Die Kripo legt schließlich den Leichnam eines Jungen frei, der etwa einen Meter tief vergraben gewesen ist. Das Opfer kann schon bald identifiziert werden. Es handelt sich um den 8-jährigen Patrick Jürgens, der am 14. Juli mit einer deutschen Jugendgruppe in ein Zeltlager am Selker Noor im Kreis Schleswig-Flensburg gereist ist, 270 Kilometer vom Fundort der Leiche entfernt. Zehn Tage später war er zwischen 3 Uhr und 5.45 Uhr verschwunden und konnte trotz umfangreicher Suchmaßnahmen nicht gefunden werden. Jetzt besteht traurige Gewissheit: Der Junge ist entführt und ermordet worden.

Der auffallend hübsche Junge wird von den Betreuern der Jugendgruppe als freundlich, zugänglich und umgänglich beschrieben, auch bei seinen Kameraden war er sehr beliebt.

Manfred Mohn hat vom Verschwinden des Jungen bereits in der Zeitung gelesen und die Eltern während dieser Zeit der Ungewissheit bedauert. Er weiß aus eigenem Erleben, wie schwer das ist. Als er schließlich vom Leichenfund im Radio erfährt, fühlt er sich schlagartig an jenen Tag erinnert, als der ominöse Anruf kam: »Wir haben einen Jungen gefunden ...« Allerdings sieht Manfred Mohn keine Verbindung zu Tobias. Doch diese Einschätzung muss er schon bald revidieren.

»Ich habe von der Sache aus der Zeitung erfahren. Da stand groß

über einem Artikel: ›Patrick verschwunden‹. Dann sah ich das Bild des Jungen. Ich war schockiert, die Ähnlichkeit mit meinem Sohn war unglaublich. Und dann las ich da noch: ›aus dem Zeltlager verschwunden, wo er mit zehn anderen Jungen war‹. Ich bin ja immer davon ausgegangen, dass jemand Tobias aus dem Haus herausgeholt hat, und bei Patrick war es im Grunde genauso. Deshalb war ich überzeugt, dass zwischen den Fällen ein Zusammenhang besteht.«

Weil die Verwesung des Leichnams zu weit fortgeschritten ist, um noch eindeutige Hinweise zu finden, steht den Rechtsmedizinern zur Ermittlung der Todesursache nur das Ausschlussverfahren zur Verfügung: Das Fehlen von Stich- oder Schussverletzungen oder sonstiger spitzer oder stumpfer Gewalt spricht für Erwürgen oder Erdrosseln als wahrscheinlichste Tötungsart. Und die Fahnder glauben schon bald, den Mörder des Jungen gefunden zu haben.

»Die Kripo beschuldigte den Betreuer, weil der behauptet hatte, ausgerechnet in der Nacht des Verschwindens nicht im Zelt bei den Jungen geschlafen zu haben, obwohl er dazu verpflichtet worden war, sondern in einem Ruhezelt für die Betreuer. Andere Betreuer haben zwar ausgesagt, ihn morgens im Ruhezelt gesehen zu haben, aber niemand konnte sagen, wann er dort aufgetaucht ist. Und laut der anderen Betreuer war er der Einzige, der an die Kinder hätte herankommen können, ohne groß Geräusche zu machen.«

Der Verdächtige heißt Jonas Kleiber und ist Sozialpädagoge. Es gibt eine Vielzahl von Indizien, die ihn belasten: Er hätte die Gelegenheit und ausreichend Zeit gehabt, um das Opfer vom Zeltplatz wegzuschaffen. Der Mann kann kein lückenloses Alibi nachweisen. Seine Freundin hat ausgesagt, er sei nach seiner Rückkehr »psychisch verändert« gewesen. Da der Verdächtige vor Jahren in der Nähe Urlaub gemacht hatte, dürfte er den Leichenablageort gekannt haben. Und sowohl am Körper des Opfers als auch am Fundort sind rote Lacksplitter entdeckt worden, die nach einer ersten chemischen Analyse mit Lacksplittern übereinstimmen, wie sie im Kofferraum von Jonas Kleibers Auto gefunden wurden. Der Beschuldigte wird daraufhin in Untersuchungshaft genommen.

»Ich hatte die Akten der Kripo über den Anwalt der Eltern des getöteten Jungen bekommen. Mir hätte das nicht ausgereicht, um gegen den Mann eine Untersuchungshaft zu bewirken. Das war doch alles sehr vage. Trotzdem bin ich der Sache nachgegangen.«

Bei einer zweiten Untersuchung der Lacksplitter stellt sich heraus, dass sie sich in einer bestimmten Substanz doch unterscheiden. Letztlich gelingt es den Ermittlern auch in den folgenden Wochen nicht, weitere Beweise zu beschaffen. Und als sich ein befreundetes Ehepaar des Beschuldigten meldet und ihm ein nicht zu widerlegendes Alibi liefert, muss Jonas Kleiber aus der Untersuchungshaft entlassen werden.

»Ich habe versucht, zwischen dem Verdächtigen und meinem Sohn eine Verbindung herzustellen. Dafür bin ich selbst zum Wohnort des Mannes gefahren und habe recherchiert. Dann habe ich dort einen privaten Ermittler einquartiert, der Jonas Kleiber beobachten sollte. Aber der hat nichts herausgefunden, was den Mann hätte belasten können. Irgendwann habe ich die Sache aufgegeben.«

Eine neue erfolgversprechende Spur tut sich auf, als die Ermittler bei ihren Recherchen auf einen Fall stoßen, der sich im Sommer 1992 ereignet hat, und zwar im Zeltlager Selker Noor. Das Opfer, ein 9-jähriger Junge, ist von einem maskierten und dunkel gekleideten Mann nachts sexuell missbraucht worden. Den Tatverlauf schilderte das Opfer den Beamten so: »Der Mann hat meine Zudecke (ein aufklappbarer Schlafsack) bis zu den Knien aufgeschlagen. Er roch nach Rasierwasser und hat mich am Oberkörper gestreichelt. Ich hab gesagt: ›Was willst du überhaupt, hör doch auf!‹ Und er hat geantwortet: ›Ich will dir ein Ohr abschneiden!‹ Dann ist er verschwunden.«

Die Ermittler ziehen in Betracht, dass es durchaus eine Verbindung zu dem Mord an Patrick Jürgens geben könnte, allerdings liegen zwischen den Ereignissen drei Jahre, und das Täterverhalten unterscheidet sich deutlich. Der Fall wird trotzdem nicht zu den Akten gelegt, sondern weiter verfolgt.

»In den ersten Jahren hat meine Frau akzeptiert, dass ich mich so in die Sache verbeiße. Sie wollte ja auch, dass die Sache aufgeklärt wird. Meine Frau wollte sich damit nur nicht so intensiv beschäftigen, bei ihr lief es mehr auf Verdrängung hinaus. Irgendwann hat sie dann die Geduld verloren und mich gebeten, endlich einen Schlussstrich zu ziehen. ›Es geht nicht mehr so weiter, dass du so oft nicht mal ansprechbar bist‹, hat sie gesagt.«

Auch in den folgenden Monaten gelingt den Ermittlern kein Durchbruch. Stillstand. Wie bei den Ermittlungen im Fall Tobias Mohn. Dessen Vater fühlt sich von Kripo und Staatsanwaltschaft auch jetzt noch nicht ausreichend ernst genommen, er kann nicht verstehen, warum alles so unendlich lange dauert, warum man dem Täter nicht auf die Spur kommt. Zudem wird er nun auch von einem anderen Gedanken bedrängt.

»Der Mord wäre wohl nicht passiert, wenn wir Tobias nicht ins Internat gegeben hätten. Diese Überlegung hat meine Frau und mich schon beschäftigt. Waren wir etwa mitschuldig am Tod unseres Sohnes? Letztlich haben wir in dem Mord an Tobias ein außergewöhnliches und unvorhersehbares Ereignis gesehen, das wir niemals hätten verhindern können.«

Manfred Mohn wollte sich bisher nicht auf die Bemühungen der Ermittlungsbehörden verlassen, er ist selbst initiativ geworden, hat Denkanstöße gegeben, neue Ermittlungsansätze formuliert, auch Arbeitshypothesen der Kripo widerlegt, sich sogar mit den Kriminalexperten angelegt und überworfen. All das hat viel Kraft gekostet und am Ende doch zu nichts geführt. Manfred Mohn resigniert schließlich und lässt den Dingen, die er nicht mehr beeinflussen zu können glaubt, ihren Lauf. Dafür tröstet er sich mit der Vorstellung, dem Mörder seines Sohnes irgendwann doch gegenüberzustehen.

»Ich habe mir eine Rede ausgedacht, die ich halten wollte, wenn man den Täter vor Gericht stellen würde: ›Es geht in diesem Fall nicht darum, dass ein Übeltäter geläutert und resozialisiert werden soll. Es geht allein darum, diese Kreatur für immer zu beseitigen. Und deshalb muss er bis zu seinem Tode eingesperrt werden!‹«

Am 5. September 2001, einem Mittwoch, verschwindet zwischen Mitternacht und 7 Uhr ein 9-jähriger Schüler aus einem Schullandheim im Landkreis Cuxhaven. Kevin Golombek gehört zu einer Gruppe von Kindern, die sich auf Klassenfahrt befinden. Ein Lehrer hat frühmorgens sein Fehlen bemerkt. Die Kripo geht nicht von einem gewöhnlichen Vermisstenfall aus, denn der Junge hat das Schullandheim nur mit seinem Schlafanzug bekleidet verlassen. Zudem hat keines der fünf anderen Kinder auf seinem Zimmer etwas von seinem Verschwinden mitbekommen. Überhaupt gibt es nur einen Hinweis darauf, was in der Nacht passiert sein könnte: ein offenstehendes Fenster. Deshalb wird bereits wenige Stunden nach dem Verschwinden des Jungen eine intensive Öffentlichkeitsfahndung eingeleitet.

Beamte der Bereitschaftspolizei durchkämmen die Umgebung, ein Foto des Jungen wird im Internet veröffentlicht. Als Kevin auch in den nächsten Tagen nicht gefunden wird, setzt die Bezirksregierung Lüneburg eine Sonderkommission ein.

Der Kripo gelingt es, die vergangenen Tage im Leben des Jungen zu rekonstruieren: Kevin kam am 3. September in das Schullandheim, der Aufenthalt sollte eine Woche dauern. Am Tag seines Verschwindens spielte der Viertklässler mit anderen Kindern in einem Waldgebiet, unweit des Schullandheims. Nach dem Abendessen wurde vorgelesen, um 21 Uhr war Bettruhe. Eine Lehrerin ging noch durch die Zimmer und fotografierte die Kinder, auch Kevin. Die Frau konnte zu diesem Zeitpunkt nicht ahnen, dass schon bald aus dem Erinnerungsfoto ein Fahndungsfoto werden würde.

Die Suchmaßnahmen werden in den nächsten Tagen intensiviert, bis zu 500 Polizisten und 40 Hundeführer durchkämmen weiträumig das Gebiet um das Schullandheim. Die Wasserschutzpolizei sucht die Seen und Teiche der Region mit einem Sonar-Boot ab. Hunderte Jäger halten in ihren Revieren Ausschau und werden dabei von freiwilligen Helfern unterstützt. Schließlich lässt die Polizei 5000 Handzettel in der näheren Umgebung verteilen. Doch Kevin bleibt verschwunden.

Am 19. September findet ein Pilzsammler in einem Waldstück, 46 Kilometer vom Schullandheim entfernt, den toten Körper eines Jungen. Die Leiche liegt am Rand eines Forstweges in einer Gebüschreihe. Bis auf einen dunkelblauen Slip ist das Opfer nackt. Die Kripo vermutet, es könnte sich bei dem Toten um Kevin Golombek handeln.

Bei der Obduktion stellen die Rechtsmediziner als Todesursache »Gewalteinwirkung auf den Hals« fest, ohne jedoch sagen zu können, ob das Opfer erwürgt oder erstickt worden ist. Die »Spuren stumpfer Gewalt« am Kopf des Jungen sind hingegen nicht todesursächlich gewesen.

»Ich habe die Sache in der Zeitung verfolgt und gehofft, dass sie ihn lebend finden würden. Als die Meldung kam, er sei ermordet worden, war ich schockiert. Da habe ich mir schon meine Gedanken gemacht, dass es sich um denselben Täter handeln könnte. Alle getöteten Jungen sahen sich sehr ähnlich und waren auf gleichartige Weise entführt worden.«

Als einen Tag später das Ergebnis der DNA-Analyse vorliegt, besteht kein Zweifel mehr: Bei dem Opfer handelt es sich um Kevin Golombek. Die kriminaltechnischen Untersuchungen sind wenig ergiebig, denn am ganzen Körper des Jungen werden lediglich dunkelblaue Polyesterfasern gefunden, die in vielen handelsüblichen Materialien verwendet werden und deshalb keine genaue Zuordnung ermöglichen. Allerdings weisen die Fasern erhebliche Gebrauchsspuren auf, die eine sogenannte Individual-Identifizierung zulassen würden – doch nur bei einem direkten Vergleich, und das heißt: Man benötigt die Kleidung des Täters.

Das Schullandheim ist nur über einen Weg zu erreichen, der etwa hundert Meter durch ein Waldgebiet führt. Daraus leiten die Fahnder einen möglichen Tathergang zur Entführung ab: Der Täter ist mit einem Pkw in die Nähe des Tatortes gefahren, hat sich dem Objekt zu Fuß genähert, ist dann möglicherweise durch ein offenstehendes Fenster eingestiegen, hat den Jungen herausgeholt und ist mit ihm im Wagen davongefahren.

Die Ermittler kennen die Umstände der Mordfälle Tobias Mohn und Patrick Jürgens und vermuten, dieser Täter könnte auch Kevin Golombek getötet haben – die Parallelen sind unübersehbar. Doch wollen sich die Fahnder nicht allein auf ihre eigene Einschätzung verlassen, denn zum einen gibt es mittlerweile eine Computersoftware für solche Fälle und zum anderen Experten, die kriminalpsychologisch besonders geschult sind: Fallanalytiker, die landläufig auch »Profiler« genannt werden.

Für diese Untersuchungen wird bei der Sonderkommission »Kevin« eigens ein Einsatzabschnitt »Operative Fallanalyse« eingerichtet. Die Auswertung und Bewertung der Kriminalfälle erfolgt mit Hilfe des erst vor kurzem eingeführten Systems »ViCLAS«. Diese Datenbank ermöglicht es, signifikante Übereinstimmungen bei Serientaten zu erkennen. Doch solche Vergleichsanalysen brauchen Zeit, zudem müssen andere Verbrechen der vergangenen zehn Jahre im norddeutschen Raum zunächst recherchiert und in entsprechender Form aufbereitet werden.

Das Team der Fallanalytiker besteht aus drei Kriminalisten und einem Kinder- und Jugendpsychiater, der über eine langjährige Erfahrung mit Tätern verfügt, die auf minderjährige Jungen als Sexualpartner fixiert sind. Die Experten besuchen Entführungsorte, Tatorte, Leichenfundorte, studieren die Akten der Fälle, bewerten Zeugenaussagen, rekonstruieren die Verbrechen und erörtern geographische Aspekte der Missbrauchs- und Mordserie.

Danach gehen sie in Klausur und bewerten die verschiedenen Aspekte. Eine zentrale Methode dabei ist das Ausschlussverfahren: Geht ein ängstliches Kind allein aus dem Haus, zumal in fremder Umgebung? Nein. Geht ein Kind nur mit einem Schlafanzug bekleidet und ohne Schuhe nachts in den Wald? Nein. Deutet die Spurenlage am Ort der Entführung darauf hin, dass der Täter rohe Gewalt angewendet hat? Nein. In allen Fällen wird versucht, die Entscheidungen des Serienmörders nachzuvollziehen und auf eine bestimmte Intention zurückzuführen. Auf diese Weise lernen die Kriminalpsychologen den Täter und seine Verhaltensstruktur besser kennen. So entsteht nach und nach ein Bild, Motive und Tatzusammenhänge werden erkennbar.

Schließlich verständigen sich die Experten auf einige Persönlichkeits- und Verhaltensmerkmale, die den Serienmörder kennzeichnen: »männlich und Geburtsjahrgang 1963 bis 1974; Einzeltäter mit Ortskenntnissen hinsichtlich der Schullandheime und ortssicheres Verhalten; Erfahrung im Umgang mit Kindern kombiniert mit der Fähigkeit, manipulativ auf Kinder einzuwirken (durch Tätigkeit im beruflichen, familiären oder Freizeitbereich); fehlende Empathie, pseudo-einfühlsames Verhalten; Mittelpunkt der Lebensaktivitäten im Großraum Bremen; mobil, hat Zugriff auf Fahrzeuge; grundsätzlich sozial integriert und angepasst, berufliche Einbindung im Rahmen eines scheinbar angepassten Lebens ist wahrscheinlich; durchschnittliche bis überdurchschnittliche Intelligenz; flexibles und zielgerichtetes Handeln auch in Stresssituationen; Risikobereitschaft (eventuell verdrängt der Zwang, die Tat begehen zu »müssen«, das Risiko); pädophil (Präferenz für Jungen im vorpubertären Alter); allein lebend – wenn in einer Partnerschaft, dann eher in einer homosexuellen statt in einer heterosexuellen«.

Ein erster erfolgversprechender Ermittlungsansatz ergibt sich für die Soko »Kevin« aufgrund der Aussage eines Jungen, der Anfang August 1999 in jenem Schullandheim, das Kevin Golombek beherbergt hat, sexuell missbraucht wurde. Das Opfer war nachts von einem maskierten Mann geweckt worden, ohne dass die anderen Kinder im Zimmer etwas mitbekamen. Der Junge wurde aus dem Schlafraum geführt und missbraucht. Danach schickte der Täter das Kind zurück auf sein Zimmer und drohte, es zu töten, sollte es ihn verraten. Der Junge hielt sich an die Schweigeverpflichtung des Mannes und offenbarte sich seinen Eltern erst ein Jahr später, als wiederum ein Aufenthalt in dem Schullandheim anstand.

Die Ermittlungen verliefen damals im Sande, allerdings konnte das Opfer den Täter beschreiben. Und weil die Vermutung naheliegt, dass zwischen dem Missbrauchsfall und dem Mord an Kevin Golombek eine Verbindung besteht, geht die Kripo an die Öffentlichkeit. Gefahndet wird nun nach einem etwa 1,70 Meter großen und Hochdeutsch sprechenden Mann mit einer kräftigen Statur, der zur Tatzeit eine glänzende, schwarze, hüftlange Lederjacke mit einem rauen, hell abgesetzten Aufnäher am rechten Oberarm und eine schwarze, geschnürte Lederhose trug, vermutlich Motorradbekleidung. Die Gesichtsmaske soll aus gestricktem Material gewesen sein und Löcher für Augen, Nase und Mund gehabt haben.

Im Laufe der nächsten Wochen und Monate gehen zahlreiche Hinweise aus der Bevölkerung ein, die Ermittler müssen mehr als 600 Spurenakten anlegen. Die Hilfsbereitschaft der Bevölkerung ist groß, die Angst, das eigene Kind könnte in Lebensgefahr geraten, aber auch. Die Fahndungsseite der Soko »Kevin« im Internet wird ebenfalls gut besucht, allein im September werden mehr als 12 000 Zugriffe gezählt.

Nichts bleibt unversucht, um den mysteriösen Täter möglichst bald aufzuspüren. Allerdings will man auch einer zu befürchtenden weiteren Tat vorbeugen. Deshalb bieten die Polizei- und Schulbehörden der Region für Nachfragen verunsicherter Eltern, Lehrer und Betreiber von Schullandheimen gezielte Beratung an, dazu gehören auch eine Schwachstellenanalyse und die Aufklärung über moderne Schließanlagen, bewegungsgesteuerte Lichttechnik und verdeckte Videoüberwachung.

Am 27. September erreicht die Soko »Kevin« ein anonymer Brief, der einen Tag zuvor in Lübeck abgestempelt und auf nicht mehr gebräuchlichem Briefpapier der Ibis-Hotelkette geschrieben worden ist. »Kevin wurde vermutlich schlafend aus dem Raum in das Zimmer des Täters getragen, dort ausgezogen und berührt«, schreibt der unbekannte Absender. »Kevin ist aufgewacht und drohte zu schreien. Dann wurde er mundtot gemacht. Mit Sicherheit wurde er in einer Decke zum Auto getragen. Nach 40 km am Fundort abgelegt. Daraufhin fuhr der Täter zurück.«

Der Verfasser des fast telegrammartig knappen Schreibens könnte den Täter kennen und über Detailkenntnisse der Tat verfügen, schlussfolgern die Ermittler. Ihrer Vermutung nach ist er ernsthaft an der Aufklärung des Verbrechens interessiert, sieht sich jedoch wegen einer familiären oder intimen Beziehung zum Täter daran gehindert, seine Identität preiszugeben. Nun setzen intensive Ermittlungen ein, um den Hinweisgeber ausfindig zu machen.

Am 22. November 2001 findet in den Räumen der Polizeiinspektion Osterholz eine Pressekonferenz der Soko »Kevin« statt. Und was die Ermittler den zahlreich erschienenen Pressevertretern mitteilen, ist spektakulär und besorgniserregend zugleich: Der Mord an Kevin Golombek soll zu einer Serie von Missbrauchsfällen gehören, die sich seit 1992 in Norddeutschland ereignet haben. Das hätten vergleichende Analysen der Fallanalytiker ergeben, versichern die Ermittler.

Es geht um eine Reihe von Missbrauchstaten, die insbesondere in der Region östlich von Bremen verübt wurden, und um zwölf ähnliche Fälle in Schullandheimen und einer Jugendherberge, vor allem in der Nähe von Zeven und Wulsbüttel. Hinzu kommen weitere sexuelle Übergriffe an Jungen in Zeltlagern im Kreis Cuxhaven und Selker Noor bei Schleswig sowie in Einfamilienhäusern in Bremen. Die Kripo ermittelt nunmehr in 24 Fällen des sexuellen Missbrauchs an Kindern, ausnahmslos Knaben.

Die Aussagen der Opfer verraten den Spezialisten viel über die Vorgehensweise des Täters. So berichtete beispielsweise ein 10-Jähriger, der in Wulsbüttel überfallen worden war: »Der Mann hat mir gesagt, dass er ein Messer dabeihat, und wollte, dass ich mit ihm komme. (...) Durch das Zimmerfenster kam ein wenig Licht rein, so dass ich irgendwann die Umrisse von dem Mann erkennen konnte. (...) Der Mann hatte eine Taschenlampe dabei und hat mir einmal voll ins Gesicht geleuchtet, danach konnte ich erst mal überhaupt nichts mehr sehen.

Wir sind dann zur Tür gegangen. Ich vorweg und der Mann hinter mir her. (...) Dann habe ich nach meiner Lehrerin gerufen. (...) Der Mann hat mir von hinten den Mund zugehalten. (...) Er war auf keinen Fall dick, sondern eher wie ein durchtrainierter Athlet. Er hatte so eine Maske über dem Gesicht, einen Strumpf oder so, auf jeden Fall waren die Augen frei. Nachdem wir kurz im Flur standen, kam auf einmal meine Lehrerin aus ihrem Zimmer, und da ist der Mann abgehauen.«

Zu den Fällen, die nach Ansicht der Fallanalytiker in Zusammenhang mit dem Fall Kevin stehen, gehören auch die Morde an Tobias Mohn und Patrick Jürgens. Überdies wird dem unheimlichen Serientäter die Tötung eines Jungen in den Niederlanden zugerechnet, der am 10. August 1998 aus einem Zeltlager bei Brunssum verschwand und am nächsten Tag einen Kilometer entfernt in einer Fichtenschonung tot aufgefunden wurde, notdürftig zwischen eng stehenden Bäumen versteckt. Die Todesursache konnte nicht eindeutig geklärt werden, jedoch geht die Kripo auch hier von Erwürgen beziehungsweise Ersticken aus.

Marc Overmas starb drei Monate vor seinem 12. Geburtstag und hielt sich während einer Klassenfahrt mit etwa vierzig anderen Kindern im Jugendcamp De Heikop auf, das innerhalb eines öffentlich zugänglichen Ferien- und Wandergebietes wenige Kilometer von Heerlen entfernt liegt und über eine Autobahn schnell zu erreichen ist. Marc war ein ausgesprochen fröhlicher Junge und begeisterter Sportfan. Er hatte sich sehr auf den Ferienaufenthalt im Jugendcamp gefreut: jeden Tag Sport und Spiele. Allerdings verriet der Junge seiner Mutter auch, dass er sich im Camp nachts allein fürchtete, und wollte jeden Abend abgeholt werden. Doch seine Mutter war dagegen und konnte ihn schließlich überzeugen, doch im Camp zu übernachten.

Marc schlief mit einem anderen Jungen in einem Zwei-Mann-Zelt. Kurz vor seinem Verschwinden kam es zu einem kleinen Disput zwischen den Freunden, woraufhin Marc das Zelt verließ, angeblich, um zur Toilette zu gehen. Danach wurde er nicht mehr gesehen.

Die Fallanalytiker glauben, den Serienmörder, der bislang nur in Deutschland zugeschlagen hat, auch bei diesem Verbrechen an seiner Vorgehensweise erkannt zu haben: Denn wieder wurde ein Junge aus einem Zeltlager entführt und später tot aufgefunden. Die hohe Wahrscheinlichkeit einer Verbindung aller Knabenmorde leiten die Experten aber auch aus der Tatsache ab, dass es im Vergleichszeitraum in Europa nicht einen einzigen Kindermord gegeben hat, der ein ähnliches Muster erkennen lässt.

»Ich hatte da so meine Zweifel, dass dieser Fall zur Serie gehören könnte. Marc musste seinem Mörder zufällig auf dem Weg zur Toilette begegnet sein. Der Täter dürfte also aus einer Augenblickssituation heraus gehandelt haben. In den anderen Fällen sollen die Opfer ja vorher beobachtet worden sein. Das war für mich ein bedeutender Unterschied im Verhalten des Täters. Aber die Kripo war anderer Meinung.«

Das Erkennen der Tatzusammenhänge hat die Ermittler einen großen Schritt vorangebracht, denn wie in vielen Missbrauchsfällen gibt es auch hier Aussagen der Opfer, die Hinweise auf Vorgehensweise, Aussehen und persönliche Merkmale enthalten und so ein immer präziseres Bild des Täters entstehen lassen.

In den meisten Fällen ist unklar geblieben, wie der Täter in die Räumlichkeiten eingedrungen ist. Bei einigen wenigen weiß man, dass er offenstehende Fenster oder Türen nutzte. Auch schließen die Fahnder nicht aus, dass er in manchen Fällen über Schlüssel verfügte. Die Ermittlungen der Soko haben zudem ergeben, dass der Unbekannte im Vorfeld der Taten Angehörigen oder Betreuern aufgefallen war, weil er durch Fenster gespäht oder an die Scheibe geklopft hatte. Demnach dürfte er die Tatorte also zunächst ausbaldowert haben.

Klammert man die Tötungen aus, hat der Täter in der Regel keine physische Gewalt angewendet. Die Erfahrungen eines 9-jährigen Jungen, der von dem Täter 1995 in Hepstedt bedrängt wurde, stehen stellvertretend für viele gleichartige Vorfälle: »Heute Nacht, so gegen 4, ist im Schullandheim ein Mann gewesen. Ich habe geschlafen und hörte Schritte. Dann wurde ich von dem Mann angesprochen. Er hat gesagt, ich soll mit in den Aufenthaltsraum kommen. Ich bin aber nicht mitgegangen. Der Mann hat mich danach nicht weiter belästigt und ist verschwunden.«

Die Kinder wurden überwiegend vorsichtig geweckt oder sind vom Befummeln des Mannes wach geworden. Der Täter sprach leise mit seinen Opfern und versuchte, die Kinder zu beruhigen und für sich einzunehmen. Häufig lockte er die Opfer aber auch mit falschen Versprechungen aus dem Zimmer, um die Tat an einer weniger beobachteten Stelle vollenden zu können. Wann immer der Täter jedoch gestört wurde oder sich die Kinder wehrten, ließ er von ihnen ab und flüchtete.

Aufgrund der zahlreichen und übereinstimmenden Aussagen der Opfer dürfte es sich um einen auffallend großen Mann von sportlich-kräftiger Statur handeln. Die Ermittler schätzen das Alter des Gesuchten auf 20 bis 50. Der Mann soll meist dunkle Lederkleidung und Handschuhe getragen haben und maskiert gewesen sein. Mehrere Opfer erwähnten eine Wollmütze mit Löchern, die er sich übers Gesicht gezogen hatte. In einigen Fällen zeigte der Täter ein Messer oder drohte mit einer Pistole.

Die Ermittler nehmen an, der Gesuchte könnte in der Region östlich von Bremen wohnen oder zumindest früher dort gelebt haben. Der Mann kann aus jeder sozialen Schicht stammen und unauffällig leben, also auch verheiratet sein oder sogar eigene Kinder haben. Seine homosexuellen Neigungen besonders für Jungen wird er nicht offen ausleben, allerdings könnten die nächsten Angehörigen oder andere Vertrauenspersonen in der Vergangenheit Verdacht geschöpft haben oder sogar davon wissen.

Und genau an diesem Punkt will die Kripo das Bewusstsein möglicher Zeugen schärfen, indem sie die Bevölkerung darauf hinweist, der Täter könnte sich besonders in den Tagen nach den Morden auffällig verhalten haben, beispielsweise durch Fehlzeiten am Arbeitsplatz, erhöhten Alkoholkonsum oder andere Verhaltensweisen, die ungewöhnlich erscheinen und auf eine starke Anspannung hindeuten. Die Soko bittet ausdrücklich darum, jeden Verdacht mitzuteilen, auch wenn es bei einem Lebenspartner, Freund oder Arbeitskollegen besonders schwerfallen sollte, denn die bisher von diesem Täter gezeigte erhebliche kriminelle Energie lässt neue Taten befürchten, und zwar schon bald. Alarmstufe Rot.

Die Fülle von Informationen bringt die Soko in eine recht komfortable Lage, inzwischen haben sich viele neue Ermittlungsansätze ergeben. Das Puzzle fügt sich allmählich zusammen. Einerseits. Andererseits wissen die Fahnder nicht, wie viele Teile es noch hat. Und je mehr Puzzlestücke sich ineinanderfügen, desto bedrückender und irritierender wird das Bild, und der Erwartungsdruck, den Serienmörder endlich zu fassen, steigt.

Die Medien greifen begierig nach der Sensationsgeschichte, fast täglich wird darüber berichtet, und schon bald hat man dem Kindermörder verschiedene Spitznamen verpasst: »Maskenmann«, »Schwarzer Mann«, »Phantom«. Besonders die Bevölkerung in den betroffenen Regionen ist verunsichert, der Serienmörder ist jeden Tag unterwegs, er schleicht sich mit der Angst ins Bewusstsein der Menschen, dorthin, wo Bewegungsmelder, Sicherheitsschlösser und hohe Zäune keinen Schutz bieten.

Besonders schockierend ist die Tatsache, dass er die Opfer genau dort attackiert, wo sie sich am sichersten fühlen: in ihrem eigenen Bett; an jenem Ort, von dem die Eltern noch gesagt haben, dort könne nichts passieren. Und es passiert doch: Ein schwarz gekleideter, maskierter, hünenhafter Mann steht plötzlich neben dem Bett, dem Jungen schlägt das Herz bis zum Hals, er ist stocksteif vor Angst, bringt keinen Ton heraus und starrt an die Decke, während der Mann seiner perversen Begierde freien Lauf lässt – eine traumatische Erfahrung, die viele Kinder über Jahre hinweg belasten und begleiten wird, manche von ihnen lebenslänglich.

Nach der Entführung und Ermordung von Kevin Golombek haben sich viele Eltern geweigert, ihre Kinder in das Schullandheim, aus dem der Junge verschleppt wurde, fahren zu lassen. Die Verantwortlichen des Heims sind daraufhin initiativ geworden und haben mehr als 60 000 Mark in Sicherheitsmaßnahmen investiert. Der Ort, an dem Kinder unbeschwert spielen sollen, ähnelt nun einer Festung: Alle Fenster bestehen aus Verbund-Sicherheitsglas und sind vergittert, die Feuerschutztüren haben Panikriegel, die Notausgänge in den Schlaftrakten sind dreifach verriegelte Holztüren und von außen nicht zu öffnen, alle Ausgänge werden durch eine Alarmanlage gesichert, das gesamte Heim wird dauervideoüberwacht, es existieren nun auch Bewegungsmelder mit Schockbeleuchtung. Und obendrein wurden Gänsegehege als »biologische Alarmanlage« gebaut.

Um sich vor dem Täter wirksam zu schützen, werden in den Schulen der Region während des Unterrichts die Türen verriegelt, Kinder dürfen das Elternhaus nicht mehr allein verlassen, auch Erwachsene fürchten sich vor dem mysteriösen Serienkiller, der nachts umgeht und die Kinder holt. Die Schullandheime und Jugendherbergen stehen schon bald vor dem finanziellen Ruin, denn die Besucherzahlen sind stark rückläufig, das Risiko, die eigenen Kinder könnten in Gefahr geraten, erscheint den meisten Eltern zu hoch.

Die Öffentlichkeitsarbeit der Soko »Kevin« trägt Früchte. Bis März 2002 sind mehr als 1700 Hinweise eingegangen, davon gelten etwa 1000 bereits als erledigt. Die Kriminalisten haben mittlerweile knapp 10 000 Personen in der Ermittlungssoftware namentlich erfasst, ein logistischer Kraftakt, der alle Beteiligten an die Grenzen ihrer Belastbarkeit führt.

Aufgrund der intensiven Ermittlungen und abermaligen Vernehmungen der Missbrauchsopfer können dem Täter nunmehr zwanzig weitere Taten zugeordnet werden, verübt in Schullandheimen und ähnlichen Einrichtungen, größtenteils in Hepstedt, einer Tausend-Seelen-Gemeinde im Kreis Rotenburg an der Wümme. Einiges spricht dafür, dass der Täter hier seine unheimliche Serie begonnen hat.

Die Beamten glauben, inzwischen ein wichtiges Detail hinsichtlich der Handschrift des Serientäters erkannt zu haben, das ein bestimmtes Bedürfnis verrät und die innere Handlungsstruktur kennzeichnet: Er gewinnt seinen Kick durch das Risiko, entdeckt zu werden. Deshalb dringt er ausnahmslos in Schullandheime, Jugendherbergen, Zeltlager und Wohnungen ein. Nach Einschätzung der Ermittler reizt es ihn, sich der Gefahr des Entdecktwerdens auszusetzen und doch unerkannt zu bleiben. Er genießt das Gefühl der Macht, er nähert sich den Opfern dort, wo sie sich unverwundbar wähnen. Er kommt und geht, wann es ihm beliebt, er ist Herr im fremden Haus. Und er attackiert nicht nur die sexuelle Integrität der Kinder, sondern raubt ihnen auch das Gefühl der Sicherheit.

Weil die Fallanalytiker annehmen, der Täter könnte wegen Sexualdelikten bereits mit der Polizei in Kontakt gekommen oder sogar vorbestraft sein, haben sie damit begonnen, alle in Frage kommenden Männer, die im Einzugsgebiet der Tatorte wohnen oder dort gewohnt haben, zu überprüfen. Dabei wird auch der Umstand berücksichtigt, dass der Täter irgendeine Verbindung zu den betroffenen Heimen haben könnte. Aus diesem Grund werden auch die dort zuständigen Bezugspersonen vernommen und überprüft. Alle dabei anfallenden Daten, auch die Ergebnisse der früheren Mordkommissionen, werden erfasst und abgeglichen. Doch eine heiße Spur ergibt sich dadurch nicht.

Während den Eltern der missbrauchten Opfer zumindest ihre Kinder geblieben sind, suchen die Mütter und Väter der ermordeten Jungen Trost an deren Gräbern, Woche für Woche. Sie finden aber auch dort keine Ruhe und können nicht verstehen, warum all das passiert ist, warum es ihnen passiert ist, warum es ausgerechnet ihrem Sohn passieren musste. Quälende Fragen, die aufwühlen und die Leidtragenden ratlos machen. Und deshalb stecken die Eltern auch Jahre später nicht auf, sie wollen Antworten und endlich mit dem Tod des Sohnes abschließen.

»Natürlich hat mich die Sache nicht losgelassen. Manchmal war ich so in Gedanken, dass ich um mich herum nichts mehr mitbekommen habe. Es gab in dieser Zeit aber auch Phasen, in denen es mir gelungen ist, mich total auszuklinken; wo ich keinen Ermittlungsansatz mehr gesehen habe, wo ich mir sagen musste: Jetzt musst du dich damit abfinden, dass die Sache nicht aufgeklärt wird.«

Bei ihren weiteren Untersuchungen stellen die Fallanalytiker eine bemerkenswerte Veränderung im Tatverhalten des Serienmörders fest. Denn ab dem Jahr 1994 tat er etwas, das er zuvor nicht getan hatte: Er drang jetzt sogar in Wohnungen ein, um sich der Opfer dort zu bemächtigen.

»Es war so, dass mein Vater im Bett war und schlief«, schilderte ein 12-Jähriger den Ablauf eines solchen Falls der Kripo. »Ich lag in meinem Bett, meine Mutter hatte Nachtdienst. Es muss so gegen 1 Uhr gewesen sein, da bin ich aufgewacht, weil ich zwischen den Beinen gestreichelt wurde. Als ich mich bewegt habe, wurde mir sofort eine Hand auf den Mund gelegt und eine Pistole vor die Augen gehalten, und der Mann hat gefragt, ob ich weiß, was das ist. Ich hab das natürlich erkannt.

Dann hat er gesagt, ich soll mich gefälligst nicht bewegen. Und mir erklärt, was er machen würde. Dann hat er mir die Schlafanzughose ausgezogen und angefangen, mich wieder zu streicheln. Das ging dann weiter mit Glied-in-den-Mund-Nehmen, Finger-in-den-Mund-Stecken, auch Finger in den Po. Das ging etwa eine Viertelstunde lang so. Nach einiger Zeit hat er mich gefragt, weil ich keinen Steifen bekam, ob mit mir alles in Ordnung ist. Da hab ich zum Glück gesagt: ›Nein, ist es nicht.‹ Und darauf hat er gesagt: ›Okay, leg dich auf den Bauch und zähl bis hundert. Du brauchst keine Angst zu haben, ich komme nicht wieder. Wenn du bis hundert gezählt hast, kannst du zu deinen Eltern gehen.‹ Und dann ist er gegangen.«

Dass man es mit einem Pädophilen zu tun hat, dessen pathologische Phantasien einen bestimmten Tatablauf vorgeben, ergibt sich auch aus der Aussage eines 8-jährigen Jungen, der in der elterlichen Wohnung missbraucht wurde. Der Junge berichtete den Ermittlern, er habe sich erst nackt ausziehen, vor einer Treppe posieren und ein Führgeschirr für Kleinkinder anlegen müssen, das an der Wand gehangen habe – daraufhin sei er fotografiert worden. Bevor er gegangen sei, habe der Täter ihm noch mit dem Tod gedroht, sollte er die Sache seinen Eltern erzählen.

Obwohl alle kriminalistischen Register gezogen worden sind, ist es bisher nicht gelungen, den Autor des anonymen Briefs zu identifizieren, der vor sieben Monaten in Lübeck aufgegeben und der Soko zugestellt wurde. Deshalb gehen die Ermittler nun an die Öffentlichkeit und stellen am 5. April 2002 in »Aktenzeichen XY ungelöst« neben den Mordfällen auch das Schreiben vor. Zehn Mitglieder der Soko »Kevin« sitzen währenddessen im Hauptquartier in Garlstedt an Telefonen, nehmen Hinweise auf und stehen für Soforteinsätze zur Verfügung. Notfalls kann die gesamte vierzigköpfige Kommission alarmiert werden.

Am Abend der Sendung und in den Tagen danach gehen etwa fünfzig Hinweise ein, die Hälfte zu dem anonymen Brief. Die übrigen Anrufe beziehen sich auf den noch fehlenden Schlafanzug des Jungen und Personen, die verdächtig erscheinen. Der Gesamtspurenbestand der Soko erhöht sich somit auf mehr als 1800. Doch auch in den folgenden Monaten enden die europaweit geführten Ermittlungen stets in einer Sackgasse.

Mitte April 2004. Auf dem Hof der Schule Jaques-Ganne in Orval, einer kleinen französischen Gemeinde in der Region Basse-Normandie, gehen die Schülerinnen und Schüler lärmend ihren Pausenspielen nach. Alles scheint so zu sein wie immer. Doch der Schein trügt. Denn seit dem 7. April fehlt ein Junge: Adrien Mouton. Den Namen des 11-Jährigen und sein Gesicht kennt mittlerweile ganz Frankreich.

Adrien verschwand am 6. April aus einem Schullandheim in Saint-Brevin-les-Pins, einer kleinen Gemeinde an der Mündung der Loire in den Atlantik. Der Junge teilte sich mit fünf anderen Schulkameraden ein Zimmer. Nach einer Party, die seine Betreuer initiiert hatten, legte Adrien sich wie die anderen Jungen gegen 23 Uhr schlafen, doch am nächsten Morgen war sein Bett leer, nur seine Kleidung und seine Schuhe waren noch da.

Eine hektische Suche begann, denn der Junge war zum Zeitpunkt seines Verschwindens nur mit einem Schlafanzug bekleidet, obendrein barfuß. Hundertschaften der Polizei durchkämmten fieberhaft die Umgebung des Ferienlagers, Hundeführer und Taucher suchten nach dem Jungen. Doch alle Bemühungen blieben erfolglos.

Anfangs glaubte die Kripo, Adrien könnte ausgerissen oder von seinem Vater, der von der Familie getrennt lebt, abgeholt oder entführt worden sein, vielleicht auch von einem Erpresser. Doch dieser Verdacht erwies sich als falsch: Der Vater konnte ein lückenloses Alibi vorweisen, und auch Tage nach dem Verschwinden gab es keine Lösegeldforderung. Also musste von einem Gewaltverbrechen ausgegangen werden.

Nach wie vor werden großangelegte Suchaktionen durchgeführt und bleiben doch ohne handfestes Ergebnis. Sechs Wochen lang geht das so, bis schließlich am 19. Mai eine Spaziergängerin die Leiche des vermissten Jungen entdeckt: in einem Teich treibend, nackt, gefesselt, grässlich entstellt. Die Leiche war mit einem Baustein beschwert worden, der sich später aber gelöst hatte. Der Fundort liegt unweit der Gemeinde Guérande, etwa dreißig Kilometer vom Schullandheim entfernt.

Die Ausgangssituation könnte für die französische Sonderkommission »Disparition 44« schlechter nicht sein: Es gibt keine Zeugen, die Todesursache lässt sich nicht zweifelsfrei feststellen, auswertbare Spuren sind nicht vorhanden. Folglich haben die Ermittler auch keinen Verdächtigen. Doch ein Aspekt bietet immerhin einen Fahndungsansatz:

Der Teich befindet sich neben einem Anwesen und wird von einer zwei Meter hohen Mauer verdeckt. Selbst viele Dorfbewohner wissen nicht, dass sich hinter dieser Mauer ein Teich verbirgt. Aber der Täter muss es gewusst haben, denn die Kripo hält es für ausgeschlossen, dass der Unbekannte den Teich beim Vorbeifahren zufällig entdeckt haben könnte. Außerdem muss der Täter einen PKW benutzt haben, anders wäre der Transport des Leichnams über viele Kilometer hinweg nicht durchzuführen gewesen. Demzufolge dürfte der Täter einen Bezug zu dem Ort Guérande haben.

Ähnlich bewerten auch die Fallanalytiker der Soko »Kevin« den Sachverhalt, die von dem Mord an Adrien Mouton erfahren haben und einen Zusammenhang zu der Mordserie an Knaben in Deutschland vermuten. Die Spezialisten haben sich deshalb frühzeitig mit den französischen Kollegen über den Fall ausgetauscht.

Nach Auffassung der deutschen Experten weist die Distanz zwischen Entführungsort und Leichenfundort eher auf einen ortsfremden Täter hin. Denn um an das Gewässer zu gelangen, musste der Täter auch die Loire überqueren. Und ein Einheimischer hätte sehr wahrscheinlich nicht diese Strecke gewählt, wird vermutet, denn aus jüngeren Forschungsarbeiten zu Sexualmorden weiß man, dass solche Täter Brücken als geographische Barrieren wahrnehmen und sie meiden, sofern sie in der Umgebung des Tatortes wohnen. Ergo: Der Mörder stammt nicht aus der Region, kennt aber sehr wohl den Leichenablageort.

Der Teich liegt direkt neben einem alten Gutshaus. Bei den Ermittlungen kommt schließlich heraus: In dem Anwesen wurden vor Jahren Ferienwohnungen vermietet, ein norddeutscher Reiseveranstalter hatte das Gutshaus Mitte der 1990er Jahre ebenfalls in seinem Katalog. Diese

Erkenntnis, die Tatsache, dass wieder ein Junge aus einem Schullandheim entführt und ermordet wurde, und die vermutete Verbindung des Serienmörders nach Norddeutschland lassen die Fallanalytiker einen Zusammenhang für alle Morde annehmen. Der Fall wird immer monströser.

Kopfzerbrechen bereitet den Fallanalytikern jedoch nach wie vor das mitunter stark abweichende Tatverhalten: Einerseits wurde gegen die meisten Opfer keine physische Gewalt angewendet, andererseits mussten fünf Jungen sterben. Dass der Täter die meisten Opfer am Leben ließ, könnte nach Einschätzung der Experten mit dem Verhalten der Getöteten zu erklären sein. Möglicherweise wehrten sich die Jungen oder schrien, und der in diesen Fällen ausnahmsweise demaskierte Täter geriet in Panik und tötete die Kinder, um eine weitere Eskalation der Tat und seine Identifizierung zu verhindern. Also Verdeckungsmorde. Oder aber seine perversen Phantasien sind an eine Tötung gekoppelt und flammen nur in zeitlichen Abständen auf, wenn das Verlangen, die vorphantasierte Tat zu realisieren, überhandnimmt und ihn zum Handeln zwingt.

Trotz der neuen Sachlage vermuten die Fahnder, dass der Täter seinen Lebensmittelpunkt im Großraum Bremen hat. Oder dort jetzt noch lebt oder beruflich tätig ist. Die Morde in Holland und Frankreich hingegen könnte der Mann während eines Urlaubs begangen haben. In der relevanten Region können mehr als hundert Männer ermittelt werden, die Übereinstimmungen mit dem Täterprofil erkennen lassen und deshalb überprüft werden müssen, zunächst verdeckt. Erst wenn sich ein Verdacht begründen lässt, tritt die Polizei an die Männer heran.

Es ist ein Wettlauf gegen die Zeit. Noch hat der Unbekannte die Nase vorn, noch kann er sich frei entscheiden, noch hat er die Wahl. Und je länger die Kripo erfolglos bleibt, desto größer wird die Wahrscheinlichkeit, dass sich daran nichts ändert. Schließlich hinterlässt der Täter kaum Spuren, und niemand sah jemals sein Gesicht.

»Wer arbeitet, der macht auch Fehler. Aber für mich als Betroffenen war es unerträglich, dass die Kripo so viele Fehler gemacht hatte. Ich habe ganz sicher nicht mit allen meinen Vermutungen und Hinweisen recht gehabt, aber in meinen Augen waren das notwendige Recherchen, die gemacht werden mussten. Und als Angehöriger eines der Opfer, als unmittelbar Betroffener sah ich einfach keinen anderen Weg.«

Die Ermittler forcieren zwar die Öffentlichkeitsarbeit, doch es ist nicht in ihrem Sinne, den Täter lediglich als konturlosen »Maskenmann« zu beschreiben, der sich wie in einer Horrorgeschichte in die Zimmer der Opfer schleicht, als hätte Stephen King ihn dort hineingeschrieben. Zu groß erscheint die Gefahr, in dem Gesuchten nur ein Monster zu sehen, einen Menschen, der jenseits der sozialen Norm existiert – und eben nicht dort lebt, wo ihn die Fahnder vermuten: mitten in der Gesellschaft. So könnte der Blick auf den Täter verstellt sein.

Deshalb soll der Gesuchte nun entmonstert werden. Zu diesem Zweck begleitet Anfang 2004 ein Filmteam die Ermittler für mehrere Monate, und die Fallanalytiker sollen die Zuschauer mit dem psychologischen Profil des Täters vertraut machen, das bislang nur kursorisch öffentlich gemacht wurde, um möglichst viele Verdächtige erfassen zu können. Die Schrotflinte hat nun ausgedient, jetzt versucht man es mit dem Präzisionsgewehr.

Die Ermittler erhoffen sich durch die Veröffentlichung dieses Profils, das im Laufe der Jahre verfeinert worden ist, neue Hinweise auf den Täter, besonders aus seinem sozialen Umfeld. Denn Angehörige, Freunde, Arbeitskollegen, Nachbarn, aber auch Mediziner oder Psychologen wissen viel über bestimmte Personen, und mit Hilfe der TV-Dokumentation soll dieser Personenkreis davon überzeugt werden, ihren Verdacht an die Soko weiterzugeben. Am 20. Juli 2004 ist es schließlich so weit. »Der Fall: Kevin und der Mann mit der Maske« wird im ZDF ausgestrahlt.

Die Fallanalytiker beschreiben darin den Gesuchten als 30 bis 40 Jahre alten, auffällig großen, intelligenten, berufstätigen, möglicherweise studierten Mann, der gut mit Kindern umgehen kann. Da er die Opfer in vielen Fällen vorher ausspioniert hat, dürfte der Gesuchte ledig sein und allein leben. Auffällig ist, dass er viele Opfer stets nachts aus Schullandheimen geholt hat, immer aus dem letzten Zimmer im Flur. Der aktuelle beziehungsweise ehemalige Lebensmittelpunkt des Gesuchten liegt vermutlich in Norddeutschland, möglicherweise in Bremen, auch dürfte in diesem Zusammenhang die Gemeinde Hepstedt eine Rolle spielen. Der Täter, so die zentrale Aussage, ist eben kein »Monster«, sondern eher ein Jedermann, dem es durchweg gelingt, sein persönliches Umfeld über sein abnormes Verlangen im Unklaren zu lassen. Von einer »doppelten Buchführung« ist die Rede.

In den nächsten Tagen gehen bei der Soko aus ganz Deutschland zahlreiche Hinweise ein, teilweise werden auch Orte und Namen genannt. Wieder setzt eine dynamische und mitunter hektische Phase der Ermittlungen ein, die alle Beteiligten enorm fordert. Und es gelingt auch, in der Folgezeit eine Reihe von Pädosexuellen zu überführen, doch der »schwarze Mann« ist nicht darunter.

Allerdings sind durch den TV-Beitrag nicht nur mögliche Zeugen motiviert worden. Acht Tage nach Ausstrahlung der

Sendung entdecken Kinder beim Spielen auf dem Schulhof einen Mann, der sich im Gebüsch versteckt: vermummt, mit einem Messer in der Hand. Die Polizei wird alarmiert, zweihundert Polizisten, darunter auch mehrere Spezialeinsatzkommandos, durchsuchen daraufhin stundenlang das Schulgelände, die etwa tausend Schüler werden unter Polizeischutz nach Hause geschickt. Der Mann mit dem Messer wird nicht gefunden.

Die Ermittler der Soko »Kevin« prüfen diesen Fall im niederbayerischen Mallersdorf-Pfaffenberg wie andere ähnliche Vorfälle, in denen auf Spielplätzen oder Kleingartenanlagen maskierte Männer Kinder angesprochen oder erschreckt haben. Das Ergebnis: Offenbar haben jeweils Trittbrettfahrer ihr Unwesen getrieben, inspiriert durch den ZDF-Film.

Tobias Mohn – 1992. Patrick Jürgens – 1995. Marc Overmas – 1998. Kevin Golombek – 2001. Adrien Mouton – 2004. Alle drei Jahre hat der Serienmörder getötet. Absicht oder Zufall? Diese Frage beschäftigt auch die Fallanalytiker. Bei den Dreijahresabständen könnte es sich um ein Ritual handeln, so eine Vermutung, favorisiert werden indes Zusammenhänge, die sich aus kriminologischer Erfahrung mit solchen Tätern herleiten: Andere Ereignisse könnten den Täter inhaltlich und zeitlich beansprucht haben, beispielsweise eine neue Beziehung, Heirat, Kinder, vielleicht auch ein Umzug oder Berufswechsel. Gerade von phantasiegeleiteten Tätern weiß man, dass sie in solchen Phasen der sozialen Konsolidierung, die mitunter auch einen bewussten Versuch der Selbsttherapie darstellen, oft von weiteren Taten Abstand nehmen. Allerdings erscheinen ihnen alte kriminelle Gewohnheiten wieder attraktiv, sobald sich die soziale Situation verschärft oder eine Stresssituation auftritt, die dem Betreffenden alles abverlangt oder ihn überfordert. Genau dann gehen die Täter wieder auf Tour und suchen fieberhaft nach Gelegenheiten, um sich eines Opfers zu bemächtigen.

Nur wenige Meter von jener Stelle entfernt, an der Kevin Golombek gefunden wurde, steht ein kleines Holzkreuz, das an das schreckliche Verbrechen erinnert – und verwittert. Die Bäume entlang des Forstweges sind gewachsen, jeden Tag ein bisschen, immer weiter, vier Jahre lang. Genauso lang hat die Soko »Kevin« ermittelt, die Aktenberge sind gewachsen, jeden Monat ein paar Ordner mehr. Doch der »Maskenmann« ist ein Phantom geblieben, fast schon eine unwirkliche Figur, gäbe es die bösen Taten nicht, die an die Erfolglosigkeit der Ermittler erinnern.

»Wenn wir vor ihm stehen, werden wir ihn erkennen«, versichert der Leiter der Soko trotzig, wenn die Presse sich immer wieder mal nach dem Stand der Ermittlungen erkundigt, der eigentlich ein Stillstand ist. Bis zum April 2006 ist man mehr als dreitausend Spuren nachgejagt. In mehr als zwei Dutzend Fällen haben sich daraus Strafverfahren gegen Kinderschänder entwickelt, die auch zu einer Verurteilung geführt haben. Wenigstens das. Von den mittlerweile herangewachsenen Missbrauchsopfern hat man teilweise detaillierte und glaubhafte Beschreibungen der Taten und des »Maskenmanns« bekommen. Mehr als tausend Personen sind daraufhin überprüft worden. Doch das Ergebnis ist gleich null.

Dann aber, Mitte Mai, ergibt sich plötzlich eine heiße Spur, als im sächsischen Plauen bei der Durchsuchung einer Wohnung zufällig ein Video gefunden wird, das der Mieter nicht selbst hergestellt, sondern für einen Freund lediglich aufbewahrt haben will, ohne den Inhalt zu kennen. Zu sehen sind auf den Videosequenzen schlafende Kinder in ihren Betten. Die Aufnahmen dürften höchstwahrscheinlich in Ferienheimen oder Freizeitlagern entstanden sein, der Täter hat sich beim Betreten der Örtlichkeiten selbst gefilmt. Sofort werden die Ermittler der Soko »Kevin« informiert.

Weitere Nachforschungen ergeben, dass das Video von einem Mann stammt, der bei der Kripo in Plauen kein Unbekannter ist. Erst kürzlich konnte sie ihm anhand einer DNA-Probe eine merkwürdig anmutende Tat aus dem Jahr 1999 nachweisen: Nahezu unbekleidet war er in ein Kinderferienlager in Seifhennersdorf nahe der tschechischen Grenze eingedrungen, aber sofort wieder geflüchtet, als er von einem Betreuer entdeckt wurde.

Gerne würden die Fahnder den Verdächtigen befragen, doch das ist unmöglich – der Mann starb im Jahr 2003 bei einem Autounfall in Spanien. Und als sich herausstellt, dass der mehrfach verurteilte Sexualstraftäter im Frühjahr 1992 eine Haftstrafe verbüßte und erst im Mai entlassen wurde, ist die heiße Spur wieder kalt, da der Mann für wenigstens zwei der Knabenmorde, die von der Soko »Kevin« verfolgt werden, als Täter nicht in Frage kommt. Was sich so hoffnungsvoll angelassen hat, entpuppt sich wieder einmal als falsche Fährte.

Manfred Mohn ist in den vergangenen Jahren nicht untätig geblieben. Er hat für die Recherchen seines Anwalts und eines Privatermittlers inzwischen 50 000 Mark ausgegeben. Im Laufe der Zeit ist ihm aber auch die Idee gekommen, Medienvertreter auf das ungeklärte Schicksal seines Sohnes aufmerksam zu machen. Er hat die Hoffnung, so neuen Schwung in die Ermittlungen zu bringen und auch die Versäumnisse der Ermittlungsbehörden anprangern zu können. Doch die Rechnung geht nicht auf.

»Die wollten möglichst alles fertig präsentiert haben. Ich habe mir anfangs eingebildet, wenn du die aufmerksam machst, werden die spitz und stellen ihre eigenen Recherchen an. Zumindest am Anfang war es überhaupt nicht so. Die haben gar nicht selbst recherchiert, sondern nur meine Sicht der Dinge dargestellt, dann aber auch mit den Pressesprechern der Ermittlungsbehörden geredet und über deren Darstellung so berichtet, als wenn meine Vorstellungen und Vorwürfe damit gegenstandslos wären. Das fand ich ziemlich ernüchternd, obwohl ich nicht den Vorwurf einer falschen Berichterstattung erheben konnte.

Auch die Fernsehberichte waren eher enttäuschend. Es wurde sehr viel gefilmt, ich habe stundenlang erzählt, und zum guten Schluss waren von mir vielleicht drei Sätze in dem Beitrag. Einmal haben die vier Stunden bei uns im Haus gedreht. Als der Film ausgestrahlt wurde, hat man nur gesehen, wie ich in einem Fotoalbum blättere. Das war in gewisser Weise schon recht frustrierend.«

Knapp sieben Jahre ist es jetzt her, dass Kevin Golombek ermordet wurde, seit sechzehn Jahren wird versucht, die unheimliche und in der deutschen Kriminalgeschichte einzigartige Serie von Knabenmorden aufzuklären. Nach wie vor stehen die Fahnder unter erheblichem Druck. Im Februar 2008 keimt wieder Hoffnung auf, nachdem es gelungen ist, bei einer nachträglichen Untersuchung an der Kleidung von Tobias Mohn mit neuen rechtsmedizinischen Methoden ein männliches DNA-Fragment zu isolieren. Allerdings ist unklar, ob es sich dabei um eine Spur des Täters handelt.

Nachdem ein Ermittlungsrichter die Rechtmäßigkeit einer genetischen Reihenuntersuchung bestätigt hat, werden alle Männer, die Tobias gekannt und bei den Ermittlungen eine Rolle gespielt haben, angeschrieben und um die Abgabe einer Speichelprobe gebeten. Genauso wird auch in den anderen Mordfällen verfahren. Sehnsüchtig warten die Ermittler in der Folgezeit auf die erlösende Mitteilung: Übereinstimmung!

Wenn es in diesem Kriminalfall ein Gesetz der Serie gäbe, dann hätte der Täter bereits im Jahr 2007 erneut zuschlagen müssen. Doch es gab keinen weiteren Fall, der Drei-Jahres-Rhythmus scheint durchbrochen zu sein. Die Fallanalytiker erwähnen als möglichen Grund, dass die Ermittlungen dem Täter sehr nahe gekommen sind und ihn die Angst vor baldiger Entdeckung vor weiteren Morden zurückschrecken ließ. Vielleicht hat er sich aber auch nur ein neues Jagdrevier gesucht.

Am 17. Juni 2009 dringt nachts ein Mann in eine Jugendherberge in Rheine ein, einer knapp 76 000 Einwohner zählenden Stadt im Münsterland. Zu dieser Zeit befindet sich eine Gruppe von Kindern aus dem Harz in der Jugendherberge, die an einem Fußballturnier teilnehmen. Der Täter schleicht sich in einen mit fünf Jungen belegten Schlafraum. Ein Junge wacht auf, hält den Fremden aber für einen Betreuer. Der Täter nimmt ein anderes Kind und trägt es nach draußen in den unmittelbar angrenzenden Stadtpark. Der 10-Jährige wacht auf und wird vom Täter aufgefordert, sich auszuziehen. Doch dann sagt der Mann: »Du kannst gehen.« Daraufhin läuft der Mann zurück ins Haus.

Die wenig später alarmierte Polizei findet im Park die Schlafanzughose des Jungen, nicht aber seine Unterhose. Eine intensive Spurensuche in der Jugendherberge und der Umgebung bringt keine neuen Erkenntnisse. Wie der Täter in das Gebäude gelangt ist, kann nicht geklärt werden. Der Heimleiter versichert, die Jugendherberge sei abgeschlossen gewesen, nur findet die Kripo keine Einbruchsspuren. An eine Erfindung des Jungen, um sich Aufmerksamkeit zu verschaffen, glauben die Ermittler nicht, dafür ist das beschriebene Tatgeschehen zu komplex. Allerdings ist die Beschreibung des Unbekannten dürftig: »Ein großer Mann mit weißen Schuhen und dicken Schnürbändern.« Ungewiss bleibt auch, warum der Täter von seinem Opfer abgelassen hat. Wurde er gestört und flüchtete deshalb?

Dieser Fall passt zu einem anderen, der sich knapp zwei Monate zuvor ereignet hat, wieder in Rheine, wieder in der Nähe des Stadtparks, diesmal aber in einer Wohnung: Ein Junge wacht mitten in der Nacht auf. Neben ihm auf der Bettkante sitzt ein Mann und streichelt seinen Bauch. »Wenn du mitkommst, passiert dir nichts«, sagt der Unbekannte und zieht einen Schraubenzieher aus seiner Jackentasche. Der Junge beginnt zu weinen und verkriecht sich in die letzte Ecke seines Bettes. Von dem Wimmern wird seine Schwester wach, die 19-Jährige schläft ausnahmsweise im Zimmer ihres Bruders. Als der Mann bemerkt, wie sich die junge Frau aufrichtet, flüchtet er. Die junge Frau sieht nur noch einen Schatten durch die Tür huschen und hört Sekunden später die Haustür zuknallen.

Die Ermittler in Rheine erinnern sich an den Fall Kevin Golombek, über den erst kürzlich in den Medien berichtet wurde, und sehen deutliche Parallelen im Täterverhalten. Zeitnah nimmt man Kontakt zu den Kollegen der Soko »Kevin« auf, die sich nicht nur hochinteressiert zeigen, sondern ebenfalls Übereinstimmungen zwischen dem Verhalten des »Maskenmanns« und dem des Täters in Rheine feststellen. Nur hat es solche Ähnlichkeiten mit anderen Verbrechen in den vergangenen Jahren häufiger gegeben, und doch ist man dem Serienmörder nicht nähergekommen. Aber auch wenn sich später herausstellen sollte, dass es nicht derselbe Täter war, sind die Fahnder der Soko »Kevin« dankbar für den Hinweis der Kollegen, denn die Berichte in den Medien verschaffen auch ihrem Jahrhundertfall neue Aufmerksamkeit. Mittlerweile ist man in Reihen der Kommission bescheiden geworden.

Durch die Ereignisse in Rheine und die damit einhergehende Berichterstattung wird eine TV-Produktionsfirma auf die Mordserie in Norddeutschland aufmerksam und möchte eine Dokumentation drehen – mit Manfred Mohn und mir in den Hauptrollen. Es ist eine Spurensuche angedacht, die uns an die im Fall Tobias Mohn relevanten Orte führen soll, auch nach Rheine.

Ich habe den Fortgang der Ermittlungen seit dem Jahr 2001 intensiv verfolgt, jedoch bislang jedes Experteninterview abgelehnt. Es sollte nicht der Eindruck entstehen, als wollte ich mich in die Ermittlungen hineindrängen oder fragwürdige Ferndiagnosen stellen. Ich erkläre mich erst dazu bereit, an der Produktion teilzunehmen, als die Verantwortlichen das von mir vorgegebene Primärziel akzeptieren, durch die TV-Dokumentation entweder Personen aus dem Umfeld des Serienmörders zu sensibilisieren oder weitere Opfer des Täters zu erreichen, die der Kripo noch unbekannt sind und eventuell wichtige Hinweise geben können.

Die Dreharbeiten finden Mitte September 2009 statt. Ich lerne Manfred Mohn als analytisch denkenden Mann mit festen Grundsätzen kennen, der über einen wachen und scharfen Verstand verfügt. Dass er mich in der ersten Zeit als Angehörigen der Kripo ein wenig beargwöhnt, nehme ich ihm nicht übel. Vielmehr bewundere ich die Beharrlichkeit, mit der er seit anderthalb Jahrzehnten die Ermittlungen voranzutreiben versucht, und seine Leidensfähigkeit – die innere Stärke, die nach wie vor ungeklärten Umstände von Tobias' Tod zu erdulden und Tag für Tag mit dieser Ungewissheit und Trauer zu leben. Doch formuliert er mir gegenüber auch sehr deutlich, warum er sich all diesen Strapazen aussetzt: »Ich will wissen, was mit meinem Jungen passiert ist. Ich muss es herausfinden, sonst finde ich keine Ruhe. Das bin ich ihm und meiner Familie schuldig.« Dass er die Situation würdevoll erträgt, heißt ganz und gar nicht, dass er sich damit abfindet.

Wir fahren während des fünftägigen Drehs zum ehemaligen Internat seines Sohnes, besichtigen dort das Haus G, den Aufenthaltsraum, Tobias' ehemaliges Zimmer, sprechen auch mit dem Lehrer, der damals alles miterlebt und das Opfer gut gekannt hat. Die Reise führt uns weiter in die Verdener Dünen, wir inspizieren den Leichenfundort und nehmen Kontakt zu Anwohnern auf, die von den damaligen Ereignissen und ihren Wahrnehmungen berichten. Ergänzend orientieren wir uns an den Fallakten der Staatsanwaltschaft und studieren das Bildmaterial, um die damaligen Verhältnisse besser beurteilen zu können.

Ferner diskutieren wir den Fall Patrick Jürgens mit dem Anwalt der Eltern und suchen den Ort auf, an dem der Junge gefunden wurde. Darüber hinaus fahren wir nach Rheine, besuchen die dortige Jugendherberge, sehen uns im Stadtpark um und kontaktieren einen Zeitungsreporter, der über den Fall berichtet. Niemals werde ich die Szene vergessen, als Manfred Mohn am Grab seines Sohnes steht: der Blick ins Leere gehend, die Hände gefaltet, in Gedanken bei Tobias. In diesen Momenten höchster Intensität und größter Intimität habe ich Mühe, meine Tränen zurückzuhalten.

Mich beschleicht eine Ahnung, was es bedeutet, sein eigenes Kind zu verlieren. Und als dreifachem Vater macht mir diese dunkle Vorstellung Angst.

Am Ende unserer Reise in die Vergangenheit bin auch ich überzeugt, dass man nach einem Täter suchen sollte, der aus Norddeutschland stammt, allein lebt und sehr wahrscheinlich beruflich Umgang mit Kindern haben dürfte. Allerdings glaube ich nicht an einen besonders planvoll agierenden Täter, sondern sehe in ihm jemanden, der häufig auf Tour geht und seine Taten begeht, sobald sich eine günstige Gelegenheit ergibt. Auch halte ich es für unwahrscheinlich, dass der Serientäter bewusst zwischen jedem Mord drei Jahre hat verstreichen lassen. Vielmehr bezweifle ich den Zusammenhang bei allen fünf Tötungsdelikten, obwohl die Tatbegehungsweise tatsächlich in diese Richtung zu weisen scheint. Nur ist mir kein Serienmordfall bekannt, bei dem der Täter über einen längeren Zeitraum in nahezu gleichen Abständen gemordet hat. Und ich habe aus diesen Fällen und den Gesprächen mit den Tätern gelernt, dass der Tatzeitpunkt von vielen Komponenten abhängt, die vom Täter nur bedingt oder gar nicht beeinflusst werden können, so dass der Tatrhythmus mehr eine zufällige Ereigniskette darstellt, die von starker Unregelmäßigkeit gekennzeichnet wird.

Für den Umstand, dass nur fünf der insgesamt 41 Opfer getötet wurden, habe ich bei meinen Überlegungen eine Erklärung gefunden: Die Opfer, die schließlich getötet wurden, dürften für den Täter aus verschiedenen Gründen ein Risiko dargestellt haben. Entweder hat der »Maskenmann« in diesen Fällen unmaskiert gehandelt, weil er sich zu den Opfern besonders hingezogen fühlte – dies würde auch die Entführungen mit dem Pkw erklären, weil der Täter längere

Zeit über die Jungen verfügen wollte –, oder aber der Mann fürchtet, sein Opfer könnte etwas beobachtet haben, das ihn später womöglich der Gefahr aussetzt, gefunden zu werden (z. B. spezielle Details an seinem Wagen oder gar sein Handy). Die Annahme, es könnte bei den Morden zu einer Eskalation gekommen sein, bezweifle ich schon deshalb, weil die Opfer keine entsprechenden Abwehrverletzungen aufwiesen, die bei einem solchen Verlauf zumindest in dem einen oder anderen Fall zu erwarten gewesen wären.

»Für mich war der Täter in all den Jahren eine eher dunkle Figur. Ein Psychopath, der keine Gefühle für seine Opfer hat, der sich überhaupt nicht klarmacht, was er den Kindern antut. Bei Tobias und den anderen Jungen muss der Todeskampf drei bis sieben Minuten gedauert haben, hat mir der Rechtsmediziner gesagt, weil gegen den Kehlkopf gedrückt worden war. Dann dauert das so lange. Und dem Typ war es auch vollkommen egal, was er damit den Angehörigen der Opfer antun würde. Für mich war der Mann Abschaum, dem jede menschliche Regung fremd war.«

Ich halte es für unwahrscheinlich, dass der »Maskenmann« auch die Taten in Rheine begangen haben könnte. Denn: In beiden Fällen hat der Täter nicht den Versuch unternommen, den weinenden beziehungsweise verängstigten Jungen zu beruhigen. Vielmehr hat er eine große Unsicherheit erkennen lassen, die gewöhnlich das Verhalten von Ersttätern prägt, und er hat jenes Einfühlungsvermögen vermissen lassen, das gerade den »schwarzen Mann« als kindererfahrenen und stressresistenten Täter kennzeichnet.

Im März 2010 wird der Kripo in Rheine neun Monate nach der Entführung des 10-jährigen Jungen in der Jugendherberge im Stadtzentrum und dem Überfall in einer nur wenige hundert Meter entfernten Wohnung mitgeteilt, dass es einen Treffer in der DNA-Datenbank gegeben hat: Als Spurenleger an beiden Tatorten konnte ein 29-jähriger Mann ermittelt werden. Auf die Schliche waren die Ermittler dem Täter durch biologische Spuren gekommen, die sich an der Kleidung des entführten Jungen befunden hatten. Im Rahmen der Ermittlungen waren mehr als 3300 Männer überprüft worden.

Natürlich wird auch die Soko »Kevin« über diesen Ermittlungserfolg informiert. Dort macht sich indes schnell Ernüchterung breit: Allein das Alter lässt den wegen Eigentums- und Drogendelikten vorbestraften Mann als Tatverdächtigen ausscheiden – er hätte den Mord an Tobias Mohn als 10-Jähriger begangen haben müssen. Unmöglich.

Doch dann, fünf Monate später, meldet sich bei der Soko »Kevin« ein Zeuge, dessen spektakuläre Aussage wieder Bewegung in die Sache bringt. Dabei stößt der 28-jährige Berufssoldat mit dem, was er erzählt, zunächst auf große Skepsis.

Seine Version: Erst kürzlich erfuhr er durch einen Zufall vom Mord an Kevin Golombek. Und gelangte ohne große Verzögerung zu der Überzeugung, den Täter Anfang September 2001 in einem Pkw sitzend gesehen zu haben. Und auf der Rückbank hatte ein Junge auffällig steif dagesessen. Er selbst war damals als Soldat in Garlstedt stationiert und hatte um 4.30 Uhr den Truppenstandort verlassen, um für seinen nächsten Marathonlauf zu trainieren. Auf seinem Laufweg lief er an dem Pkw vorbei und sah den Fahrer und den Jungen darin, allerdings nur für wenige Augenblicke. Als er eine Stunde später auf seinem Rückweg erneut an der Stelle vorbeikam, stand der Wagen nicht mehr dort, trotzdem blieb ihm die Situation im Gedächtnis. Ebenso erinnert er sich an den Ort: ein Waldweg in der näheren Umgebung von Garlstedt, direkt an der Bremerhavener Heerstraße, der ehemaligen B 6. Den Fahrer beschreibt der Zeuge als groß, bullig, Anfang 30, kurze Haare, Brillenträger. Der Junge war laut seiner Aussage 6 bis 8 Jahre alt, hatte blonde Haare und trug ein T-Shirt mit Hundesilhouetten auf der Brust. Den Fahrzeugtyp konnte der Zeuge ebenfalls benennen.

Kann das alles wirklich wahr sein? Derart präzise Angaben nach so langer Zeit? Liegt da nicht eher die Vermutung nahe, dass der Mann jemandem etwas anhängen will, zum Beispiel aus Rache oder verletzten Gefühlen, und nun dessen Fahrzeug und Beschreibung mit dem lange zurückliegenden Mord in Verbindung bringt?

Bevor sich die Ermittler an die Öffentlichkeit wenden, überprüfen sie zunächst, ob die von dem Zeugen beschriebene Situation plausibel erscheint und überhaupt so stattgefunden haben kann. Deshalb bringen die Fahnder ein bauartgleiches Pkw-Modell an den Ort, an dem der Zeuge seinerzeit Täter und Opfer gesehen haben will. Bei der Untersuchung stellt sich heraus, dass die Ortsangaben zutreffend sind und die Beobachtung sich tatsächlich genau wie beschrieben zugetragen haben kann. Auch die Streckenführung, die der Täter mit dem Opfer gewählt hat, erscheint logisch: Das Schullandheim, aus dem Kevin Golombek entführt wurde, ist nur etwa neun Kilometer vom Ort der Zeugenbeobachtung entfernt, und dreißig Kilometer weiter fand man die Leiche des Jungen. Der Täter ist demnach keinen Umweg gefahren. Damit ist die Zeugenaussage durchaus glaubhaft. Möglicherweise gehört der Soldat ja zu den Menschen, die auch von mehrere Jahre zurückliegenden

Ereignissen ein präzises Bild abrufen können, weil sie ein fotografisches Gedächtnis haben.

»Ich hörte auch von diesem Zeugen. Da habe ich mir gesagt: Was soll diese Spinnerei? Das kann doch keine brauchbare Aussage sein. Der Mann hatte keinen besonderen Grund, sich das zu merken. Der läuft frühmorgens da lang, es muss ja noch dunkel gewesen sein um diese Zeit, sieht da ein Auto stehen, alles passiert binnen weniger Sekunden – und dann fällt ihm das aus heiterem Himmel nach neun Jahren wieder ein. Da habe ich mir gedacht, wenn sie das jetzt bringen, dann melden sich wieder hundert Leute, irgendwelche Spinner, die irgendwas gesehen haben wollen.«

Die Kripo lässt mit Hilfe des Zeugen eine Situationsskizze anfertigen, die den mutmaßlichen Täter im Jahr 2001 zeigt, und veröffentlicht das Foto bei einer Pressekonferenz am 10. Februar 2011. Es wird aber auch darauf hingewiesen, dass das Aussehen des Täters von der Zeichnung stark abweichen könne. Die Ermittler appellieren in diesem Zusammenhang abermals an die Öffentlichkeit: Zeugen sollen sich melden, die einen Mann kennen, der 1992 im Bereich der Gemeinde Tarmstedt wohnhaft war oder Kontakt dorthin hatte, der von 1994 bis 1997 Beziehungen nach Bremen unterhielt und der 2001 im Besitz des gesichteten Fahrzeugtyps war oder darüber verfügen konnte. Auch wird nochmals das Täterprofil des Serienmörders vorgestellt.

Die Medien berichten ausführlich über den neuen Ermittlungsansatz, wieder werden die Knabenmorde referiert, zum x-ten Mal. Hunderte Hinweise gehen in den nächsten Tagen bei der Soko ein. Darunter ist auch die E-Mail eines 26-Jährigen aus Bremen, der in der Nacht zum 22. Oktober 1995 in der elterlichen Wohnung vom »Maskenmann« missbraucht wurde. Der Mann teilt mit, ihm sei noch etwas eingefallen, das er seinerzeit bei der Vernehmung durch die Kripo nicht gesagt habe. Erst durch die jüngste Medienberichterstattung seien ihm diese Zusammenhänge bewusst geworden:

Wochen bevor er im Haus der Eltern missbraucht wurde, hatte er im Sommer an einer Ferienfreizeit teilgenommen. Einer der Betreuer fragte ihn damals, wo und wie er denn wohne, wo die Eltern schlafen würden und wo sein Schlafzimmer sei. Er musste sogar eine Zeichnung anfertigen. Mittlerweile hat er den Verdacht, es könnte genau dieser Betreuer sein, von dem er Wochen später überfallen wurde. Den Nachnamen des Mannes kennt er nicht, aber an den Vornamen erinnert er sich noch: Matthias.

Die Ermittler glauben, jetzt die richtige Spur zu verfolgen. ENDLICH! Es bereitet ihnen keine Mühe, den Betreuer zu identifizieren. Es ist Matthias Bruns, ein 38-jähriger Psychologe, der auch pädagogisch tätig ist und in Hamburg wohnt. Eine Datenbankrecherche fördert weitere Erkenntnisse zutage, die den Verdacht erhärten: Der Mann ist ein Hüne von 1,90 Meter. Und es gab gegen ihn zwei Verfahren wegen sexuellen Missbrauchs an Knaben, 1992 in Bremerhaven und 2006 in Norderstedt bei Hamburg, die beide wegen geringer Schuld eingestellt wurden, letzteres nach Zahlung einer Geldstrafe. 2008 wurde der Verdächtige sogar zu einer Bewährungsstrafe verurteilt, nachdem er einem Computerfachmann gedroht hatte, belastendes kinderpornographisches Material der Kripo zu überlassen, sollten an ihn nicht 25 000 Euro Schweigegeld gezahlt werden. Bei der Wohnungsdurchsuchung fanden die Ermittler Matthias Bruns nur mit einer Unterhose bekleidet im Bett liegend, neben sich einen 16-Jährigen. Später wurden auf seinem Computer Tausende Bilder von Jungen im Alter von

6 bis 14 Jahren entdeckt, überwiegend nackt oder in obszönen Posen.

Plötzlich ist alles ganz einfach, plötzlich verbinden sich lose Enden zu einem Strick für den Täter, plötzlich ergibt sich ein Bild. Denn auch die Fahnder im Fall Patrick Jürgens können einen Erfolg vermelden, als sie herausfinden, dass Matthias Bruns im Juli 1995 in Dänemark ein Ferienhaus gemietet hat, gerade dreizehn Kilometer vom Fundort der Leiche entfernt. Niemand zweifelt mehr daran, den »Maskenmann« bald demaskieren zu können.

Bei internen Recherchen stellen die Fahnder allerdings überraschend fest, dass Matthias Bruns bereits vor vier Jahren von Beamten der Soko »Kevin« vernommen wurde. Damals überprüfte man aktenkundige Sexualstraftäter aus dem norddeutschen Raum. Und Matthias Bruns spielte bei seiner Vernehmung die Rolle des Harmlosen, der seinerzeit zu Unrecht verdächtigt worden sei, so überzeugend, dass man seine Angaben nicht konsequent genug hinterfragte und ihn unbehelligt gehen ließ.

Der große Wurf muss jetzt gut vorbereitet werden. Deshalb wird der Verdächtige in den nächsten Wochen zunächst observiert, ein Bewegungsbild erstellt, sein Telefon abgehört und sein Lebensweg nachvollzogen. Am Ende dieser Recherchen ergibt sich folgendes Bild: Matthias Bruns wurde 1972 in Oldenburg geboren und wuchs dort auch auf. Als Matthias 7 Jahre alt war, verließ der Vater die Familie. Matthias Bruns machte auf dem zweiten Bildungsweg Abitur und absolvierte ein Psychologie- und Lehramtsstudium. Er wurde Honorarkraft in einem Kinderheim, dann wechselte er zu einer gemeinnützigen Einrichtung und betreute Jungen und Mädchen in einer Kindertagesstätte und einem Tagesheim. Seit dem Jahr 2004 arbeitete Matthias Bruns in einem Vorort von Hamburg für den sozialpsychologischen Dienst.

Nachdem die Vorermittlungen abgeschlossen sind, erfolgt am 13. April 2011 gegen 6.30 Uhr der Zugriff: Die Männer des Spezialeinsatzkommandos warteten so lange, bis der Verdächtige das Haus verlässt und zum Kiosk gegenüber geht. Als er zurückkommt und die Straße überqueren will, bremst neben ihm ein Wagen, drei vermummte Polizisten springen mit gezogener Waffe heraus und überwältigen Matthias Bruns, der völlig verdutzt ist und keinen Widerstand leistet. Auf der Fahrt ins Präsidium übergibt er sich aus dem offenen Fenster.

Der Leiter der Soko »Kevin« und ein Fallanalytiker erklären Matthias Bruns eine halbe Stunde später, er stehe im Verdacht, der »Maskenmann« zu sein. Der Beschuldigte schüttelt nur mit dem Kopf und verweigert die Aussage: »Ich sage nichts.«

Erst am nächsten Morgen signalisiert der Mann Aussagebereitschaft. Er habe große Angst vor der Berichterstattung in den Medien, die Personen aus seinem Umfeld in Mitleidenschaft ziehen werde, sagt Matthias Bruns. Die Beamten zeigen Verständnis für diese Bedenken und fragen schließlich, ob man mit ihm jetzt über die Fälle sprechen könne. »Ja«, antwortet der Mann heftig nickend und beginnt zu weinen. Dann stellt man ihm die alles entscheidende Frage: »Sind Sie der ›Maskenmann‹?«

Es vergehen einige Sekunden, bevor die Antwort kommt: »Ja!« Matthias Bruns hockt nach vorne gebeugt auf seinem Stuhl und weint hemmungslos, ein Beamter sitzt neben ihm, Schulter an Schulter. Und irgendwann beginnt der Mann sich alles von der Seele zu reden, bruchstückhaft, leise murmelnd, er verschluckt Sätze oder schleudert sie geradezu heraus, er wird von Weinkrämpfen geschüttelt, während er sich offenbar mehr und mehr seiner ungeheuren Schuld bewusst wird.

Er habe bei seinen Taten eine Sturmhaube getragen, gesteht Matthias Bruns, nur zwei der Mordopfer habe er missbraucht. Die Jungen seien von ihm getötet worden, weil er befürchtet habe, die Kinder könnten ihn später identifizieren und sein Doppelleben auffliegen lassen: Er habe nicht gewollt, dass die Menschen, die er liebe, erführen, dass er pädophil sei.

Immer dann, wenn er unruhig geworden sei, habe er sich ins Auto gesetzt und sei losgefahren, ohne ein bestimmtes Ziel zu haben. Der Wunsch, einen Jungen sexuell zu berühren, sei während der Fahrt entweder abgeklungen oder habe sich verstärkt. In den meisten Fällen sei er von den Autofahrten zurückgekehrt, ohne dass etwas passiert sei. Wenn er sein pathologisches Verlangen jedoch nicht habe zurückdrängen können, sei er in die Nähe von Zeltlagern, Jugendherbergen oder Schullandheimen gefahren, von denen er gewusst habe, dass dort Jungen schlafen würden.

Matthias Bruns erklärt den Ermittlern in diesem Zusammenhang, er sei überhaupt in unregelmäßigen Abständen auf die Suche nach Opfern gegangen. Manchmal seien auch mehrere Wochen vergangen, in denen er nicht versucht habe, sich eines Jungen zu bemächtigen. Die Taten seien meist gleichartig abgelaufen, er habe sich neben das Bett gekniet und die Opfer gestreichelt, so lange bis er befriedigt gewesen sei.

Er sei bei der Opfersuche nicht geplant vorgegangen, sagt Matthias Bruns den Beamten, er habe oft nur günstige Gelegenheiten ausgenutzt, mal sei ein Fenster offen gewesen, mal habe eine Tür offen gestanden, mal habe ein Schlüssel von außen in der Haustür gesteckt. Er sei selbst überrascht gewesen, wie leicht man es ihm gemacht hat.

Matthias Bruns schildert die Morde an Tobias Mohn, Patrick Jürgens und Kevin Golombek sehr detailreich und gibt dabei Wissen preis, über das nur ein einziger Mensch verfügen kann: der Täter. Die Morde an Marc Overmas und Adrien Mouton streitet er jedoch ab. Die Ermittler fragen auch, warum es nach dem Mord an Kevin Golombek nicht zu weiteren Taten kam. Matthias Bruns erklärt daraufhin, ihm sei das Unrecht seiner Taten und die daraus resultierenden Folgen bewusster geworden. Er habe schließlich andere Wege gefunden, um seinem Bedürfnis abzuhelfen. Nach dem glaubhaften Geständnis des Serienmörders werden die Angehörigen der Opfer über die Verhaftung benachrichtigt und darauf hingewiesen, dass in den nächsten Stunden eine Pressekonferenz stattfinden wird. Allerdings sollen die Eltern in Kürze auch persönlich über den Stand der Dinge informiert werden.

»Im ersten Moment wussten meine Frau und ich nicht, wie wir das bewerten sollten. Als die Nachricht dann ein wenig gesackt war, blieb doch eine ganz gehörige Portion Skepsis, ob es wirklich der Täter ist. Von Euphorie war da zunächst mal nichts zu spüren. Wir waren ungläubig und wollten erst mal abwarten. Dann kam die Pressekonferenz, aber auch danach waren längst nicht alle Zweifel ausgeräumt. Natürlich war auch von Täterwissen die Rede, aber davon wollte ich mich dann lieber selbst überzeugen.«

Manfred Mohn nimmt Kontakt mit seinem Anwalt auf, der Akteneinsicht beantragen kann, da sein Mandant bei der Gerichtsverhandlung als Nebenkläger auftreten will und wird. Für Manfred Mohn und seine Frau ist es eine Zeit zwischen Hoffen und Bangen, die Ereignisse der vergangenen neunzehn Jahre kehren zurück, vor allem jene Nacht des 31. März 1992, an dem ihr Sohn Tobias den Tod fand. Sie hoffen inständig, nun endlich zu erfahren, was ihrem Sohn zugestoßen ist.

Am 27. Mai 2011 schreibt Manfred Mohns Anwalt und übermittelt Kopien von Teilen der kriminalpolizeilichen Verfahrensakte. Der Rechtsanwalt teilt mit, er hege keinen Zweifel an der Täterschaft des Inhaftierten, doch möge er, Manfred Mohn, sorgsam abwägen, ob er sich das Studium der Unterlagen zumuten wolle.

Manfred Mohn will, legt den Stapel Papier vor sich auf den Tisch und beginnt zu lesen, Seite für Seite, Satz für Satz, Wort für Wort; endlich erfährt er, wie und warum sein Sohn ums Leben gekommen ist.

Kripo und Staatsanwaltschaft gehen nach Abschluss der Ermittlungen von folgendem Tatverlauf aus: Gegen Mitternacht schlich sich Matthias Bruns in das Internat – vermummt mit einer Sturmhaube – und drang offenbar durch die geöffnete Haustür in die Unterkunft ein. Gezielt wählte er das letzte Zimmer auf dem Gang aus, um möglichst wenig Aufmerksamkeit zu erregen. Dort fand er den schlafenden Tobias vor, den er bereits vor einiger Zeit anlässlich eines Seminars dabei beobachtet hatte, wie er auf einer Wiese herumgetollt war. Matthias Bruns gefiel der Junge seinerzeit so gut, dass er ihn wiedersehen wollte. Die Entscheidung, das Internat aufzusuchen, fiel jedoch spontan, als er auf einer seiner nächtlichen Spritztouren in der Nähe des Internats auf das entsprechende Hinweisschild stieß.

Zunächst glaubte Matthias Bruns, Tobias wäre allein, erst durch Schlaf- bzw. Aufwachgeräusche wurde er auf den anderen Jungen aufmerksam. Kurzentschlossen weckte er Tobias und forderte ihn unmissverständlich auf, ihm zu folgen. Tobias, noch schlaftrunken und im Schlafanzug, hat sich, so die Annahme der Ermittler, nicht gewehrt. Matthias Bruns nahm die Tageskleidung des Jungen mit in den Aufenthaltsraum. Im Haus war es immer noch still, und er forderte Tobias auf, sich umzuziehen. Als plötzlich Stimmen von Erwachsenen zu hören waren, zwang er Tobias, mit ihm aus dem Fenster zu steigen. Draußen fesselte er den Jungen mit einem Seil.

Als er den frierenden Jungen unter dessen Bekleidung berühren wollte, wich Tobias zurück und sträubte sich dagegen, woraufhin Matthias Bruns ihn in den Wagen verschleppte.

Dort realisierte er offenbar, dass Tobias seinen Pkw gesehen und das Nummernschild abgelesen haben könnte. Kurz darauf fuhr er los. An einer Landstraße hielt Matthias Bruns schließlich an, stieg mit dem Jungen aus und würgte ihn, um eine mögliche Wiedererkennung auszuschließen. Anschließend fuhr er zunächst ziellos mit der Leiche im Kofferraum herum, bis er Verden erreichte und den Leichnam in den dortigen Dünen vergrub.

»Ich sah mich durch die Ermittlungen bestätigt, dass es sich um einen psychopathischen Mörder handelt. Aber im Ergebnis war es viel monströser, als ich es vorher gedacht hatte. Natürlich kam mir jetzt wieder hoch, was der Junge in seinen letzten Minuten noch hatte erleiden müssen. Wenn der Typ da betrunken reingegangen und das irgendwie passiert wäre, das hätte ich ja noch begreifen können. Aber so – dafür habe ich kein Verständnis. Dass der sich einfach über den Wert eines Menschenlebens hinweggesetzt hatte, das zu lesen, war noch mal erschütternd.«

Manfred Mohn nimmt sich vor, dem Mörder seines Sohnes gegenüberzutreten, ihm ins Gesicht zu sehen, ihm seine Verachtung entgegenzuschleudern. Er will sich aber auch ein Bild machen von dem Mann, der nicht nur seinem Sohn das Leben nahm, sondern auch seine Familie ins Unglück stürzte und neunzehn quälend lange Jahre leiden ließ.

Im Herbst 2011 ist es so weit. Unter strengen Sicherheitsvorkehrungen beginnt der Prozess vor dem Landgericht Stade. Matthias Bruns hat sich seit seiner Verhaftung äußerlich verändert und tut zunächst das, was er in den vergangenen Jahrzehnten auch getan hat: Er versteckt sein Gesicht, diesmal aber nicht hinter einer Maske, sondern einem Aktendeckel. Erst als die Fotografen und Kameraleute den Saal verlassen und das Blitzlichtgewitter abebbt, gibt er die Maskerade auf. Für Manfred Mohn ein ganz besonderer Augenblick.

»Das war schon komisch. In dem Moment hatte ich überhaupt keine besonderen Empfindungen. Ich habe gesehen, wie der da so reinkam und sich hinsetzte. Von den Bildern, die ich vorher gesehen hatte, unterschied er sich, weil er jetzt graue Haare und einen grauen Bart hatte. Aber ich habe ihn gar nicht als Person wahrgenommen. Ich habe es einfach abgelehnt, mich mit dem als Person in irgendeiner Weise zu befassen. Für mich war nur wesentlich, was er als Täter getan hatte und wie das zu bewerten war. Und wenn jemand hinter ihn getreten wäre und ihm mit einer Pistole einen Genickschuss verpasst hätte, das hätte mich kaltgelassen.«

Wie zu Beginn jeder Gerichtsverhandlung wird auch in diesem Fall durch den Staatsanwalt die Anklageschrift verlesen. Nun erfährt Manfred Mohn auch, wie die Morde an den beiden anderen Jungen passiert sind.

<u>Patrick Jürgens:</u> »Für die Zeit von Samstag, den 22. Juli, bis zum Samstag, den 29. Juli 1995, mietete der Angeklagte ein Ferienhaus im dänischen Spottrup. In der Nacht zum

24. Juli fuhr er mit seinem Pkw zu einem Ferienzeltlager am Selker Noor, das ihm schon von zwei vorangegangen Besuchen bekannt war. Auf dem Zeltplatz schlief der 8-jährige Patrick Jürgens. Der Angeklagte begab sich in dessen Zelt und weckte Patrick durch Anfassen. Er sagte ihm, er sei aus Dänemark, und veranlasste das Kind, sich Straßenkleidung anzuziehen und mit ihm zu seinem Auto zu kommen.

Dann fuhr er mit ihm, ohne von einem Grenzbeamten kontrolliert zu werden, über die Grenze nach Dänemark in das Ferienhaus, wo beide mehrere Tage gemeinsam verbrachten. Als die Mietzeit des Ferienhauses zu Ende ging, kam dem Angeklagten der Gedanke, dass es nach dem vorangegangenen Geschehen nicht mehr möglich war, Patrick wieder nach Deutschland zurückzubringen. Deswegen ging er in einem Moment, in dem Patrick am Boden lag und mit etwas spielte, von hinten auf ihn zu, legte ihm die Hände um den Hals und erwürgte ihn. Danach fuhr er mit seinem Auto in der Umgebung umher, um nach einem geeigneten Ort zum Vergraben der Leiche zu suchen. Nachdem er in den Dünen einen geeigneten Ort gefunden hatte, fuhr er zurück zu dem Ferienhaus, lud den Leichnam und eine Spielzeugschaufel in den Wagen und fuhr nach Einbruch der Dunkelheit wieder in den Bereich der Dünen, wo er den Leichnam vergrub. Die Kleidung warf er am Wegesrand in einen Mülleimer. Danach fuhr er zurück in das Ferienhaus und von dort aus nach Deutschland.«

Kevin Golombek: »In der Nacht zum 5. September 2001 fuhr der Angeklagte mit seinem Auto zum Schullandheim im Landkreis Cuxhaven. Er setzte sich eine Sturmhaube auf und begab sich in das Gebäude. In dem Heim schliefen zu diesem Zeitpunkt die Kinder einer 4. Grundschulklasse, die dorthin eine Klassenfahrt gemacht hatten, unter ihnen auch der 9-jährige Kevin Golombek. Der Angeklagte begab sich in das Zimmer, in dem Kevin mit vier anderen Jungen schlief, hob das noch schlafende Kind aus dem oberen Stockwerkbett heraus und ging mit ihm in den Aufenthaltsraum. Dort wurde Kevin richtig wach, wollte wieder zurück in sein Zimmer und sagte, dass er seiner Lehrerin Bescheid sagen werde.

Als der Angeklagte ihn festhielt, sprach Kevin lauter, weswegen der Angeklagte in Sorge, dass andere Personen wach werden und ihn entdecken könnten, Kevin in diesem Aufenthaltsraum erwürgte. Die Leiche nahm er mit in sein Auto und fuhr davon, entkleidete ihn bis auf die Unterhose, warf den Schlafanzug und die bei der Tat getragene Maske in einen Mülleimer an einem Parkplatz und fuhr zu einem Weg bei Kirchtimke. Dort legte er Kevin in ein Gebüsch und fuhr davon.«

An den folgenden Verhandlungstagen werden Zeugen aus dem sozialen und beruflichen Umfeld des Angeklagten gehört. Spurengutachten und Protokolle der Obduktionen werden verlesen, und Kriminalbeamte sagen aus und berichten über ihre Feststellungen an den Tatorten oder über die Vernehmungen. Es geht dem Gericht darum, das Geständnis auf seinen Wahrheitsgehalt zu überprüfen und die Lebensumstände des Serienmörders herauszuarbeiten. Matthias Bruns selbst zeigt sich während der Verhandlung gänzlich unbeeindruckt, als wäre er nur einer der vielen Prozessbeobachter.

Selbst an dem für ihn so bedeutsamen Tag, als der psychiatrische Sachverständige sein Gutachten vorträgt, verzieht Matthias Bruns keine Miene. Die Einschätzung des Experten wird mit großer Spannung erwartet, man erhofft sich endlich Aufklärung über das sphinxhafte Wesen des

Angeklagten und die Ursachen für seine unfassbaren Verbrechen.

Der Gutachter berichtet zunächst über den Werdegang des mutmaßlichen Serienmörders: Als Kind und Jugendlicher war Matthias Bruns unter anderem wegen seiner Schüchternheit und seiner Unfähigkeit, sich vor anderen zu artikulieren, durchweg eher ein Mitläufer, eine Randfigur, mitunter überangepasst. Auch während seiner Berufstätigkeit blieb er kontaktscheu und verbrachte seine Zeit am liebsten allein. Engere Beziehungen unterhielt er im Wesentlichen nur zu Familienangehörigen.

Vor diesem Hintergrund kommt der Gutachter zu folgender Einschätzung: Im Laufe der Jahre hat sich der Angeklagte zu einem kontaktgestörten und einzelgängerischen Menschen entwickelt, der darauf bedacht ist, niemand an sich heranzulassen, um seine abnormen sexuellen Vorlieben nicht preisgeben zu müssen. Insbesondere vor Frauen zog er sich zurück. Überhaupt konnte Matthias Bruns Gefühle besser beschreiben, als sie tatsächlich zu spüren. Er besitzt zwar die Fähigkeit, unangenehme oder belastende Ereignisse auszublenden, und wirkt nach außen korrekt und unauffällig, doch erlebt er sich selbst als sozial unsicher, inkompetent und wenig durchsetzungsfähig.

Dennoch gelang es Matthias Bruns nahezu problemlos, ein Doppelleben zu führen, einerseits als ordnungsliebender, korrekter, zuverlässiger und weitgehend unauffälliger Mann, andererseits als derjenige, der ein heimliches Nachtleben pflegt und sich hemmungslos seinen sexuellen Phantasien hingibt.

Schon mit Beginn der Pubertät wurde dem Angeklagten bewusst, dass er sich nicht für Mädchen interessierte wie die anderen Klassenkameraden, sondern vornehmlich für

Jungen und Männer. Später bemerkte er eher zufällig, dass körperliche Berührungen kleiner Jungen bei ihm ein prickelndes Gefühl auslösten. Mit 14, 15 drang schließlich die Erkenntnis zu ihm durch, sexuell anders veranlagt zu sein. Gleichzeitig wurde ihm klar, dass er die Fixierung auf vorpubertäre Knaben um jeden Preis geheim halten wollte. Angesichts dieser von reger Phantasie geprägten Abnormität fürchtete er sich besonders vor seiner Enttarnung und der daraus resultierenden sozialen Ächtung. Deshalb die Morde: Der Angeklagte hat seine Opfer letztlich vor allem getötet, um dem sonst drohenden Gesichtsverlust zu entgehen, weniger wegen der zu befürchtenden Bestrafung.

Die erfolgt schließlich doch, als am 27. Februar 2012 das Urteil gesprochen wird – schuldig im Sinne der Anklage: lebenslange Haft unter Ausschluss einer vorzeitigen Entlassung und anschließende Sicherungsverwahrung. Matthias Bruns wird – wenn überhaupt – erst als alter Mann die letzten Jahre seines Lebens in Freiheit verbringen können.

Matthias Bruns trifft die volle Härte des Gesetzes, weil das Gericht »eine besonders hohe Rückfallgefahr« sieht. Die Tötungen seien aus Verdeckungsabsicht erfolgt, »denn er wusste um die Ächtung seiner Neigungen«.

Der Vorsitzende wendet sich zum Schluss der Urteilsbegründung auch persönlich an den Angeklagten: »Ihnen steht ein langer Leidensweg bevor. Doch unser Rechtssystem sieht immer auch Hoffnung vor. Sie sind und bleiben ein Mensch, gleich was Sie getan haben.«

Diese Worte gelten aber auch Manfred Mohn, der an einem der Verhandlungstage über Matthias Bruns unter anderem Folgendes gesagt hat: »Auch noch mit 65 oder 80 Jahren wird er in der Lage sein, einem kleinen Jungen den Hals zuzudrücken. Ich möchte mit diesem Hinweis nur die Hoffnung ausdrücken, dass diese Kreatur in der Haft sterben wird.«

Einem leidgeplagten Vater möge eine solche Bemerkung nachgesehen werden, so der Vorsitzende, doch im Gerichtssaal hätten humane Maßstäbe zu gelten.

Mit dem Urteil ist das gerichtliche Verfahren abgeschlossen. Matthias Bruns verschwindet für unabsehbare Zeit hinter hohen Gefängnismauern, seine Taten aber bleiben unvergessen – und insbesondere die Eltern der Opfer werden einen Weg finden müssen, das ihrem Kind und ihnen zugefügte Leid zu akzeptieren, ohne ihr Leben darunter begraben zu lassen.

Am 7. März 2012, neun Tage nach der Urteilsverkündung, erhalte ich in den späten Abendstunden eine E-Mail. Absender ist die Familie Mohn. Als ich die Nachricht lese, kommen mir die Tränen. Mir wird mitgeteilt, Manfred Mohn sei »heute Vormittag plötzlich und unerwartet verstorben«.

Seitdem beschäftigt mich eine Frage mehr denn je: Wie viel Leid kann ein Mensch ertragen?

»Er holt dich heut!«

Samstag, 14. August 1982.

Der knallrote VW Käfer hoppelt einsam über die holprige Autobahn, die Sonne geht gerade auf, der nahezu wolkenlose Himmel verspricht wieder einen wunderschönen Tag mit tropisch anmutenden Temperaturen, links fliegen Pinien vorbei, rechts hohe Oleanderbüsche. Nur hin und wieder sieht Heidi Jäger kurze Ausschnitte der kargen Landschaft, die nun immer bergiger wird. Bis zum Grenzübergang Evzoni/Bogorodica sind es nur noch wenige Kilometer.

Heidi Jäger hat einen dreiwöchigen Strandurlaub in Griechenland hinter sich, die 25-Jährige reist allein zurück in die Heimat. Sie ist bereits um 3 Uhr losgefahren, bis nach Rüsselsheim sind es jetzt noch knapp 1900 Kilometer. Heidi Jäger hat sich kurz vor dem Griechenlandtrip von ihrem langjährigen Freund getrennt. Die Trennung hat ihr arg zugesetzt, zumal schon von Heirat und Familie die Rede war. Doch die Affäre ihres Freundes mit einer anderen Frau hat ihr die Augen geöffnet.

Gegen 6.30 Uhr erreicht sie die Grenzstation. Die griechischen Zöllner kontrollieren nur kurz den Reisepass und lassen die junge Frau weiterfahren. Auf der jugoslawischen Seite werden ihr jedoch von den Grenzschutzbeamten Zeichen gegeben, bis zu einem nahen Kontrollpunkt zu fahren. Zwei uniformierte junge Männer mit Maschinen-pistolen auf dem Rücken bitten sie dort, auszusteigen, lassen sich den Pass aushändigen und durchsuchen sorgfältig ihren Wagen.

Als die Zollbeamten ihr nach zehn Minuten den Pass zurückgeben und die Suche in ihrem Wagen aufgeben, erlebt Heidi Jäger eine Überraschung: Ob sie bereit sei, einen Reisenden nach Deutschland mitzunehmen, wird sie in gebrochenem Englisch gefragt. Einer der Grenzer zeigt auf einen jungen Mann, der zwanzig Meter weiter etwas verloren am Straßenrand steht, ohne Gepäck.

Heidi Jäger schaut kurz hinüber zu dem Unbekannten, überlegt einen Moment und lehnt ab. Sie möchte keinen Fremden mitnehmen. Der Beamte lässt aber nicht locker und weist eindringlich darauf hin, die Frau des Mannes habe ihn nach einem Streit an einer Tankstelle kurz hinter der jugoslawischen Grenze einfach stehen lassen und sei davongefahren. Der Mann brauche jetzt unbedingt Hilfe, weil er kein Geld mehr habe und sonst nicht nach Deutschland zurückkehren könne.

Der Grenzpolizist erzählt die Hintergrundgeschichte allerdings mehr im Befehlston, und auch Mimik und Gestik lassen erahnen, dass er eine erneute Absage nicht akzeptieren wird. Heidi Jäger nimmt normalerweise keine männlichen Tramper mit, die Gefahr, vielleicht doch an einen üblen Typen zu geraten, nimmt sie sehr ernst. Erst vor anderthalb Jahren ist ihre jüngere Schwester von einem Autofahrer vergewaltigt worden, der sie nach einem Diskothekenbesuch an einer Landstraße aufgelesen hatte.

Aber jetzt liegen die Dinge anders, überlegt Heidi Jäger. Schließlich ist der Mann in eine Notsituation geraten und benötigt Hilfe. Außerdem ist die Fahrt durch Jugoslawien derzeit eine heikle Angelegenheit, es herrscht Benzinknappheit, und entlang der Autobahnen soll es in der jüngeren Vergangenheit zahlreiche Überfälle auf Urlauber gegeben haben. Da könnte ein Reisebegleiter durchaus nützlich sein. Schließlich ist sie einverstanden, der Mann darf mitfahren.

Heidi Jäger ist ihr großgewachsener und adrett aussehender Begleiter durchaus sympathisch. Thomas Graber stellt sich als 29-jähriger Student der Universität in Hamburg vor. Das sei schon eine verrückte Geschichte, erzählt er kopfschüttelnd und mit versteinerter Miene, seine Frau und er hätten sich während der Autofahrt mal wieder über finanzielle Dinge gestritten, sie habe wenig später an einer Raststätte den Wagen betankt, er sei währenddessen auf die Toilette gegangen, und als er wieder zurückgekommen sei, habe er seinen Augen nicht getraut: weggefahren sei seine Frau, einfach weggefahren, ohne Vorwarnung, ohne ein weiteres Wort.

»Ich hatte so eine Geschichte ein paar Wochen vorher in der Zeitung gelesen, sonst wäre ich da gar nicht drauf gekommen. Die Zöllner haben mir das sofort geglaubt. Ich konnte denen ja schlecht erzählen, dass ich auf der Suche nach einem Opfer war und die Karre endgültig ihren Geist aufgegeben hatte. In Hamburg und Umgebung habe ich zu dieser Zeit nicht mehr nach Frauen gesucht, das war mir zu gefährlich geworden. Da bin ich einfach mal in Richtung Süden gefahren und habe mich treiben lassen. Die Autobahnstrecke von Österreich über Jugoslawien nach Griechenland kannte ich von mehreren Reisen mit meinen Eltern.«

Er habe noch eine Weile auf seine Frau gewartet, dann sei er zu Fuß zum jugoslawischen Grenzposten zurückgelaufen, berichtet Thomas Graber jetzt der jungen Frau neben ihm im Auto. Der unauffällig gekleidete Mann, der seine schulterlangen schwarzen Haare zu einem Zopf zusammengebunden hat, bedankt sich nochmals bei Heidi Jäger, er könne ihre Bedenken durchaus verstehen, versichert er, als attraktive Frau sei sie gewiss von Männern einiges gewohnt.

»Sie war genau mein Typ: ungefähr mein Alter, schlank und große Brüste. Mit flachbrüstigen Frauen kann ich überhaupt nichts anfangen.«

Nach dem Abitur habe er eine Banklehre begonnen, aber schon bald abgebrochen, plaudert der angeblich Zurückgelassene weiter, später habe er zwei Jahre gejobbt, um sich das Geld für ein Elektrotechnikstudium an der Volkshochschule in Hamburg zu verdienen. Sein Vater sei früh gestorben, mit seiner Mutter habe er sich nicht verstanden, deshalb sei er bereits als 18-Jähriger darauf bedacht gewesen, für sich selbst sorgen zu können. Nach dem Studium sei er bei einem Software-Unternehmen untergekommen, anderthalb Jahre später habe man seinen Arbeitsvertrag jedoch nicht verlängert. Deshalb sei er auf die Idee gekommen, in Hamburg Wirtschaft zu studieren, auch weil er in dieser Zeit eine Erbschaft gemacht und genügend Geld zur Verfügung gehabt habe, nachdem seine vermögende Mutter gestorben sei.

»Was ich der Frau über mich erzählt habe, stimmte. Ich musste die Frau gar nicht anlügen. Für mich war klar, dass die stirbt. Für mich war die schon tot.«

Thomas Graber achtet während der Fahrt nicht auf den Verkehr, sondern redet und redet. Heidi Jäger bemerkt gar nicht, dass der nette Beifahrer nicht nach seiner Frau Ausschau hält, auch nicht, als sie an einer Tankstelle halten und einen Kaffee trinken. Und es kommt ihr auch nicht seltsam vor, dass Thomas Graber einen eher fröhlichen Eindruck macht, obwohl er doch erst kurz vorher von seiner Frau so im Stich gelassen wurde.

»Während wir gefahren sind, habe ich mir vorgestellt, was ich mit ihr machen werde: anhalten, bedrohen, ausziehen, vergewaltigen, erwürgen, das Messer nehmen und ihr die Brüste abschneiden. Vielleicht auch den Bauch aufschlitzen.«

Die beiden sind jetzt etwa eine Stunde unterwegs, als Heidi Jäger von sich zu erzählen beginnt. Dass sie im Urlaub einen 36 Jahre alten Hotelmanager kennengelernt hat, der in Köln wohnt. Gut aussehend, gut situiert, eigentlich eine gute Partie. Doch will sie sich noch Zeit lassen, bevor sie eine neue Beziehung beginnt.

»Ich habe ihr gar nicht richtig zugehört, immer nur mit einem Ohr. Ich habe mir überlegt, wie ich weiter vorgehen wollte. Auf der Autobahn konnte ich nichts machen, dafür waren da zu viele Leute. Es war auch noch zu hell. Von der Autobahn runterfahren wäre eine Möglichkeit gewesen, aber dafür gab es keinen Grund. Mir ist dazu auch nichts eingefallen.«

Heidi Jäger schlägt vor, nicht im Auto zu übernachten, sondern in einem Hotel, am besten erst hinter der jugoslawischen Grenze, vielleicht in der Nähe von Graz, die Strecke könne man bis 22 Uhr oder 23 Uhr durchaus schaffen. Thomas Graber ist einverstanden.

»Das war mir ganz recht. Ein Hotelzimmer erschien mir für meine Zwecke besser geeignet. Ich wollte mich an ihr richtig austoben. In ihr Zimmer zu kommen, wäre sicher kein Problem, habe ich gedacht. Ich hatte schon das Gefühl, dass sie mir vertraut.«

Thomas Graber bietet seinem Opfer in spe an, sie für eine Zeitlang als Fahrer abzulösen. Heidi Jäger geht auf das Angebot gerne ein, sie sitzt jetzt seit mehr als neun Stunden bei brütender Hitze hinter dem Steuer und spürt die Müdigkeit. Am nächsten Rastplatz halten sie aber erst einmal, um etwas zu essen, für die Weiterfahrt tauschen sie dann die Plätze. Heidi Jäger macht es sich auf dem Beifahrersitz gemütlich, unterhält sich noch eine Weile mit ihrem Begleiter, doch schon bald übermannt sie der Schlaf.

»Als sie eingenickt war, konnte ich sie mir mal in Ruhe ansehen. Eine wirklich hübsche Frau. Ich konnte mich gar nicht richtig auf den Verkehr konzentrieren, am liebsten hätte ich irgendwo angehalten und wäre gleich über sie hergefallen. Aber das war mir nicht sicher genug. Ich hätte die Situation nicht unter Kontrolle gehabt. Das war mir wichtig.«

Als Heidi Jäger wieder aufwacht, ist etwa eine Stunde vergangen, sie befinden sich jetzt ungefähr fünfzig Kilometer vor Zagreb, bis zur österreichischen Grenze sind es noch anderthalb Stunden Fahrt. Ob sie sich denn in Deutschland mal treffen können, fragt Thomas Graber irgendwann. Heidi Jäger ist nicht abgeneigt, sagt aber nur, dass sie es sich überlegen will. Sie könnten gern am Ende der Reise die Telefonnummern austauschen und dann weitersehen. Abgemacht.

»Ich habe versucht, die Frau über die Gespräche unter Kontrolle zu kriegen. Sie sollte das Gefühl bekommen, dass ich ein netter Typ bin, harmlos.«

Heidi Jäger ist mittlerweile froh, so einen netten und gescheiten Mann kennengelernt zu haben, mit dem sie sich prima unterhalten kann und der ihr auch ein Gefühl von Sicherheit vermittelt.

»Ich hatte die Tat schon im Kopf. Das musste so ablaufen, dass die Frau richtig Panik kriegt. Sie sollte sich vor mir fürchten wie die anderen Opfer auch. Ich wollte die Todesangst in ihren Augen sehen. Die Vorfreude darauf gab mir ein phantastisches Gefühl, einfach so über den Dingen zu stehen und die nach meiner Pfeife tanzen zu lassen. Das musste einfach so sein, weil meine Phantasien auch so waren.«

An der Ausfahrt Graz-Webling verlassen sie die Autobahn, bis zum Hotel Krone sind es nur noch zwei Kilometer. Heidi Jäger kennt das Hotel, sie hat hier vor Jahren einmal übernachtet, als sie mit ihren Eltern aus einem Urlaub in Griechenland zurückkam. Sie findet es selbstverständlich, ihrem Begleiter, der behauptet, sein Portemonnaie im eigenen Wagen gelassen zu haben, das Geld für die Übernachtung vorzustrecken.

»Mein Portemonnaie hatte ich die ganze Zeit in meiner Jacke. Ich habe die Frau angelogen, um meine Geschichte noch glaubwürdiger zu machen.«

Nach dem Einchecken geht jeder auf sein Zimmer, ohne vorher noch etwas zu essen. Es ist jetzt 23.30 Uhr. Da das Restaurant bereits geschlossen hat, muss eben die Minibar herhalten. Aber Thomas Graber ist auch gar nicht hungrig, er giert nach etwas ganz anderem. Nachdem er zur Toilette gegangen ist und sich dort frisch gemacht hat, übt er noch einige Male vor dem Spiegel und zieht das Messer blitzschnell aus seinem Beinhalfter. Es muss gleich alles ganz schnell gehen, will er so erfolgreich sein wie bei seinen anderen Opfern.

Um 23.50 Uhr verlässt er sein Zimmer und steht wenige Herzschläge später vor Heidi Jägers Tür.

Rückblende.
Sonntag, 11. April 1982, 9.13 Uhr.
Hamburg, Einsatzleitstelle der Polizei.

Es meldet sich eine ältere Bewohnerin des Hauses Altonaer Straße 87. Sie hat eben beim Heraustragen des Mülls festgestellt, dass die Wohnungstür ihrer Nachbarin lediglich angelehnt ist, und nach ihr gerufen. Es reagierte aber niemand. Außerdem war an der Türklinke Blut zu erkennen. Weil sie Angst hatte, die Wohnung selbst zu betreten, beschließt sie, die Polizei anzurufen.

Zehn Minuten später bremst ein Streifenwagen vor dem Haus, die Beamten lassen sich von der Nachbarin die Wohnung zeigen. Mit gezogener Pistole betreten die Schutzmänner den Tatort und stoßen im Schlafzimmer auf die Leiche einer Frau, deren Verletzungen so ungewöhnlich und so gravierend sind, dass es den Polizisten den Atem nimmt. So etwas haben sie in ihrer Laufbahn noch nicht gesehen. Die Beamten ziehen sich sofort zurück, um keine eigenen Spuren zu hinterlassen, und informieren die Einsatzleitstelle, die wiederum die Mordkommission alarmiert.

Kurz darauf machen sich zwei Hauptkommissare der Mordkommission auf den Weg ins sogenannte Schanzenviertel. Das etwa 0,4 Quadratkilometer große Areal erstreckt sich über die Stadtteile Sternschanze und Eimsbüttel und wird neben den teils unsanierten Altbauten in seinem Zentrum geprägt von Bars, Restaurants und Modeboutiquen. Das Schanzenviertel gilt als einer der kulturellen Treffpunkte Hamburgs und zieht vor allem Studenten, Künstler und Touristen an.

Erste Recherchen haben ergeben, dass es sich bei dem Opfer um die Mieterin der Wohnung handelt. Christine Löffler ist 45 Jahre alt und hat eine Tochter. Ihr Mann ist anderthalb Jahre zuvor bei einem Verkehrsunfall gestorben. Kurz bevor die Kommissare in die Altonaer Straße einbiegen, passieren sie in der Nähe der dortigen S-Bahn-Station Sternschanze eine Baustelle.

»Auf meinem Weg kam ich so gegen 22 Uhr an einer größeren Baustelle vorbei. Dort wurde grad ein älteres Haus abgerissen. Da

stand auch ein hydraulischer Bagger. An dieser Baustelle stand eine Frau, die ich auf 35 bis 40 geschätzt habe. Sie war allein. Ich bin mit ihr ins Gespräch gekommen. Wir haben uns über den Abbruch des Hauses unterhalten. Die Frau erklärte mir, dass sie den kürzlich verstorbenen Eigentümer, einen Arzt, gut gekannt hat, und erzählte mir dann die Geschichte dieser Familie.

Sie würde öfters von ihrer Tochter besucht, hat die Frau gesagt. Daraus habe ich geschlossen, dass die Frau irgendwo allein wohnt. Wir haben vielleicht 15 Minuten geredet. Da es von der Baustelle her ordentlich staubte, war sonst niemand da. Ich fand die Frau sehr attraktiv. Ich habe zu diesem Zeitpunkt aber nicht darüber nachgedacht, mit ihr etwas anzustellen. Wir haben uns verabschiedet, und ich bin noch weiter spazieren gegangen.«

Das Objekt Altonaer Straße Nummer 87 ist ein Mehrfamilienhaus, in dem sechs Parteien wohnen. Auf der Klingelleiste ganz unten steht »Löffler«. Der Altbau wirkt heruntergekommen, deutliche Risse ziehen sich durch die Fassade, der Putz bröckelt, die Farbe ist an etlichen Stellen abgeplatzt. Von draußen kann man in die Zimmer der Erdgeschossbewohner sehen.

»Ich kam an diesem Haus in der Altonaer Straße vorbei. In einem Zimmer brannte noch Licht. Ich hab mich auf die Zehenspitzen gestellt und konnte hineinsehen. Dort saß eine Frau auf einem Stuhl an einem Tisch, mehr zur Eingangstür hin. Sie war mit irgendwelchen Dingen beschäftigt. Ich habe die Frau gleich wiedererkannt. Es war die Frau, mit der ich eine halbe Stunde vorher an der Baustelle geplaudert hatte. Ich ging weiter und trank noch von dem Bier, das ich mir an einem Kiosk gekauft hatte.«

Die Beamten verschaffen sich zunächst von außen einen Überblick und inspizieren auch den Hinterhof des Gebäudes, der von einem Garagentrakt begrenzt wird.

»Nach etwa einer halben Stunde bin ich die Straße zurückgegangen. Dabei stellte ich fest, dass in dem Haus, in dem ich vorher die Frau gesehen hatte, jetzt kein Licht mehr brannte. Die Frau war wohl ins Bett gegangen. Von der Straße führte ein direkter Weg zum Hinterhof. Ich ging ums Haus herum und bin hinten etwa in Höhe der letzten Garage pinkeln gegangen. Auch an der Rückseite des Hauses war kein Lichtschein wahrzunehmen. Von der Straßenbeleuchtung und durch die Hintertür einer Pizzeria drang aber noch Licht auf den Hof. Im Untergeschoss des Hauses gab es drei Fenster. Das in der Mitte war klein und hatte nur eine Scheibe. Die anderen Fenster hatten zwei Scheiben.

Plötzlich kam ich auf die Idee, in das Haus einzusteigen. Mir ist eingefallen, dass die Frau, die ich auf der Baustelle getroffen hatte, attraktiv war. Jetzt waren auch meine Phantasien wieder da. Ich hab mir vorgestellt, was ich alles mit ihr machen würde, dass sie panische Angst vor mir hätte. Von der Lage her musste sie eigentlich in der Wohnung mit dem kleinen Fenster sein. Als ich darauf zuging, habe ich gesehen, dass die Scheibe unten kaputt ist. Ich konnte von unten ganz einfach hineingreifen.«

Die Ermittler sehen auf dem Hinterhof unter einem kleineren Fenster des Wohnhauses eine dunkelbraune Mülltonne stehen, die offensichtlich nicht dorthin gehört. Denn links neben dem ersten Garagentor sind fünf andere Mülltonnen aufgereiht, die wohl von der Müllabfuhr geleert worden sind. Auf der Mülltonne vor dem Fenster sind mehrere Fragmente von Schuhspuren und ein nahezu vollständig erhaltener Abdruck mit quer verlaufendem Profilmuster zu erkennen.

»An der Hausecke standen ein paar Mülltonnen, eine davon habe ich mir geholt und unter das Fenster gestellt. Ich war jetzt schon ziemlich aufgeregt. Meine Gedanken beschäftigten sich mit der Frau, und ich wusste ja noch nicht sicher, ob ich in der richtigen Wohnung sein würde. Ich bin dann auf die Mülltonne gestiegen.«

Neben der Mülltonne unter dem Fenster sehen die Fahnder eine ungefähr bis zur Hälfte mit Erde gefüllte Holzkiste, in der ein herausgebrochenes Stück Fensterglas liegt. Darauf sind auf beiden Seiten mehrere, teils verwischte Fingerspuren zu erkennen.

»Ich konnte feststellen, dass ein herausgebrochenes Stück Glas nur noch von einer Kunststofffolie gehalten wurde, die von innen auf dem Fenster geklebt hat. Ganz vorsichtig habe ich das Stück Glas herausgenommen und nach unten in die Holzkiste gelegt. Ich hatte vorher vorsichtig hineingegriffen und gefühlt, dass da Erde drin war.«

Das Hoffenster der Opferwohnung ist ein sogenanntes Einfachfenster, wobei der Rahmen aus Aluminium besteht und direkt mit dem Mauerwerk verbunden ist. Das Fenster ist angelehnt und hat lediglich eine Scheibe, der Rahmen ist ungefähr 90 Zentimeter hoch und etwa 70 Zentimeter breit. Am Fensterrahmen ist ein Handflächenabdruck zu erkennen.

»Jetzt konnte ich problemlos durch das Loch greifen. Ich musste einen Hebel umlegen und konnte das Fenster öffnen. Neben dem Fenster führte eine Treppe zum Keller runter. Auf dem Geländer konnte ich mich gut mit einem Fuß abstützen.«

Nachdem festzustehen scheint, wie der Täter in die Wohnung eingedrungen ist, verlassen die Experten den Hinterhof und wollen die Wohnung begehen. Die Schutzmänner, die unterdessen den Vordereingang bewacht haben, versichern ihnen, dass die Wohnungstür bei ihrem Eintreffen angelehnt war.

Der Tatort ist eine Altbauwohnung mit drei Zimmern, Küche und Bad. Im Bad entdecken die Kommissare auf der Fensterbank eine nicht auswertbare Wischspur und zwei Handflächenabdrücke. In der Badewanne sind mittig zwei Schuhabdruckspuren deutlich zu erkennen.

»Ich griff mit meinen Händen durch das geöffnete Fenster. Dann zog ich mich am Rahmen hoch und ging mit meinen Knien auf die Fensterbank. Danach steckte ich meine Beine als Erstes durch das Fenster nach innen. Als ich oben auf der Fensterbank saß, sah ich links etwas Weißes schimmern. Das war die Badewanne. Ich habe meine Beine langsam heruntergelassen. Mit den Händen stützte ich mich auf der Fensterbank ab. Ich trat jetzt auf die Ecke der Badewanne und kam weiter auf den Fußboden. Als ich da ankam, sah ich, dass ich tatsächlich in einem Badezimmer war.«

Auf der Kante der Badewanne liegen eine blaue Hose, ein rotes Hemd und ein BH. Etwa einen halben Meter davor finden die Fahnder ein grünes Einwegfeuerzeug.

»Als ich dann im Badezimmer stand, habe ich mit dem Feuerzeug den Raum ausgeleuchtet. Ich zog meine Jacke aus und legte sie auf den Boden. Das Feuerzeug hatte ich vorher wieder in die Jacke gesteckt, es muss dabei wohl aus der Tasche gefallen sein. Über der Kante der Badewanne hing unter anderem eine Damenstrumpfhose. Jetzt war mir ziemlich klar, dass ich in der Wohnung der Frau war, die ich an der Baustelle getroffen hatte. Ich habe die Strumpfhose in die Hand genommen und in meine Hosentasche gesteckt. Möglicherweise konnte ich die Strumpfhose noch gebrauchen, entweder zum Fesseln der Frau oder zum Töten. Die Badezimmertür war angelehnt. Als ich die Tür öffnete, kam ich in den Wohnungsflur.«

Die Tür zum Schlafzimmer ist weit geöffnet. Den Beamten bietet sich ein grauenhafter Anblick.

»Ich ging jetzt in Richtung der Schlafzimmertür, die einen Spaltbreit offen stand. Im Schlafzimmer habe ich kein Licht angemacht. Vom Hinterhof drang viel Helligkeit herein. Deshalb konnte ich erkennen, dass in dem Schlafzimmer rechts zwei Ehebetten standen. Das Bett zum Fenster hin war glattgestrichen und unbenutzt. Im vorderen Bett zur Tür hin lag die Frau und schlief. Es war die Frau von der Baustelle.«

Vor dem Bett, in dem das Opfer liegt, finden die Ermittler ein drei Meter langes, aus Flachs bestehendes Seil. Ob das Seil aus dem Haushalt des Opfers stammt oder vom Täter mitgebracht worden ist, muss erst recherchiert werden.

»Das Seil hatte ich vorher, als ich im Park spazieren war, gefunden und in die Wohnung mitgebracht. Ich hatte es ins Schlafzimmer mitgenommen, um die Frau eventuell zu fesseln. Das habe ich aber nicht gemacht. Ich habe das Seil dort einfach liegen gelassen.«

Der nackte Leichnam liegt rücklings auf dem Bett, die Beine sind gespreizt. Aus Mund und Nase des Opfers sind geringe Mengen Blut ausgetreten. Am Hals ist die Haut beidseitig abgeschürft, die halbmondförmigen Abschürfungen sind blutunterlaufen. Unterhalb des Kehlkopfes erkennen die Kommissare mehrere Abdruckspuren eines Daumens.

»Die Frau lag auf der rechten Körperseite und drehte mir den Rücken zu. Sie schlief. Ich bin ans Bett herangetreten und rüttelte an ihrer Schulter. Mit einem Mal holte sie tief Luft. Sie wurde wach und drehte sich zu mir hin. Sie wollte anfangen zu schreien, da habe ich ihr blitzartig meine rechte Hand auf den Mund gelegt. Jetzt wollte ich die Frau vergewaltigen. Ich hab ihr befohlen: ›Tu, was ich sage!‹

Die Frau hörte aber nicht auf mich und hat versucht, meine Hand wegzudrücken. Als ihr das gelang, habe ich ihr mit beiden Händen die Luft weggedrückt. Ich habe kräftig zugedrückt. Sie versuchte, mit ihren Fingern in mein Gesicht zu kommen, um mich zu kratzen. Dadurch wurde ich auch an der linken Nasenseite und an der linken Wange verletzt. Die Kratzwunden fingen sofort an zu bluten. Mit den Händen und Armen klemmte die Frau meine Arme und mein Gesicht ein. Sie war richtig verkrampft dabei. Der Kampf mit ihr ging bestimmt einige Minuten so. Sie zappelte auch mit Armen und Beinen. Dann wurde sie allmählich ruhig und bewegungslos. Durch das Gerangel hatte die Frau ihre Lage verändert. Sie lag fast quer über dem

Bett. Das linke Bein hing schon über der Bettkante. Ich habe sie dann wieder in die Bettmitte gezogen.«

Im Gesicht der Toten sind massive Verletzungen unterhalb des rechten Auges sowie an Nase und Mund zu erkennen, die hämatomartigen Charakter haben.

»Als sich die Frau gewehrt hat, habe ich ihr blindlings ins Gesicht geschlagen, immer wieder einfach drauf, ich wollte unbedingt, dass die ruhig ist.«

Um den Hals des Opfers ist eine Damenstrumpfhose geschlungen, darunter kommt eine entsprechende tiefgehende Strangulationsfurche zum Vorschein.

»Ich habe mich an der linken Körperseite der Frau mit meinem rechten Knie auf dem Bett hingekniet. Mein linkes Bein habe ich gegen die Wand neben der Tür abgestützt. Ich nahm die Strumpfhose aus meiner Hosentasche und legte sie der Frau um den Hals. Ich machte einen Knoten und zog kräftig zu. Ich wollte sichergehen, dass sie auch wirklich tot ist.«

An der rechten Schulter des Leichnams sehen die Ermittler einen kreisrunden Bluterguss.

»Die Frau hat sich wie wahnsinnig gewehrt. Als ich mir nicht mehr anders zu helfen wusste, habe ich sie gebissen. Wohin genau, weiß ich nicht, irgendwo im Schulterbereich muss das gewesen sein. Ich wollte dadurch erreichen, dass sie aufhört, mich zu umklammern.«

Keinen halben Meter vom Bett entfernt liegt ein zerfetztes weißes Nachthemd.

»Die Frau trug ein Nachthemd. Als der Kampf vorbei war, fasste ich das Nachthemd am vorderen Teil und riss es der Frau vom Leib.«

Das Bettlaken hat auf Brusthöhe der Leiche massive Blutflecken. Auch an der Wand sind Blutspritzer.

»Ich kniete jetzt neben ihr und hielt das Messer in meiner Hand. Ich hob meinen rechten Arm und ließ die Messerspitze noch einen Augenblick über dem Körper der Frau schweben. Dann habe ich kräftig zugestoßen. Die Klinge drang ohne Widerstand in den Bauch der Frau ein. Ich erinnere mich, dass jetzt Blut aus der Stichwunde nach oben und gegen die Wand neben dem Körper spritzte. Als das Blut ausströmte, wurde auch meine rechte Hand besudelt. Das habe ich in dem Moment aber gar nicht mitgekriegt.«

Besonders schockierend beim Anblick der Leiche: Neben ihrem brutal zugerichteten Kopf liegt die abgetrennte rechte Brust des Opfers. Die linke Brust ist geradezu übersät mit Schnittwunden, dazwischen große, tiefgehende Einstiche.

»Die Frau schien mir jetzt tot zu sein. Ich wollte sie eigentlich vergewaltigen, aber nach dem anstrengenden Kampf hatte ich keine Lust mehr. Dafür kam mir nun der Gedanke, noch brutaler zu sein. Das konnte ja nicht schon alles gewesen sein. In meiner Phantasie hatte ich mir häufiger vorgestellt, wie es sein könnte, wenn ich eine Frau mit einem Messer bearbeiten würde.

Ich bin dann mit dem Messer an die Frau herangetreten und schnitt mit der scharfen Klinge problemlos in ihre rechte Brust. Gleich beim Ansetzen des Messers kamen wenige Blutstropfen zum Vorschein. Ich schnitt die Brust ab und hielt sie in meiner linken Hand. Dann schaute ich sie mir genau an. Danach legte ich sie neben die Leiche. Es war aber erst gar kein besonderes Gefühl, das ich dabei hatte. Deshalb schnitt ich danach auch an der anderen Brust herum, ohne sie ganz abzutrennen. Dabei wurde das gute Gefühl allmählich stärker.«

Auch der Unterleib des Opfers ist voller Schnitt- und Stichverletzungen, mittendrin ein Messer, von dem nur der Knauf zu sehen ist. Teilweise sind die Gedärme ausgetreten.

»Dann nahm ich das Messer und säbelte an der Frau rum. Ich habe mehrmals in den Unterkörper der Frau gestochen und das Messer dort stecken gelassen. Ich weiß nur noch, dass ich wie ein Metzger arbeitete. Ob Eingeweide ausgetreten sind, weiß ich nicht mehr. Es war wie im Rausch. Auch daran, was ich dann genau noch gemacht habe, kann ich mich nicht mehr erinnern.«

Unmittelbar vor dem unbenutzten Bett liegt ein Paar knielanger schwarzer Damenstiefel.

»Die Damenstiefel hatte ich mir aus dem Flurschrank geholt, nachdem die Frau von mir getötet worden war. Ich hatte mir vorgestellt, der Frau die Stiefel anzuziehen. Diese Vorstellung hat mich ziemlich aufgeregt. Ich weiß gar nicht mehr warum, aber ich habe es dann doch nicht gemacht.«

Den Ermittlern fällt auf, dass der Slip der Frau fehlt. Entweder hat sie beim Schlafen gar keinen getragen, oder aber der Täter hat ihn mitgenommen, vermuten die Beamten.

»Den Slip habe ich der Frau runtergerissen und erst neben sie aufs Bett gelegt. Später habe ich ihn eingesteckt und mit nach Hause genommen. Dort habe ich ihn aufbewahrt und mich immer wieder mal damit beschäftigt.«

Aufgrund der außergewöhnlichen Verletzungen gehen die Beamten davon aus, dass das Motiv des Täters in erster Linie darin bestand, perverse Gewalt- und Tötungsphantasien auszuleben.

»Ich hatte eigentlich zwei Gründe, die Frau zu töten. Sie hatte mich natürlich wiedererkannt. Deshalb musste ich damit rechnen, dass sie mich bei der Polizei anzeigen und verraten würde. Das wollte ich auf jeden Fall vermeiden. Das war der Hauptgrund. Und als sie dann tot war, konnte ich meine Phantasien ausleben. Ich bin mir heute aber nicht mehr sicher, was der ausschlaggebende Grund war, ob ich sie nicht doch eher getötet habe, um ihren Körper bearbeiten zu können.«

Alle Zimmer werden über einen mittig verlaufenden Flur erreicht. Dort steht etwa einen Meter vor der Wohnungstür ein massiver brauner Eichenschrank, dessen Schubladen teilweise herausgezogen wurden. Vor dem Schrank liegen zwei Halstücher und ein Notizbuch. An einem der Hals-

tücher und an dem Notizbuch befinden sich rötliche An-
haftungen, vermutlich Blut.

»Ich ging in den Flur und habe dort aus dem Schrank, der etwa
gegenüber der Badezimmertür an der Wand stand, Schubladen geöffnet. In einer der Schubladen lagen Halstücher und ein Notizbuch.
Die Sachen habe ich rausgenommen und auf den Boden gelegt. Wert-
sachen habe ich nicht gefunden. Ich habe aber auch nach anderen
Sachen gesucht, zum Beispiel Fotos der Frau.«

Auf dem Flurboden steht neben der Badezimmertür eine
fast leere Flasche Wein, Finger- oder Blutspuren sind darauf nicht zu erkennen. Neben der Weinflasche liegt eine
filterlose und nur zur Hälfte gerauchte Zigarette der Marke
Reval.

»Ich bin zurück ins Wohnzimmer. Mir war jetzt nämlich eingefallen, dass ich schon ganz zu Anfang im Wohnzimmer eine Weinflasche hatte stehen sehen. Ich habe die Flasche genommen, mich vor
den Spiegel im Flur gesetzt und einen Schluck getrunken. Dann habe
ich mir eine Zigarette angezündet und geraucht. Zwischendurch habe
ich ein paar Schlucke Wein genommen. Ich war nach dem Kampf
mit der Frau ziemlich kaputt und brauchte jetzt eine Pause. Meine
Fingerabdrücke auf der Weinflasche habe ich mit einem Halstuch
abgewischt.«

Am Spiegel des Flurschranks machen die Ermittler eine
bemerkenswerte Entdeckung. Dort stehen untereinander
zwei Sätze geschrieben, offenbar mit rotem Lippenstift und
in Druckbuchstaben: »ER HOLT DICH HEUT! ER HOLT
DICH HEUT!«

»Ich kam auf die Idee, als ich den Wein trank und rauchte. Da fiel
mir die Szene aus dem Film ›Halloween‹ ein, als Michael Myers die
Opfer jagt und sagt: ›Er holt dich heut! Er holt dich heut!‹ Ich fand,
das passte ganz gut zu der Szene vorher zwischen der Frau und mir.
Deshalb bin ich ins Bad und habe mir dort aus einem Schrank einen

Lippenstift geholt. Durch den Spruch am Spiegel wollte ich aber auch erreichen, dass man den Täter für wahnsinnig hält.«

Die Ermittler betreten die Küche. Dort steht mitten im Raum ein brauner Holztisch, auf dem eine schwarze Handtasche liegt, die offenkundig durchwühlt worden ist. Daneben eine geöffnete, leicht blutverschmierte Geldbörse, in der sich nur Münzgeld befindet.

»Ich bin in die Küche gegangen, um mich dort ein wenig umzuschauen. Ich knipste das Licht an. Auf dem Tisch sah ich die Handtasche liegen. Ich habe nachgesehen und ein Portemonnaie gefunden. Darin waren neben etwas Kleingeld ein 50-Mark-Schein und ein 20-Mark-Schein. Ich habe nur die Scheine herausgenommen und in meine Hosentasche gesteckt.«

Auf dem Küchentisch liegen außer der Handtasche noch ein angebissener Apfel, eine aufgerissene Schachtel Kekse und eine angefangene Packung Kaugummi.

»Die Sachen habe ich in der Küche gefunden. Nachdem ich sie umgebracht hatte, war ich hungrig. Erst habe ich im Kühlschrank geguckt, aber da war nichts, was ich essen wollte. Auf der Ablage des Küchenschranks fand ich dann den Apfel und die Kekse. Der Apfel hat mir aber nicht geschmeckt, deshalb habe ich ihn auf dem Tisch liegen gelassen. Von den Keksen habe ich so fünf oder sechs gegessen. Danach habe ich aus einer Flasche Mineralwasser getrunken, die im Kühlschrank stand, und sie anschließend zurückgestellt. Dann habe ich mich wieder an den Küchentisch gesetzt und mir einen Kaugummi genommen. Die Kaugummis waren von mir, ich muss die Packung wohl in der Küche vergessen haben.«

Das Wohnzimmer liegt schräg gegenüber der Küche. Die Kommissare stellen zunächst fest, dass der Fernseher noch läuft, nur der Ton ist ausgeschaltet. Zu sehen ist im ersten Programm die Dokumentation »Das Mittelmeer«.

»Ich habe mich in der Wohnung noch etwas aufgehalten, und zwischendurch kam mir die Idee, fernzusehen. Was ich mir angeschaut habe, weiß ich nicht mehr genau, aber es war schon ein prickelndes Gefühl, da zu sitzen, und nebenan liegt eine Leiche.«

Der Wohnzimmerschrank ist offenkundig durchsucht worden, denn manche der Schubladen und diverse Kleidungsstücke liegen auf dem Boden.

»Der Schrank war ziemlich dunkel und hatte im vorderen Teil zwei Schiebetüren aus Glas. Ich habe die Schubladen rausgezogen und durchwühlt. Ich fand Papiere, Handtücher und Handschuhe, alles Zeug, das ich nicht gebrauchen konnte. Teilweise legte ich die Sachen in die Schubladen zurück oder ließ sie vor dem Schrank liegen. Mitgenommen habe ich nichts.«

Im Flur ist rechts neben der Badezimmertür, etwa in Kopfhöhe, ein Schlüsselbrett befestigt, an dem jedoch nur ein Schlüssel hängt. Wie sich später herausstellen wird, der Kellerschlüssel.

»An einem Schlüsselbrettchen im Flur hingen zwei Schlüsselbunde. Einer der Schlüssel war dem Aussehen nach der Zündschlüssel für einen Pkw. Ich ging zurück in die Küche und schaute im Portemonnaie der Frau nach und fand den Fahrzeugschein. Ich wusste also, nach welchem Auto ich suchen musste.

Die Eingangstür der Wohnung war nicht verschlossen, die Schlüssel steckten von innen. Ich zog den Schlüsselbund ab und ging in den Hausflur. Die Wohnungstür habe ich nur angelehnt, dadurch wollte ich vermeiden, dass jemand auf mich aufmerksam wird. An dem Schlüsselbund war auch der Haustürschlüssel. Ich habe aufgeschlossen und ganz vorsichtig rausgeschaut. Von der Haustür ging ich leise zum Haus gegenüber und tat so, als würde ich gerade aus diesem Haus kommen.«

An der inneren und äußeren Klinke der Wohnungstür sind Blutspuren zu sehen. Ein sehr ähnliches Spurenbild befindet sich ebenfalls an der inneren Klinke der Haustür.

»Als ich wegging, sind mir nur wenige Leute begegnet. Ich hatte meine Hände in die Hosentaschen gesteckt und bin den Leuten ausgewichen. In der Wohnung der Frau hatte ich mich nicht gewaschen. Erst als ich einen halben Kilometer gelaufen war, bemerkte ich das Blut an meinen Händen. Ich ging noch etwa 300 Meter weiter bis zu einem Brunnen und habe mir dort die Hände gewaschen.

Da fiel mir der Wagen wieder ein. Den hatte ich in der Aufregung ganz vergessen. Ich bin also wieder zurückgelaufen und fand den Wagen, der auf einem Parkstreifen stand. Die Fahrertür habe ich ohne Schwierigkeiten aufbekommen. Dann versuchte ich, den Wagen zu starten. Der Motor rührte sich aber nicht. Drei- oder viermal habe ich es noch versucht, aber es klappte nicht. Ich hab angenommen, der Wagen wäre kaputt. Ich bin ausgestiegen und weggegangen. Den Autoschlüssel habe ich in den nächsten Gully geworfen.«

Wer so eine Tat begeht, der verübt auch eine weitere – oder hat es bereits getan, schlussfolgern die zwölf Ermittler, die nun der Soko »Sternschanze« angehören. Aus diesem Grund werden unter anderem alle bundesweit abgesetzten Fernschreiben der letzten fünf Jahre recherchiert und ausgewertet, die eine ähnliche Tatbegehungsweise beschreiben.

»Wie die Opfer aussahen, war mir im Grunde egal. Sie mussten aber große Brüste haben. Ältere Frauen hätte ich nicht genommen, Kinder auch nicht. Ein Messer spielte für mich eine große Rolle. Ich weiß nicht mehr, wie ich darauf gekommen bin, aber ich habe viele Jahre lang Videofilme geguckt, und die Szenen, wo Frauen abgestochen wurden, haben mich fasziniert. Erst habe ich Messer in meine Phantasien eingebaut, dann wollte ich das auch irgendwann machen.«

Nach tagelangem Auswerten der Fernschreiben und Diskutieren der Tatschilderungen bleibt letztlich nur ein Tötungsdelikt übrig, das in Frage kommt, verübt am 19. November 1981 in Norderstedt, einer Kleinstadt im Kreis Segeberg im Süden Schleswig-Holsteins, unmittelbar an Hamburg grenzend.

Opfer war eine 28-jährige geschiedene Kellnerin mit zwei schulpflichtigen Töchtern, 6 und 8 Jahre alt. Ihr Leichnam wurde im Wohnzimmer gefunden. Einbruchsspuren konnten weder an der Haus- noch an der Wohnungstür festgestellt werden.

»Ich habe die Frau bei meinem einzigen Besuch in einer Diskothek kennengelernt. Sie erzählte mir auch von ihren Kindern und dem Ärger mit ihrem Mann. Daher wusste ich auch, an welchen Tagen die Kinder beim Vater waren. Wir haben uns danach noch einmal zufällig in der S-Bahn wiedergesehen und uns locker verabredet. Deshalb war sie auch nicht überrascht, als ich an dem Abend bei ihr aufgetaucht bin.«

Der Leichnam lag mit gespreizten Beinen auf dem Boden, Brüste und Vagina waren entblößt. Der Täter hatte dem Opfer mehrfach ins Gesicht geschlagen und mit einem spitzen Gegenstand mindestens zehnmal in den Hals gestochen.

»Die Nagelschere hatte ich mir aus dem Badezimmer geholt. Ich war richtig sauer geworden, weil sie sich so heftig gewehrt hatte. Und dann habe ich zugestochen. Als sie endlich ruhig war, bin ich in die Küche und habe mir das Küchenmesser geholt und habe es ihr in den Bauch gerammt. Danach habe ich ihre Bluse und den BH hochgeschoben und Rock und Strumpfhose runtergerissen. Dann habe ich an ihr rumgefummelt.«

Todesursächlich war ein Messerstich, der die Leber, das Zwerchfell und die rechte Lunge durchbohrt hatte. Das Opfer verblutete nach innen. Würgemale am Hals deuteten auf einen vorherigen Kampf hin.

»Ich habe sie gefragt, ob ich nicht etwas zu trinken bekommen könnte. Als sie aufstand und mir den Rücken zudrehte, bin ich hinterher und habe sie mit beiden Händen von hinten gewürgt. Dann habe ich sie zu Boden gedrückt und von vorne gewürgt, bis sie sich nicht mehr bewegt hat.«

Dass es sich in beiden Fällen um denselben Täter handeln könnte, leiten die Ermittler aus folgenden Übereinstimmungen ab: Beide Opfer wurden in ihren Wohnungen angegriffen, zunächst gewürgt und später erstochen; beide Messer steckten bis zum Schaft im Oberkörper der Frauen; beide Opfer erlitten erhebliche Gesichtsverletzungen und wurden nicht vergewaltigt; in beiden Fällen trank der Täter am Tatort aus einer Weinflasche und rauchte filterlose Zigaretten der Marke Reval.

»Manchmal habe ich mir die Mühe gemacht, meine Spuren zu verwischen, manchmal aber auch nicht. Im Grunde war es mir auch egal, die hatten ja nichts von mir, ich war mit der Polizei vorher nie in Kontakt gekommen.«

Letzte Zweifel an der Serientäterschaft beseitigen die an den Tatorten gefundenen und auswertbaren Fingerspuren, die übereinstimmen und aufgrund ihrer Lage nur vom Mörder stammen können: in Norderstedt an einer Schublade des Küchenschranks, in Hamburg am Spiegel im Flurschrank.

Die Kripo Hamburg forciert nun die Ermittlungen und gründet eine 25-köpfige Sonderkommission. Zunächst wird intensiv im sozialen Umfeld des Norderstedter Opfers nachgeforscht, denn die Frau hat den Täter in die Wohnung gelassen und dürfte ihn somit gekannt haben. 46 Männern werden in den folgenden Tagen und Wochen ihre Fingerabdrücke abgenommen, doch sie stimmen nicht mit denen des Täters überein.

Bei der Überprüfung von polizeibekannten Sexualstraf-
tätern der Region stoßen die Fahnder zwar auf mehrere
Männer, die kein Alibi vorweisen können, doch auch sie
müssen als unverdächtig gelten, nachdem ihre Fingerabdrücke mit den Tatortspuren verglichen worden sind.
Zweieinhalb Monate nach der Tat wird die Soko schließlich
aufgelöst, 348 Spuren sind überprüft worden – ohne Erfolg.

Samstag, 14. August 1982.
Thomas Graber steht im zweiten Stock des Hotels Krone
vor Heidi Jägers Zimmertür und sammelt sich. Es ist jetzt
23.50 Uhr. Er überlegt noch, was jetzt am besten zu tun ist.
*»Ich war mir plötzlich nicht mehr sicher, ob mein Plan funktio-
nieren würde. Es ging in erster Linie darum, in das Zimmer rein-
zukommen.«*
Er zieht sein Messer und schneidet sich in den Daumen.
Ein wenig Blut tritt aus. Dann steckt er das Messer wieder
weg und klopft an die Tür. Keine Reaktion. Er klopft noch
einmal, diesmal energischer. Thomas Graber erkennt
durch den Türschlitz, dass im Zimmer eben das Licht an-
geknipst worden ist.
Nachdem Thomas Graber sich zu erkennen gegeben hat,
öffnet Heidi Jäger, nur mit einem Bademantel und Badelatschen bekleidet. Sie schaut sich die Verletzung kurz an,
kramt in ihrem Kulturbeutel, zieht ein Pflaster heraus und
klebt es auf Thomas Grabers Wunde.
Erst als Heidi Jäger ihrem Mitreisenden ins Gesicht sieht,
bemerkt sie eine deutliche Veränderung an ihm: Sein Blick
ist nicht so freundlich wie sonst, sondern durchdringend,
lauernd, fordernd. Er bückt sich kurz, und plötzlich hat er
ein Messer in der Hand.
Heidi Jäger soll sich ausziehen, fordert er und fuchtelt

mit dem Messer vor ihrem Gesicht herum. Sie denkt aber gar nicht daran und fragt Thomas Graber vielmehr, was denn in ihn gefahren sei, ob er sich mit ihr einen üblen Scherz erlauben wolle. Er schüttelt den Kopf, kommt einen Schritt näher und gibt ihr mit dem Messer zu verstehen, dass sie mit dem Ausziehen beginnen soll.

»Das ging überhaupt nicht gut los. Sie reagierte eigentlich gar nicht auf meine Drohung. Statt Panik in ihren Augen war da so etwas wie Verständnis. Die schien mit mir auch irgendwie Mitleid zu haben. Damit hatte ich nun überhaupt nicht gerechnet. Damit konnte ich gar nichts anfangen. Das kam in meiner Phantasie nicht vor. Im ersten Moment wusste ich gar nicht, was ich machen sollte.«

Thomas Graber droht Heidi Jäger, sie zu töten und ihr die Brüste abzuschneiden, sollte sie sich nicht bald fügen. Doch Heidi Jäger zeigt sich weiterhin äußerlich unbeeindruckt und bietet ihm an, mit ihr über seine Probleme zu sprechen. Thomas Graber schaut sein Opfer eine Zeitlang unverwandt an, er fühlt sich jetzt in seiner Rolle als Täter nicht mehr wohl.

»Das war schon eine komische Sache. Ich stand mit dem Messer in der Hand da und bedrohte sie, hatte schon zwei Frauen auf dem Gewissen und kam jetzt mit dieser Situation nicht klar. Ich hatte meine Gefühle nicht mehr unter Kontrolle. Und dann war auf einmal bei mir die Luft raus.«

Heidi Jäger spürt, wie sie langsam Oberwasser bekommt, setzt sich auf ihr Bett und gibt Thomas Graber Zeichen, er möge doch neben ihr Platz nehmen. Dann bietet sie ihm mit leiser Stimme an, über seine Nöte zu sprechen, alles herauszulassen. Nach einem kurzen Moment des Zögerns steckt er das Messer zurück in das Beinhalfter und setzt sich neben Heidi Jäger, die ihm sanft den Arm um die Schultern legt. Und dann beginnt Thomas Graber bitterlich zu weinen.

»Ich war total überfordert und kam mir in dem Moment so jämmerlich vor. Dass diese Frau vor mir keine Angst hatte und mit mir auch noch über meine Probleme reden wollte, das hat mich total überrascht und mir vor Augen geführt, was ich eigentlich für ein armes Würstchen war. Da gab es für mich nur noch eine Entscheidung.«

Als Thomas Graber sich wieder im Griff hat, schaut er Heidi Jäger noch kurz in die Augen und verlässt kurzentschlossen den Raum. Er hetzt auf sein Zimmer, rafft die wenigen Habseligkeiten zusammen und verlässt fluchtartig das Hotel.

»In dem Moment wusste ich nicht, wo ich eigentlich hin wollte. Ich wollte einfach nur aus dieser Situation raus, weg, einfach nur weg.«

Thomas Graber läuft zurück bis zur Autobahn und lässt sich dort von einem Lkw-Fahrer mitnehmen. Die Reise geht bis in die Nähe von Nürnberg. Mit öffentlichen Verkehrsmitteln fährt er ins Zentrum der Stadt und versorgt sich dort mit Lebensmitteln. Er hat kein bestimmtes Ziel vor Augen, treibt sich herum und vertrödelt die Zeit. Am frühen Nachmittag verschlägt es ihn in den Stadtpark am Feldbornberg, eine etwa 19 Hektar große Grünanlage im Nordosten Nürnbergs.

»Ich hatte mir bei Aldi etwas zu essen gekauft. Das Geld war mir ausgegangen, ich hatte nur noch ein paar Mark. Weil es an diesem Tag sehr heiß war, ging ich in den Stadtpark. Dort hielt ich mich auch an einem Pavillon auf. Plötzlich sah ich eine Frau, die unterhalb des Pavillons auf einem Weg aus der gleichen Richtung kam, aus der ich vorher gekommen war.«

Die waldähnlichen Parkanlagen werden teilweise von Wällen, Mauern und Gräben durchzogen, man kann das gesamte Gelände auf ausgebauten Fußwegen durchwandern. Auf einem dieser Wanderpfade ist gegen 14.30 Uhr Hedwig Brunner unterwegs. Die 53-jährige Inhaberin eines Restaurants will einen Arzttermin wahrnehmen und nimmt eine Abkürzung durch den Stadtpark.

»Die Frau war sehr gut gekleidet und hatte eine Tasche in der Hand. Ich ließ sie an mir vorbeilaufen und bin ihr gefolgt. Mir kam nun der Gedanke, dass ich mir von dieser Frau das dringend benötigte Reisegeld besorgen könnte. In diesem Moment ging es mir nur um das Geld.«

Als Thomas Graber Hedwig Brunner erreicht hat, zieht er sein Messer aus dem Beinhalfter, umfasst sie mit dem linken Arm, hält der Frau den Mund zu und drückt ihr sein Messer unter das Kinn. So schiebt er die völlig verdutzte Frau vor sich her und droht: »Du brauchst dir nichts einzubilden, ich mach dich tot, wenn du nicht machst, was ich sage!«

»Die Frau fing an zu schreien, nachdem ich die Hand ein wenig von ihrem Mund weggenommen hatte. Ich habe sie von dem Weg nach rechts hinter einen Erdwall gezerrt. Die Frau hat sich die ersten paar Meter gewehrt, so dass ich sie schieben musste.«

Hedwig Brunner erkennt die wilde Entschlossenheit des Mannes und gibt ihren Widerstand auf. Sie geht vor dem Mann her, der ihr weiterhin Angst macht: »Keinen Ton, ich mach dich kalt, ich mache keinen Spaß!«

»An einer geeigneten Stelle drückte ich die Frau gegen eine Böschung und forderte sie auf, sich auszuziehen. Sie hat ihren Rock und ihre Bluse ausgezogen, wobei ich nachhelfen musste.«

Thomas Graber legt den Rock der Frau auf den Boden und fordert sie auf, die übrigen Kleidungsstücke ebenfalls auszuziehen. Als Hedwig Brunner nackt vor ihm steht, befiehlt er ihr, sich auf den Rock zu legen.

»Als ich sie so nackt vor mir sah, wurde ich sexuell erregt. Ich habe

meine Hose aufgemacht und sie etwas heruntergezogen. Dann habe ich versucht, mit ihr den Geschlechtsverkehr auszuüben. Das klappte aber nicht.«

Hedwig Brunner versucht, den Mann in ein Gespräch zu verwickeln. Sie erzählt dabei auch von einer Operation, der sie sich unterzogen habe und wegen der sie mit Männern keinen Sex mehr haben könne. Sie fragt ihren Peiniger auch, warum er sich nicht an jüngere Frauen hält. Seine Antwort: »Das kannst du immer noch!«

»Ich habe mich jetzt selbst auf den Rücken gelegt, um so besser in sie eindringen zu können. Vorher habe ich das Messer in den Boden gesteckt. Während der Tat habe ich sehr viel mit ihr geredet. Ich befahl ihr, sich auf mich zu setzen. Den Geschlechtsverkehr konnte ich aber trotzdem nicht ausführen.«

»Los, nimm meinen Schwanz in die Hand und hol mir einen runter! Mach schon!« Hedwig Brunner gehorcht. Währenddessen durchsucht Thomas Graber die neben ihm liegende Tasche der Frau. Hedwig Brunner nimmt, als sie den Mann abgelenkt glaubt, all ihren Mut zusammen, greift beherzt nach dem im Boden steckenden Messer und schleudert es in das Gebüsch vor ihr.

»Die hat das Messer weggeworfen und fing an zu schreien. Da habe ich ihr eins in die Fresse gehauen und den Mund zugehalten. Dann habe ich die Strumpfhose genommen und sie ihr um den Hals geschlungen, fest zusammengezogen und verknotet. Ich wollte die Frau jetzt töten.«

Thomas Graber drosselt die sich heftig wehrende Frau so lange, bis sie sich nicht mehr regt. Als er sicher ist, das Opfer getötet zu haben, zieht er seine Hose wieder hoch, schaut nochmals in der Handtasche der Frau nach, findet 50 Mark und nimmt das Geld. Aber er entdeckt noch einen Gegenstand, der ihn auf eine Idee bringt.

»Im Seitenfach der Handtasche fand ich noch ein Klappmesser. Da kam mir die Idee, die Frau damit noch zu bearbeiten. Ich habe das Messer aufgeklappt und an ihrem Oberkörper rumgesäbelt, auch an den Brüsten hab ich geschnitten. Aber irgendwie machte das keinen richtigen Spaß. Da habe ich es sein gelassen.«

Sein Messer, das die Frau eben weggeworfen hat, vermutet Thomas Graber in einem nur ein paar Meter entfernten Gebüsch und findet es dort auch. Das blutbesudelte Klappmesser des Opfers verbuddelt er zwischen den Sträuchern.

»Plötzlich hörte ich Stimmen. Ich geriet in Panik und lief davon. Am Ausgang des Parks sah ich neben einem Blumengeschäft einen blauen Mercedes stehen, der Motor lief. Es saß aber keiner im Wagen. Da hab ich mich an den Wagen herangeschlichen, bin eingestiegen und losgefahren.«

Wenige Stunden später wird er von einem Funkstreifenwagen der Autobahnpolizei Hannover kontrolliert. Weil der Mercedes mittlerweile zur Fahndung ausgeschrieben worden ist, wird Thomas Graber festgenommen. Bei seiner Vernehmung gibt er den Autodiebstahl gleich zu und ist auch damit einverstanden, dass bei ihm Fingerabdrücke genommen werden. Schließlich wird er wieder auf freien Fuß gesetzt, weil der Staatsanwalt glaubt, es mit einem rechtstreuen und unbescholtenen Bürger zu tun zu haben, der sich in einer finanziellen Notlage zu der Tat hat hinreißen lassen.

»Sechs Tage später standen sie dann bei mir auf der Matte. Die Kripo hatte meine Fingerabdrücke mit den Spuren an den Tatorten verglichen. Da gab es nichts zu leugnen. Im Präsidium habe ich gleich reinen Tisch gemacht.«

Ich interessierte mich für diesen Fall, weil ich herausfinden wollte, wie ein bis zu seinen Taten nach außen aggressionsloser Mensch, der schon als Kind und Jugendlicher nichts anderes als brav, strebsam und folgsam gewesen war, derart grausame Verbrechen begehen konnte: ohne sichtbare Vorzeichen, eruptiv, äußerst brutal, geradezu roboterhaft, obendrein skrupellos und ohne jede Reue.

Der erste Brief, den ich Thomas Graber schrieb, blieb unbeantwortet. Der zweite, sechs Monate später, ebenfalls. Schließlich bekam ich doch Nachricht, knapp ein Jahr nach meiner ersten Kontaktaufnahme. Er habe so lange gezögert, erläuterte mir Thomas Graber in seinem halbseitigen Schreiben, weil er ein sehr zurückhaltender Mensch sei und sich einfach nicht getraut habe. Mittlerweile habe er jedoch zwei meiner Bücher gelesen und könne sich vorstellen, mit mir ein Gespräch zu führen.

Ich traf Thomas Graber im zeitlos anmutenden Besuchsraum (dort gab es nur zwei klapprige Holzstühle und einen Tisch) einer Justizvollzugsanstalt. Er machte in unserem zweieinhalbstündigen Gespräch einen eher distanzierten, gemütsarmen, mitunter etwas phlegmatischen Eindruck, immer wieder mal wurde seine ängstliche Grundstimmung erkennbar, seine Unzufriedenheit mit sich selbst, aber auch Gefühle der eigenen Minderwertigkeit und Einsamkeit. Wenn er mit sich und seinem Schicksal haderte, umspielte seine Lippen dieses für ihn typische selbstmitleidige Lächeln. Auf der anderen Seite beeindruckte er mich mit seiner neurotisch eingefärbten Bereitschaft, Intimstes preiszugeben und sich zu seiner eigenen Unzulänglichkeit zu bekennen. Er sprach leise, aber mit fester Stimme. Allerdings entstand bei mir zu keinem Zeitpunkt der Eindruck, mein Gesprächspartner könnte seine Taten bereut haben.

»Die Sachen sind halt passiert. Damit muss man klarkommen.

Ich kann nicht sagen, dass mir die Opfer leidgetan hätten. Heute sehe ich das etwas anders. Ich habe schwere Schuld auf mich geladen, das ist richtig. Aber trotzdem kann ich für die Frauen, die ich getötet habe, kein Gefühl empfinden. Da ist einfach nichts.«

Spurensuche Elternhaus: Der Ausgangspunkt für seine hochabnorme Entwicklung dürfte auch in der ambivalenten und als unbefriedigend erlebten Beziehung zu seinen Eltern zu suchen sein: Die Mutter hatte nach seiner Aussage innerhalb der Familie – Thomas Graber hat noch einen drei Jahre älteren Bruder – die dominante Rolle und verbreitete eine überaus autoritäre Atmosphäre.

»Wenn meine Eltern sich gestritten hatten, war sie danach tagelang nicht ansprechbar. Sie bestrafte meinen Vater mit Schweigen. Sie legte sehr großen Wert auf Ordnung und Disziplin. Erst musste ich meine Pflichten erfüllen, dann durfte ich spielen. Wenn ich nicht gehorchte, gab es was auf die Finger oder ins Gesicht.«

In der Regel herrschte bei ihm zu Hause eine deprimierende Stimmung. Der Vater, von Beruf Verwaltungsrichter, war aus Sicht des damaligen Jungen zu weich und zu gutmütig, um sich gegen seine Frau durchsetzen zu können. Aus diesem Grund sah er in seinem Vater nur wegen seiner gehobenen beruflichen Stellung ein Vorbild, zwischenmenschlich war er von ihm enttäuscht.

»Mutter hatte immer recht. Mein Vater war einfach zu schwach und hat sich auch nicht für seine Kinder eingesetzt. Natürlich habe ich meine Eltern geliebt, aber ich fühlte mich nicht richtig angenommen. Ich musste immer nur funktionieren. Wichtig war eben die Schule, später der Beruf. Mit der Zeit habe ich mich dann auch zurückgezogen. Um meinen Eltern zu gefallen, habe ich mich in der Schule und auch später im Studium besonders bemüht. Aber das wurde irgendwie auch nur abgenickt.«

Spurensuche Sexualität: Erst als 16-Jähriger begann Thomas Graber, sich selbst zu befriedigen, mitunter mehrmals täglich.

»Das war reiner Zufall. Ich hatte einen Schlagbohrer in der Hand, der stark vibrierte. Dadurch bekam ich eine Erektion. Dann habe ich das halt ausprobiert und im Grunde jeden Tag wiederholt.«

Zu dieser Zeit verliebte er sich in ein Mädchen aus seiner Jahrgangsstufe, war aber etwa ein halbes Jahr lang »nicht mutig genug«, es anzusprechen. Während einer Kursfeier ging er schließlich auf die junge Frau zu und unterhielt sich mit ihr, aber als er sie schließlich küssen wollte, wurde sie sehr ärgerlich und wies ihn mit derben Worten zurück.

»Das hat richtig weh getan. Ich kam mir vor wie der letzte Mensch und habe mich geschämt. Ich fühlte mich als Versager. Ab da bin ich auch irgendwie in eine Gegnerschaft zu den Frauen getreten.«

In den folgenden Jahren unternahm er zunächst keine Versuche mehr, sich einer Frau sexuell zu nähern. Stattdessen wurden seine abnormen Phantasien stärker, in denen er vornehmlich seine Mutter zum Geschlechtsverkehr zwang, später gesichtslose Frauen, die bei seinem Anblick in Panik gerieten.

»Irgendwann kam auch Gewalt ins Spiel. In dieser Zeit, da war ich so 20, 21 und schon aus dem Haus, habe ich regelmäßig Videos und Pornos geguckt, wo Frauen vergewaltigt und auch getötet wurden. Mein Lieblingsfilm war aber ›Halloween‹. Dieser Michael Myers hat mich fasziniert. Der war absolut böse und hat sich an seiner Familie gerächt. Da hab ich mich richtig reingesteigert.«

Weil er auf Sexualität mit einer Frau nicht gänzlich verzichten wollte, ging er gelegentlich zu Prostituierten. Dabei stellte er jedoch fest, dass er zu einem normalen Geschlechtsverkehr nicht fähig war.

»Es klappte einfach nicht. Ich hatte auch große Angst davor, einfach die Angst, zu versagen. Ich habe es einige Male versucht, dann *aber gelassen. Man kann schon von einem Hass auf Frauen sprechen.«*

Spurensuche Sozialverhalten: Über seine Probleme und abnorme Veranlagung konnte er mit niemandem sprechen, vielmehr war er stets darauf bedacht, seine dunkle Seite zu verbergen und nach außen möglichst unauffällig zu wirken.

»Ich hatte wenig Selbstvertrauen, war unsicher und ängstlich. Jede Entscheidung fiel mir schwer. Konflikten bin ich möglichst aus dem Weg gegangen. Ich fühlte mich einfach nicht stark genug, das auszuhalten. In mir war immer eine große Anspannung, ich war voller Hemmungen. Deshalb habe ich auch sehr viel gegrübelt.«

Und genau so wurde er auch von seinem sozialen Umfeld wahrgenommen. So berichtete beispielsweise ein Kommilitone bei der Kripo über Thomas Graber: »Er war sehr zurückhaltend. Bei Treffs in der Uni wirkte er auf mich irgendwie verkrampft. Er nahm zwar schon am Gespräch teil, stand aber nie im Mittelpunkt. Ohne das genauer konkretisieren zu können, hatte ich den Eindruck, dass er bei diesen Treffs etwas verschämt wirkte. Im Laufe der Zeit wurde er etwas lockerer. Ich kann mich daran erinnern, dass ich mal vorschlug, mit ihm in eine Diskothek zu gehen. Wir taten das auch. Aber dort sagte er mir dann, dass er eigentlich gar nicht weiß, was man in einer Diskothek machen soll, und er das früher nicht gemacht hat.« Ansonsten sei er immer hilfsbereit, liebenswürdig und nicht aggressiv gewesen.

»Bei mir hat sich eigentlich alles um die Arbeit gedreht. Ich bin morgens um halb sieben aufgestanden, habe mich geduscht und angezogen, danach gefrühstückt und noch Nachrichten gehört, bevor ich in die Uni gefahren bin. Dort habe ich keine Vorlesung verpasst. Abends habe ich noch den Lernstoff nachbereitet. Danach habe ich

mich in meine Phantasiewelt begeben. So war das im Grunde immer. Einen Freund oder eine Freundin im engeren Sinne habe ich nie gehabt. Da war immer die große Angst, dass mal einer rauskriegt, was mit mir eigentlich los war.«

Resümee: Insbesondere eine eher freudlose Kindheit, die gestörte Eltern-Sohn-Beziehung, diffuse Versagensängste sowie die erst sehr spät einsetzenden und nahezu ausschließlich auf sich selbst bezogenen sexuellen Aktivitäten verhinderten bei Thomas Graber eine geschlossene Entwicklung seiner Persönlichkeit. Seine innere Zerrissenheit, das ungewöhnlich starke Abdriften in abnorme gedankliche Erlebniswelten und die enorme Diskrepanz zwischen Wunsch und Wirklichkeit wusste er geschickt zu verbergen. Sein soziales Handeln war in erster Linie darauf ausgerichtet, den Anschein des anständigen und unauffälligen jungen Mannes zu wahren.

Thomas Graber zeigte seit seiner Kindheit ein ausgesprochen einzelgängerisches Verhalten, das er später im Beruf mit seiner durchaus vorhandenen Kontaktfähigkeit zu kaschieren wusste. Auch im Rahmen seltener engerer Kontakte mit Studienkollegen blieb er stets freundlich-reserviert und distanziert, ohne eine vertrauensvolle Beziehung anzustreben oder zuzulassen. Er war grundsätzlich nicht in der Lage, sich anderen Personen zu öffnen. Das ihn quälende Unvermögen, Gefühle zu zeigen, und die fortwährende sexuelle Frustration führten schließlich zu einer negativen und gewaltbesetzten Fixierung auf Frauen.

Eine hochgradige Unsicherheit bei der Suche nach einem Sexualpartner, die sich im Wesentlichen auf gelegentliche Kontakte mit Prostituierten beschränkte, der sich allmählich entwickelnde Hass auf das weibliche Geschlecht, vor allem aber die Flucht in eine beliebig formbare Phantasiewelt, in der Thomas Graber sich als mächtig und überaus potent erlebte, führten letztlich zu einer inneren Verrohung und generierten das Verlangen, die Aggressionen und Wunschträume endlich auch in der Realität auszuleben, ohne Rücksicht nehmen und Gefühle für die Opfer zulassen zu müssen.

Doch eines Tages gerät er an ein Opfer, das ihn aus der Fassung bringt. Heidi Jäger reagiert nicht auf den Mörder, sondern auf den Menschen dahinter. Statt die tatsächliche akute Lebensbedrohung ernst zu nehmen, zeigt sie Mitgefühl – etwas, das Thomas Graber nicht kennt, nicht aus eigener Erfahrung. Und jetzt bringt ihm ausgerechnet ein auserkorenes Opfer Einfühlungsvermögen und Verständnis entgegen. Das überfordert ihn. Gleichzeitig ist Heidi Jäger aus dem erwarteten Schema herausgetreten: Ihr Verhalten passt nicht in seine Phantasie einer letztlich gesichtslosen Frau, die seiner Macht als Mörder ausgeliefert ist. Damit hat sie ihm seine Grenzen als Täter aufgezeigt. Und genau deshalb kann er die Rolle des Täters nicht weiterspielen und flüchtet nach seiner Demaskierung.

Heidi Jäger würde heute höchstwahrscheinlich nicht mehr leben, hätte sie sich so verhalten wie die Opfer vor und nach ihr. Ihr intuitives Handeln hat sie gerettet. Aber das heißt keineswegs, dass diese Strategie immer zum Ziel führt. Das Verhalten des Opfers kann eskalierend oder deeskalierend wirken. Der Ausgang eines Verbrechens ist jedoch nicht vorhersehbar und auch nicht festgelegt, das gilt auch oder erst recht beim Mord in Serie. Es sind immer unterschiedliche Entwicklungen möglich, überall und jederzeit. Zwar kann es grundsätzlich jedem Opfer in allen Phasen eines Verbrechens gelingen, dem Widersacher Paroli zu bieten, ihn zu enttarnen, ihn sogar in die Flucht zu schlagen, doch hängt es regelmäßig von der Situation, der Persönlichkeit und den Lebenserfahrungen von Täter und Opfer ab, welches Verhalten entscheidend dafür ist, das Schlimmste zu verhindern. Die Überforderung und die durchbrochene Phantasie hätten Thomas Graber ebenso dazu veranlassen können, Heidi Jäger auf besonders brutale Weise zu töten.

Charakter: Verbrecher

[handschriftliche Notiz: Bruder von T. nung?]

Irgendwann im Frühling des Jahres 1999. Ich sitze am späten Nachmittag im Lesesaal der Württembergischen Landesbibliothek in Stuttgart und recherchiere zu einer Mordserie. Der Täter hat zuvor mehrere Vergewaltigungen begangen, über die ich mehr erfahren möchte. Die Recherche ist mühselig, da ich an einem Lesegerät sämtliche Microfiches (auf Planfilm verkleinerte Abbildungen von Druckerzeugnissen – eine über 150 Jahre alte Methode zur Archivierung) verschiedener Tageszeitungen durchsehen muss. Nachdem ich in der *Stuttgarter Zeitung* zweimal fündig geworden bin und die Artikelseiten ausgedruckt habe, glaube ich im ersten Moment, eine weitere Fundstelle entdeckt zu haben, jedenfalls deutet die Überschrift darauf hin: »Auf Vergewaltigungen folgte Mord«.

Beim Lesen stelle ich jedoch schnell fest, dass dort über einen anderen Kriminalfall berichtet wird. »Vor dem Landgericht in Essen muss sich ein 33-jähriger Maurer verantworten«, heißt es in dem Artikel weiter, »der zwischen 1991 und 1993 in Stuttgart und Dortmund fünf Frauen vergewaltigt und zuletzt im westfälischen Haltern ein 24-jähriges Opfer ermordet hat.« Im nächsten Absatz erfahre ich, dass Joachim Mattock, der Täter, bereits wegen eines Mordes vorbestraft war, begangen in der ehemaligen DDR. Und im Mai 1993 verübte er ein weiteres Tötungsdelikt: »In der Nähe des Rombergparks, einem beliebten Ausflugsziel im Dortmunder Süden, überfiel er eine Frau, zog sie in ein Versteck und versuchte sie zu vergewaltigen. Sein Opfer wollte er mit mehreren Messerstichen töten.« Ich drucke den Artikel aus und beschließe, der Sache sofort nachzugehen.

Die weiteren Recherchen in Stuttgarter Tageszeitungen führen mich schließlich zu drei versuchten Vergewaltigungen, die von Joachim Mattock auf besonders brutale Weise verübt wurden und mir auch aus einem anderen Grund zu denken geben.

Freitag, 8. November 1991:

Eine 24-jährige Studentin wird überfallartig vom Fahrrad gerissen, als sie auf dem Weg nach Hause einen Feldweg als Abkürzung benutzt. Der Täter zerrt sie an den Haaren in einen Wald und sticht ihr dort mit einem Messer in die Wange. Das Opfer wehrt sich heftig: weint, fleht, schlägt, tritt. Der Mann lässt von der Frau schließlich ab, raubt eine Tasche mit Studienunterlagen und flüchtet.

Donnerstag, 29. Oktober 1992:

Auf einem unbeleuchteten Radweg wird eine 27-jährige Doktorandin vom Fahrrad geschubst. Der Täter hält der Frau ein Messer an den Hals und zwingt sie, mit ihm in ein Gebüsch zu gehen. Das Opfer leistet erheblichen Widerstand und besprüht den Mann mit Reizgas. Der Täter rammt der Frau daraufhin sein Messer ins Gesicht, würgt sie fast bis zur Bewusstlosigkeit, lässt dann aber von ihr ab, greift sich noch den Rucksack des Opfers und verschwindet.

Sonntag, 25. April 1993:

Auf einem einsamen Waldweg wird eine 48-jährige Hausfrau angegriffen. Der Täter bedroht das Opfer mit einem Messer, schlägt wuchtig mit der Faust mehrmals ins Gesicht der Frau und würgt sie. Doch auch in diesem Fall kommt der Täter nicht ans Ziel: Die Frau redet intensiv auf den Mann ein, der kurz darauf flieht.

Alle Taten haben eine Gemeinsamkeit, für die ich zunächst keine Erklärung finde: Joachim Mattock hätte die Gelegenheit gehabt, die Opfer zu vergewaltigen und auch zu töten, doch er tat es nicht. Erstaunlicherweise entschied er sich in den kommenden zwei Monaten bei zwei sehr ähnlich ablaufenden Überfällen genau andersherum und tötete die Opfer durch multiple Stichverletzungen in Brust und Hals – die sich ebenfalls vehement wehrenden Frauen wurden mit einem Original Bowie Knife förmlich niedergemetzelt.

Ich stehe vor einem Rätsel: Warum tötete Joachim Mattock dreimal, während er die anderen Opfer am Leben ließ? Wie war es möglich, dass ein wegen Mordes Vorbestrafter nur wenige Monate nach seiner Freilassung rückfällig wurde, erst zum Serienvergewaltiger und kurz darauf gar zum Serienmörder wurde? Was hatte es mit seiner Vorverurteilung auf sich? Wie wurde der Mann überhaupt zum Mörder?

Und dann ist da noch ein Aspekt, der mein besonderes Interesse weckt: Joachim Mattock wurde auf einem »wilden« Campingplatz festgenommen, nur etwa 800 Meter von jener Stelle entfernt, an der er sechs Tage zuvor sein letztes Opfer ermordet hatte. Warum war er nicht schon längst geflüchtet? Weshalb trug er die Tatwaffe immer noch bei sich? Wieso wartete er auf dem Campingplatz so lange, bis die Kripo ihm auf die Schliche kam?

Diese Fragen lassen mich nun nicht mehr ruhen. Ich will Antworten finden und recherchiere in den nächsten Wochen erst einmal die Prozessberichterstattung in den Essener Tageszeitungen. Dort finde ich zwar keine weiteren Hinweise bzw. Erklärungen, dafür aber ein Bild von Joachim Mattock: kurze, nach links gescheitelte dunkle Haare, Schnurrbart, Jackett, weißes Hemd, freundlich lächelnd. Der Mann hat große Ähnlichkeit mit dem amerikanischen Filmschauspieler Kevin Spacey.

Als auch weitere Nachforschungen keinen Erfolg bringen, entschließe ich mich dazu, mit Joachim Mattock Kontakt aufzunehmen. Ich schreibe ihm einen längeren Brief und äußere dabei auch die Absicht, ihn besuchen und interviewen zu wollen. Anderthalb Wochen später erhalte ich Antwort. »Guten Tag Herr Harbort«, schreibt Joachim Mattock, »vielen Dank für Ihren Brief, habe mich sehr gefreut und schreibe auch gleich ein paar Zeilen zurück. (...) Ich habe nichts dagegen, wenn Sie mich besuchen. Lassen Sie sich bitte von der Leitung hier im Haus einen Termin geben. Freue mich auf Ihren Besuch. (...)«

Am 12. Februar 2000 ist es so weit, ich besuche den »Campingplatz-Killer« im besonders gesicherten Teil einer psychiatrischen Klinik in Niedersachsen. Joachim Mattock hat sich im Vergleich zum Foto deutlich verändert. Der 38-Jährige trägt das inzwischen nur noch spärlich vorhandene Haar millimeterkurz, die großen blauen Augen sind dunkel gerändert, sein Blick verrät eine starke Anspannung, das spitz zulaufende Kinn wird von feinen Bartstoppeln bedeckt. Die Ärmel des buntkarierten Holzfällerhemdes hat er hochgekrempelt, sie lassen kräftige, tätowierte Unterarme erkennen. Der korpulente Mann ist mit seinen knapp zwei Metern fast einen Kopf größer als ich und wirkt auf mich etwas grobschlächtig. Eigentlich ein Allerweltsbursche.

Ich weise Joachim Mattock zunächst darauf hin, dass ich das Gespräch aufzeichnen werde, und erkläre ihm, wie ich mir den weiteren Ablauf vorstelle und worauf ich größten Wert lege.

»Ich habe damals bei der Kripo und vor Gericht die Wahrheit gesagt«, erwidert er in starkem ostthüringischem Dialekt, »da können Sie sich auf mich verlassen. Die Wahrheit, ja.«

Seine unruhigen Augen zeigen, wie aufgeregt er ist, die Körperhaltung ist entsprechend: Kerzengerade sitzt er auf dem Stuhl, das Kinn nach vorne gereckt, die kräftigen Hände krampfhaft gefaltet. Das wird nicht leicht, denke ich mir. Also lasse ich ihn zunächst über sein Elternhaus berichten, damit er nicht gleich zu Beginn des Gesprächs über sich selbst reden muss. Ich will ihm ausreichend Zeit geben, sich zu akklimatisieren.

»Ich hatte zwei ältere Geschwister, eine Schwester und einen Bruder, die haben sich um mich gekümmert. Also aufgepasst, dass ich keinen Blödsinn mache.«

Diese sehr kurze Antwort verrät mir, dass wir gleich zu Beginn an einen wunden Punkt in seinem Leben geraten sind und seine Mutter dabei eine große Rolle spielen dürfte. Ich frage aber nicht nach, sondern lasse ihn zunächst gewähren, um herauszufinden, wie er mit dieser Gesprächssituation umgeht. Nach einer kurzen Zeit des gemeinsamen Schweigens lächelt er mich verlegen an.

»Keine Erinnerung mehr an die eigene Familie?«

»Familienmäßig ist da fast alles weg.«

»Weil Sie sich nicht mehr damit beschäftigen möchten?«

»Ich wollte das vergessen. Ich habe ja auch keinen Kontakt mehr zu meiner Familie.«

Joachim Mattock pfeift durch die Zähne. Das wird er in der Folgezeit immer dann tun, wenn ihm etwas besonders nahegeht.

»Ich vermute, dass Ihnen als Kind übel mitgespielt wurde. Können Sie mir ein Beispiel geben?«

»Ich wollte einen Hund haben, da war ich 6 Jahre alt. Meine Eltern wollten das aber nicht. Da hab ich mir trotzdem einen besorgt und auf dem Dachboden versteckt. Dann haben sie es rausgekriegt, und mein Vater hat den Hund genommen und – puff!«

»Puff?«

»Geköpft.«

Joachim Mattock schaut mich mit weit aufgerissenen Augen erwartungsvoll an und sagt nichts. Ich nicke nur kurz, signalisiere aber Mitgefühl. Nachdem er seine Bestätigung bekommen hat, spricht er weiter.

»Totgemacht hat er meinen Hund. Für mich gab's dann auch noch ordentlich Prügel und Stubenarrest.«

»Sind Sie häufiger geschlagen worden?«

»Ja, mit einem Knüppel und einer Riemenpeitsche.«

»Was haben Sie dabei empfunden?«

»Am Anfang Schmerz und irgendwann gar nichts mehr, nur noch Hass. Ich habe meine Eltern gehasst.«

Häufig reagieren Kinder oder Jugendliche, die von ihren Eltern regelmäßig geschlagen werden, nicht nur mit einem inneren Rückzug, sondern grenzen sich auch gegenüber ihrem sozialen Umfeld ab. Ich frage ihn danach.

»Ja, ich bin so zum Einzelgänger geworden. Ich hab mich keinem anvertraut.«

»Das geht aber nicht von heute auf morgen. Da vollzieht sich ein Prozess. Können Sie diesen Verlauf beschreiben?«

»Im Kindergarten ging es ja noch. Aber in der Schule habe ich nur noch Sachen gemacht, die ich nicht machen sollte.«

Er überlegt einen Moment.

»Also ich bin immer negativ aufgefallen, hab mich von der Klasse abgesondert. Wenn ich dachte, ich hätte einen guten Kumpel, dann waren meine Eltern dagegen oder seine Eltern.«

Joachim Mattock erzählt mir auf Nachfrage, dass er ohne Hausaufgaben in die Schule kam, im Unterricht störte, nach der Schule nicht nach Hause ging und schließlich auch stunden- oder gar tageweise schwänzte. Und obwohl er sich jedes Mal vor den überaus drastischen Reaktionen und Sanktionen der Eltern gefürchtet hat, fiel er immer wieder in strafbewehrte Verhaltensmuster zurück. Ich frage ihn nicht, warum er sich so verhalten hat, sondern nach seinen damaligen Empfindungen.

»Weiß nicht.«

Wieder bemüht er sich eher verkrampft, seine Verlegenheit wegzulächeln. Ich versuche es auf einem anderen Weg und erzähle ihm, dass meine Eltern – besonders mein beruflich sehr erfolgreicher Vater – für mich als Kind Vorbilder gewesen seien, denen ich nacheifern wollte.

Er macht wieder dieses charakteristische Pfeifgeräusch, bevor er spontan antwortet.

»Mein Vater war in der Kneipe, meine Mutter hat sich um die Familie und den Garten gekümmert. Es gab keine Freizeit, auch für uns Kinder nicht. Wenn ich von der Schule nach Hause kam, ging's ab in den Garten, Unkraut rupfen. Und abends musste der Vater aus der Kneipe geholt werden.

Der wollte aber nicht, ich musste mich immer erst mal hin-
setzen und warten und warten. Irgendwann ging's ab nach
Hause, und dann hat meine Mutter meinem Vater erzählt,
was ich alles ausgefressen hab. Da war das Theater groß ...«

Ich bin Joachim Mattock offenbar einen Schritt nähergekommen:
Erstmals hat er flüssig erzählt.

»Haben Sie Ihrer Mutter übelgenommen, dass sie Ihrem
Vater gegenüber gepetzt hat?«

»Ja, schon. Das war ein Vertrauensbruch. Ich hab sie
nicht mehr als Mutter gesehen – sondern als Drachen,
Hausdrachen.«

Ich komme jetzt auf einen Aspekt zurück, bei dem Joachim Mattock sich eben nicht öffnen wollte: seine Empfindungen als Kind, wenn er sich den elterlichen und schulischen Vorgaben widersetzt hat.

»Ich hab gedacht, mich mag keiner. Ich bin fehl am Plat-
ze. Vielleicht wollte ich Aufmerksamkeit erregen: Hallo, ich
bin auch noch da!«

Ungefragt berichtet er mir von einem Mädchen aus der
Nachbarschaft, mit dem er sich in der Schule angefreundet
hat. Sie war ihm sympathisch, weil sie auch keine Hausaufgaben gemacht hat. Nur lehnten seine Eltern diese Beziehung rigoros ab.

»Die war aus einer verrufenen Familie mit acht Kindern.
Die haben sich viel vom Sperrmüll geholt und so. Mir hat
auch gefallen, dass die viel im Wald rumgestromert sind.«

»Und was haben Sie im Wald gemacht?«

»Höhle gebaut.«

»Warum?«

»Einfach so. Ein Ort, wo ich hingehen kann, wo ich meine Ruhe habe.«

»Das hat geholfen?«

»Ja. Da hatte ich meine Freiheit.«

»Freiheit?«

»Ich brauchte auf keinen zu hören, und ich konnte machen, was ich wollte.«

»Was hat Ihnen zu Hause am meisten gefehlt?«

Joachim Mattock wird nachdenklich.

»Heute würde ich sagen: Familie, Wärme, Geborgenheit.«

Ich erzähle ihm von meiner Kindheit, die ich sehr genossen habe, die mich stark gemacht hat. Er nimmt den Faden auf.

»Ich hatte auch eine goldene Kindheit, nur in die falsche Richtung ...«

»Das heißt?«

»Ich hab immer gemacht, was ich wollte.«

»Weil es Ihnen Spaß gemacht hat, sich nicht an die Regeln zu halten?«

»Es hat mir Spaß gemacht, nicht auf die Eltern zu hören.«

»War das für Sie eine Herausforderung?«

»Am Anfang ja. Später nicht mehr, da war es Gewohnheit.«

»Die Angst vor Bestrafung hat also nicht gewirkt ...«

»Nee, dann nicht mehr.«

Joachim Mattock erzählt mir, dass er mit 14 erstmals mit dem Gesetz in Konflikt geraten sei. Weil ihm die Eltern den Kauf eines Mopeds untersagt hatten, stahl er eins. Auf diese Tat sei er sogar stolz gewesen.

»Mich hat das einfach nicht interessiert, dass ich verhaftet wurde. Die Gerichtsverhandlung hat mich auch nicht interessiert. Da bin ich sogar mit einem geklauten Moped hingefahren. Das Gefühl war so: Ihr könnt mich alle mal!«

»Und diese Einstellung hat Sie schließlich ins Gefängnis gebracht ...«

»Das war 1979 nach einem Republikfluchtversuch und wegen Urkundenfälschung.«

»Sie kamen in ein Jugendgefängnis. Was haben Sie dort für Erfahrungen gemacht?«

»Da ging es erst so richtig los.«

»Was meinen Sie damit?«

»Ich habe da Leute kennengelernt, die genauso waren wie ich. Mit denen habe ich gefachsimpelt, wie man dies oder das besser machen kann.«

»Was wollten Sie denn besser machen?«

»Klauen und so. Ich bin da auf eine Gruppe gestoßen, die hatten alle ordentlich was gemacht: Mord, Vergewaltigung, Drogen. Das kannte ich vorher so gar nicht.«

»Und das hat Sie beeindruckt?«

»Ja, das hat auf mich Eindruck gemacht. Ich war da jetzt anerkannt.«

»Anerkannt wodurch?«

»Ich kam da ins Jugendhaus, und dann war da so eine Aufnahmeprüfung. Da wird man in so eine Schublade gesteckt: akzeptiert oder Mitläufer.«

»Und welchen Platz haben Sie in dieser Hierarchie eingenommen?

»Ich war ganz oben.«

Joachim Mattock legt zum ersten Mal seine Befangenheit ab und verändert auch die Körperhaltung – sein nun fester Blick und die geballten Fäuste signalisieren Entschlossenheit.

»Warum waren Sie ganz oben?«

»Einer der Gefangenen hat zu mir gesagt: ›Joe, wenn du in die Gruppe kommst, kommen die abends in den Schlafraum und wollen dich aufmischen. Also: den Erstbesten greifen und auf den Kopf hauen.‹ Das hab ich genauso gemacht, danach hatte ich meine Ruhe.«

»Wie darf ich mir das vorstellen?«

»Ja, da kamen sechs Leute auf mich zu, dem Ersten habe ich gleich eine gehauen.«

»Und damit war Ihr Problem gelöst?«

»Ja, die haben gesehen, der kann sich wehren, der gehört ab jetzt dazu. Das ist einer von uns. Hätten die zuerst zugeschlagen, hätte ich gekuscht.«

»Fühlten Sie sich denn in der Rolle des Schlägers wohl?«

»Nee, nicht so direkt …«

»Sondern?«

»Eigentlich wollte ich das nicht, aber ich wollte im Knast auch nicht untergehen. Ich wollte nicht zu den Schwachen gehören, die alles machen müssen. Da hab ich mich halt überwunden.«

Ich vermute in dieser Erfahrung den dramatischen Wendepunkt im Leben dieses Mannes, der gelernt hat, Probleme gewaltsam zu lösen und auf radikale Art aus der Welt zu befördern. Ich kaufe ihm ab, dass er sich bei der ersten Auseinandersetzung überwinden musste, ich vermute aber auch einen ganz anderen Effekt.

»Wie war denn das Gefühl bei ähnlichen Gelegenheiten?«

»Mit der Zeit hab ich gemerkt: Hey, das ist ja klasse.«

»Was war klasse?«

»Das hat mich geprägt. Ich konnte mir so nehmen, was ich wollte.«

Jetzt erscheint mir der Zeitpunkt günstig, ihn auch auf seine Taten anzusprechen.

»Sie haben sich auch bei Ihren Opfern genommen, was Sie wollten …«

Joachim Mattock verschränkt die Arme und schaut mich an, als wäre ich plötzlich jemand anderer. Mir ist klar, was diese Geste bedeutet: *Darüber* will er nicht reden. Also frage ich auch nicht weiter nach.

»Die Kameradschaft im Knast hat Ihnen ein gutes Gefühl gegeben?«

»Ja, ich sag's mal so: Das war wie eine Ersatzfamilie. Die mochten mich, ich mochte die. Das war jetzt meine Welt, weil ich da akzeptiert wurde.«

»Und das hat Ihnen Freude gemacht?«

»Das kann man so sagen, ja. Deshalb hab ich mich auch gegen die Erzieher aufgelehnt. Arrest hat mir nichts ausgemacht. Ich wusste ja, dass ich wieder rauskomme. Außerdem brauchte ich beim Arrest nicht zu arbeiten.«

»Wie war das, als Sie aus dem Gefängnis entlassen wurden – haben Sie danach soziale Kontakte knüpfen können? Sie waren doch jetzt in einem Alter, in dem man sich für Mädchen bzw. Frauen interessiert …«

»Ja, aber …«

Joachim Mattock spricht jetzt plötzlich ganz leise und zögert einen Moment.

»Ich und jemanden ansprechen, das ging nicht.«

»Wovor hatten Sie Angst?«

»Weiß nicht.«

»Sie brauchen sich vor mir nicht zu schämen …«

»Vor Ablehnung oder so: Der ist tätowiert, das ist ein Knacki.«

»Sie hätten doch mal in eine Diskothek gehen können, da lernt man schnell jemand kennen …«

»Ich geh doch nicht in eine Disko. Wie soll ich mich da verhalten? Tanzen kann ich nicht.«

»Also haben Sie sich nicht getraut?«

Keine Antwort.

»Aber Sie hatten doch bestimmt das Bedürfnis, eine Frau mal näher kennenzulernen ...«

»Aber ich hätte denen ja auch was von mir erzählen müssen. Was hätte ich denen erzählen sollen? Von meiner Knasterfahrung? Nee, das ging einfach nicht.«

»Okay, das verstehe ich. Aber andererseits konnten auch Sie nicht Frauen permanent aus dem Weg gehen. Frauen sind ein fester Bestandteil unseres sozialen Lebens ...«

»Das stimmt.«

»Hatten Sie Angst vor Frauen?«

Joachim Mattock pfeift durch die Zähne. »Ja, auch.«

»Wovor haben Sie sich gefürchtet?«

»Ja ... Wie soll ich mich verhalten? Ich hab einfach alle Angebote abgelehnt.«

»Angebote?«

»Wenn ich mal zum Grillen eingeladen war. Da bin ich erst gar nicht hingegangen. Ich wusste nicht, wie ich mich verhalten sollte – das war's.«

Da ich mit Joachim Mattock auch über seine Taten sprechen will, er aber nicht direkt darauf angesprochen werden möchte, versuche ich es jetzt durch die Hintertür. Bei meinen Recherchen habe ich erfahren, dass er beim ersten Mord in der DDR einen Schlüsselbund des Opfers mitgenommen hat. »Die Sache mit der jungen Frau in Gera. Was wollten Sie denn damals eigentlich mit dem Schlüssel?«

»Weiß ich nicht.«

»Das wissen Sie nicht?«

»Nee, weiß ich nicht.«

Joachim Mattock verweigert sich auch diesmal. Um die Gesprächsatmosphäre nicht noch weiter zu belasten, wechsle ich das Thema.

»Wie haben Ihre Eltern auf die Sache mit der jungen Frau reagiert?«

»Die kannten mich nicht mehr. Von denen hab ich nur einen Brief gekriegt, wie ich so was nur machen kann, ich soll mich doch wegmachen ...«

»Ihre Eltern haben Ihnen nahegelegt, Selbstmord zu begehen?«

»Ja, so ungefähr. Das kannst du doch nicht aushalten, haben sie geschrieben. Danach kam nichts mehr.«

»Was hat der Brief in Ihnen ausgelöst?«

»Nix. Das Verhältnis war sowieso bei null.«

Joachim Mattock macht einen deprimierten Eindruck. Um ihn ein wenig aufzumuntern, spreche ich ihn auf eine seiner Tätowierungen an.

»Das da auf Ihrem Arm ist ja ein Bundesadler. Durften Sie denn zu DDR-Zeiten so etwas tragen?«

»Nee. Aber ich hab das trotzdem gemacht, um die Erzieher im Knast zu ärgern. Die wollten auch, dass ich das wieder wegmache. Hab ich aber nicht.«

Gefängnis – ein gutes Stichwort. Ich versuche abermals, ihn behutsam in Richtung der Tötungen zu manövrieren.

»Als Sie damals wegen der ersten Tat festgenommen wurden – wie haben Sie sich da gefühlt?«

»Erleichterung.«

»Erleichterung?«

»Ja, weil ich wieder in ein Umfeld reinkam, wo ich klarkomme, wo ich akzeptiert bin und nicht so alleine. Alles andere hat mich gar nicht interessiert. Draußen hatte ich ja niemand. Drinnen hatte ich meine Jungs, wir waren eine Truppe.«

In den nächsten Minuten lasse ich mir seine Erfahrungen bei der Hauptverhandlung vor dem Bezirksgericht in

Gera schildern. Ein Psychologe hatte ihn einige Wochen zuvor begutachtet, das Gespräch dauerte aber nur eine knappe Stunde und verlief aus Sicht des Begutachteten eher oberflächlich. Nach nur zwei Verhandlungstagen wurde er schließlich zu lebenslanger Haft verurteilt.

Während des Strafvollzugs arbeitete er im Schichtsystem als Dreher. Im Übrigen beschäftigte er sich in erster Linie damit, selbstgemachte Spirituosen an andere Gefangene zu verkaufen. Mit seiner Tat wurde er während des Vollzugs nicht konfrontiert, eine Therapie fand auch nicht statt.

»Da geht man als Dieb rein und kommt als Mörder raus. Es gab im Knast keinen Psychologen. Wenn es Probleme gab, hatte man das auszuhalten. Da wird man schmerzunempfindlich, kaltblütig. Wenn ich mit dem Gummiknüppel geschlagen wurde, hab ich nur gegrinst – bloß keine Schwäche zeigen. Da wirst du richtig kalt. Im Endeffekt zählen andere Menschen nichts mehr. Ich bin ja dadurch immer schlimmer geworden: Nötigung, versuchte Vergewaltigung, Vergewaltigung, versuchter Mord, Mord.«

»Wie würden Sie sich zum damaligen Zeitpunkt charakterisieren?«

Joachim Mattock schaut mich verwundert an, lächelt und kommt ins Grübeln.

»Weiß nicht.«

Ich hake diesmal nicht nach, sondern lasse ihn gewähren. Nach einer längeren Zeit des Schweigens sagt er doch noch etwas.

»Charakterisieren, ja, so: Verbrecher.«

»Was hat Sie denn als Verbrecher ausgezeichnet?«

»Mein Wille. Das, was ich haben will, das, was ich machen will, das zählt. Alles andere zählt nicht.«

»Aber Sie haben sich doch in der Knastgemeinschaft in gewisser Weise unterordnen müssen. Da gab es doch Regeln, die ...«

Er unterbricht mich.

»Ich hab mich nur an meine eigenen Regeln gehalten. Damals konnte ich mich schon ganz gut durchsetzen und habe meine Regeln aufgestellt. Sonst war da nichts.«

»Gab es für Sie in der Zeit als Kind, Jugendlicher oder Heranwachsender Menschen, die Ihnen besonders imponiert haben – Vorbilder?«

»Ja, im Knast. Da gab es Leute, die hatten die gleiche Strafe wie ich: Mörder. Ich bin doch im Knast groß geworden ...«

»Und warum haben Ihnen gerade die Leute imponiert, die mächtig was auf dem Kerbholz hatten?«

»Die waren im Endeffekt so wie ich. Nur dachte ich, dass ich ein bisschen schlauer bin als die.«

»Gab es denn außerhalb dieser kriminellen Welt Personen, die Sie toll fanden?«

Joachim Mattock pfeift wieder durch seine prächtige Zahnlücke, bevor er antwortet. »Nee. Nix. Die Kontakte waren ja weg. Da war keiner. Ich war allein.«

Als Nächstes spreche ich ihn auf das Messer an, das er bei seinem ersten Mord benutzt hat. Mit der Erwähnung eines solchen konkreten Gegenstands möchte ich es ihm erleichtern, sich dem Tatgeschehen gedanklich zu nähern, ohne dass er gleich wieder dichtmacht. Vielleicht gelingt es mir diesmal, ihn dorthin zu führen.

»Ich möchte jetzt einen anderen Aspekt ansprechen. Was haben Sie nach der Sache in Gera mit dem Messer gemacht?«

»Behalten.«

»Sie hätten zwischen verschiedenen Tötungsarten wählen können – warum haben Sie ein Messer genommen?«

»Weiß ich nicht mehr.«

»Das glaube ich Ihnen nicht!«

»Weil ich ein Messer dabeihatte.«

»Aber die Entscheidung, ein Messer bei der Opfersuche mitzunehmen, haben Sie viel früher getroffen ...«

Keine Antwort.

»Sie hätten doch auch einen Knüppel oder eine Pistole benutzen können ...«

»Nee. Pistole hört man. Knüppel dauert zu lange.«

»Also doch eine bewusste Entscheidung?«

»Nehme ich mal an.«

Abermals beiße ich auf Granit und verwerfe das Thema. Als ich Joachim Mattock nach den Gründen für seine Entlassung im Jahr 1991 frage, taut er wieder auf. Er erzählt mir, dass nach der Wiedervereinigung alle Akten der ehemaligen DDR-Häftlinge überprüft und neu bewertet wurden und man in seinem Fall eine wesentlich kürzere Verbüßungsdauer festgelegt hat – mit für ihn überraschenden Konsequenzen.

»Zwei Wochen vor Pfingsten war das, da kam ein Wärter in meine Zelle und sagte: ›Komm, Entlassung.‹ Da hab ich mich hingesetzt und gesagt: ›Du kannst mich mal. Ich hab draußen niemand. Wo soll ich freitags um drei hin? Ich hab weder eine Wohnung noch Arbeit.‹ Über Pfingsten durfte ich noch bleiben, dann musste ich aber raus. Das war schrecklich.«

»Sie kamen endlich frei und fanden das schrecklich?«

»Ich musste erst mal zum Sozialamt, hab mich aber nicht reingetraut. Erst als ich einen Knastkumpel getroffen hab, der mir das erklärt hat, bin ich da wieder hin. Die haben mir was von einem Recht auf Wohnraum erzählt, um die anderen Sachen müsste ich mich aber selbst kümmern, Arbeit und so. Ich merkte sofort, dass ich nicht willkommen war.«

»Also blieben Sie wieder sich selbst überlassen, hatten keine Heimat mehr, keine Orientierung – alles wie gehabt.«

»Ja.«

»Im Gefängnis haben Sie sich zurechtgefunden, draußen aber nicht ...«

»Genau. Es war ja auch alles neu für mich, die ganzen Ämter und so. Früher gab es in der DDR die Abteilung für Inneres, da hat man alles geregelt. Am schlimmsten war für mich aber diese Ablehnung.«

»Fühlten Sie sich gekränkt?«

»Ich wollte nicht auf ein Amt gehen und um Geld betteln.«

»Da waren Sie ganz unten ...«

»Genau. Da war ich ganz unten, zerstört. Ich kannte das nicht, dass man um etwas betteln muss. Das gab's in der DDR nicht. Wenn einer arbeiten wollte, dann kriegte der auch Arbeit.«

»Und das konnten Sie nicht akzeptieren ...«

»Ja. Ich hab mir einfach genommen, was ich wollte, bin lieber klauen gegangen, als aufs Amt zu marschieren.«

»Hat Sie dieser soziale Druck auch zurück zu Ihren Phantasien gedrängt?«

»Nee, das war anders. Aufs Amt zu gehen, war der absolute Tiefpunkt in meinem Leben. Ich hätte ja nicht mal aufs normale Sozialamt gehen dürfen, ich hätte diese Haftentlassenenhilfe ansteuern müssen. Das ist ja noch schlimmer, da wirst du in so ein Obdachlosenasyl gesteckt, mit Alkoholikern, Drogensüchtigen und so. Damit wollte ich nichts zu tun haben.«

»Fühlten Sie sich auch ein Stück weit allein gelassen?«

»Ja. Ich war total hilflos. Von jetzt auf gleich gab's die DDR nicht mehr. Damit bin ich nicht klargekommen.«

»Haben Sie mal überlegt, mit Ihren Geschwistern in Kontakt zu treten?«

»Nee. Das sind Fremde für mich.«

»Sehen Sie einen Zusammenhang zwischen der sozialen Ablehnung, die Sie erfahren haben, und den Tötungen?«

»Einen kleinen Zusammenhang. Ich hab mir immer gedacht: Wenn ihr mich als Verbrecher seht, dann kriegt ihr mich auch so.«

Die erste Zeit nach seiner Entlassung schildert Joachim Mattock so: Um an neue Personalpapiere zu kommen, kehrte er in seine Heimat zurück und musste dort wegen der Geburtsurkunde auch seine Eltern kontaktieren. Er betrat jedoch nicht einmal die Wohnung, sein Vater drückte ihm die Urkunde an der Tür wortlos in die Hand. Mit einem Bekannten aus seiner Haftzeit kam er in den nächsten Monaten viel herum, dabei hielt er sich mit Gelegenheitsjobs über Wasser, ohne jedoch Fuß fassen zu können. Nachdem sein Kumpan eine Hotelrechnung nicht bezahlt hatte, wurde er festgenommen, nach einer richterlichen Ermahnung jedoch wieder freigelassen.

»Danach bin ich in so eine Drückerkolonne reingekommen. Ich sollte Zeitungen verkaufen. Ich dachte, kannst es ja mal probieren. Wir sind in die Gegend am Bodensee gefahren. Ich musste so einen Spruch auswendig lernen und sollte die Leute an der Tür beschwatzen. Das ging gar nicht, hab ich auch nicht gemacht. Nach vierzehn Tagen haben sie mich an einer Autobahnraststätte in Stuttgart rausgelassen.«

Dort wurde er auf eine Zeitungsannonce aufmerksam und bewarb sich bei einem Hotelbetrieb erfolgreich als

Spüler. Die Arbeit fiel ihm leicht, er übernahm sogar zusätzliche Tätigkeiten in der Wäschekammer. Nur gelang es ihm nicht, soziale Kontakte zu knüpfen.

»Ich hab mich richtig in die Arbeit reingekniet. Aber sobald ich Freizeit hatte, ging es wieder los mit den Phantasien.«

»Sie meinen Vorstellungen, wie Sie eine Frau überfallen und vergewaltigen?«

»Ja.«

»Wenn Sie nicht in der Welt der Arbeit waren, waren Sie dann automatisch in der anderen?«

»Kann man so sagen.«

»Haben Sie sich mal gegen diesen Impuls gewehrt?«

»Ja. Wenn der Chef mal jemanden zum Arbeiten gesucht hat, hab ich mich immer gemeldet, damit ich nicht wieder losziehen musste in die Wälder.«

Joachim Mattock versichert mir, er habe sich ernsthaft darum bemüht, eine Existenz aufzubauen, um von seinem abnormen Verlangen loszukommen. Allerdings habe ihn gerade in dieser Zeit, in der er ruhiger geworden sei, die dunkle Vergangenheit wieder eingeholt: Er wurde für einen Einmietebetrug verurteilt, den er bereits kurz nach seiner Haftentlassung begangen hatte.

Nach seiner erneuten Freilassung sechs Monate später konnte er zwar seine alte Stelle als Spüler wieder antreten, doch war er nun nicht mehr bereit, Probleme möglichst zu vermeiden oder sich bei Konflikten zu fügen.

»Ich war so aggressiv, hab mir nichts mehr bieten lassen. Wenn mir was nicht gepasst hat, hab ich das Maul aufgemacht. Vorher hatte ich das einfach geschluckt.«

Ich wechsle erneut das Thema und spreche etwas an, das mir besonders wichtig erscheint.

»Frauen haben in Ihrem Leben eine eher untergeordnete Rolle gespielt?«

»Gar keine.«

»Zu Ihrer Mutter hatten Sie ein sehr distanziertes Verhältnis, eine Freundin im engeren Sinne gab es in Ihrem Leben nicht. Wie haben Sie denn damals Frauen wahrgenommen, welche Eigenschaften haben Sie ihnen zugeschrieben?«

»Sie hat zu funktionieren, wie ich es will.«

»Also waren Frauen für Sie ...«

Er unterbricht mich.

»Wenn Schulkameraden in die Disko gegangen sind, musste ich in den Garten und Unkraut zupfen. Meine Eltern hatten mir die Disko verboten.«

»Aber Sie haben sich doch sonst auch nicht um die Verbote Ihrer Eltern gekümmert ...«

Keine Reaktion.

»Ich behaupte: Wenn Sie in die Disko hätten gehen wollen, dann wären Sie auch gegangen.«

»Kann sein.«

»Und da hat sich bei Ihnen etwas aufgestaut ...«

»Ja.«

Joachim Mattock wirkt jetzt sehr nachdenklich und schweigt eine Zeitlang.

»Aufgestaut, ja. Das ist schwer zu erklären.«

»Wenn Sie damals über Frauen nachgedacht haben, was kamen da für Gefühle hoch?«

»Zickige Mutter!«

»Es gab ja aber nicht nur Ihre Mutter ...«

»Das waren alles nur Zicken.«

»Also haben Frauen in Ihnen nur negative Gefühle ausgelöst?«

Joachim Mattock pfeift wieder. »Weiß nicht.«

»Bitte überlegen Sie mal.«

»Ja und nein. Das war situationsbedingt.«

»Haben Sie sich von Frauen zurückgewiesen gefühlt?«

»Weiß nicht so genau.«

»Oder eher missachtet oder verachtet?«

»Ja, bestimmt.«

»Wollten Sie es denen heimzahlen?«

»Hab ich teilweise auch, in der Schule mit Streichen und so.«

»Ich meine mehr die Tötungen ...«

Pfeifen. Keine Antwort.

»Ich würde jetzt gern über Ihre letzte Festnahme reden, damals auf dem Campingplatz. Sie hätten doch reichlich Gelegenheit gehabt, zu flüchten – warum sind Sie trotzdem geblieben?«

»Auf eine Art hatte ich keinen Bock mehr. Ich hab gemerkt, dass ich immer aggressiver wurde. Und meine Träume von einem Beruf und einer Familie waren auch erledigt ...«

Joachim Mattock senkt den Blick.

»Und dann sind Sie in Ihrem Zelt geblieben ...«

»Ja.«

»Mit welcher Absicht?«

»Wenn die Bullen kommen, dann kommen sie.«

»Warum hätte man denn ausgerechnet Sie verdächtigen sollen?«

»Die haben ja alle auf dem Zeltplatz befragt. Es war nur eine Frage der Zeit, bis sie zu mir kamen.«

»Und Sie wollten wieder dahin zurück, wo Sie sich am besten zurechtfanden – ins Gefängnis?«

»Irgendwie so: Das da draußen war nicht das Leben, das ich führen wollte.«

»Wollen wir jetzt mal über die erste Tat sprechen?«

»Nee.«

Ich stelle keine weiteren Fragen mehr. Vielmehr muss ich anerkennen, dass es keinen Sinn hat, mit Joachim Mattock über seine Gewaltphantasien oder über seine Taten und die ihn treibenden Motive zu sprechen. Wahrscheinlich ist es aber auch noch zu früh, um ihn mit der dunklen Seite seiner Persönlichkeit zu konfrontieren. Er verschanzt sich lieber hinter knappen Aussagen und Allgemeinplätzen. Dort fühlt er sich besser aufgehoben, dort muss er sich nicht offenbaren, dort bleibt er unantastbar. Natürlich habe ich mir von diesem Interview mehr versprochen, dennoch bin ich dankbar, mit ihm überhaupt ins Gespräch gekommen zu sein. Schließlich vereinbaren wir, das Interview zu beenden, den Kontakt jedoch aufrechtzuerhalten.

Auf dem Heimweg resümiere ich noch einmal, was ich über den Täter weiß: Joachim Mattock hat eine kriminelle Bilderbuchkarriere hinter sich: Zunächst wurde er als Kind nicht nur zu Hause, sondern auch von seinen Klassenkameraden gedemütigt, ausgegrenzt und zum Sündenbock gemacht. Später begehrte er gegen diese Zurücksetzung auf und begann, trotzig und beharrlich Regeln zu brechen – erst im Elternhaus, danach in der Schule, später geriet er mit dem Gesetz in Konflikt. Und während seiner ersten Haftzeit als Jugendlicher lernte Joachim Mattock, wie er sich im Leben behaupten kann: mit Gewalt. Die einzige Problemlösungsstrategie, die er kannte und die prächtig funktionierte.

Und eben diese Lebenserfahrung spiegeln auch seine sexuell motivierten Taten wider: Fehlende Sozialkompetenz wurde durch brachiale Gewalt wettgemacht, Frauen, die ihm zeitlebens Angst bereitet und ihn in erster Linie durch vermeintliche Missachtung gedemütigt hatten, wurden entrechtet, zum Objekt seiner sexualisierten Gewalt degradiert und schließlich zum Schweigen gebracht. Letztlich bleibt dieser Erklärungsansatz aber hypothetisch, solange Joachim Mattock sich weigert, genauer darauf einzugehen, und mir seine Gefühlswelt genauso vorenthält wie die Phantasien, die ihn bei seinen Taten angetrieben haben. Nur so viel erscheint mir zu diesem Zeitpunkt unzweifelhaft: Ich werde mich in Geduld üben müssen, will ich der Sache auf den Grund gehen.

Im Frühjahr 2009 erhalte ich die E-Mail einer Regisseurin aus Wien. Die Max-Ophüls-Preisträgerin Barbara Eder möchte eine Kinoproduktion über »Profiler« realisieren – und ich soll darin bei meiner Arbeit gezeigt werden. Geplant ist ein international produzierter Dokumentarfilm, in dem fünf weltweit tätige Kriminalexperten porträtiert werden. Ich vereinbare mit Barbara Eder, dass wir uns zunächst treffen und die Sache in Ruhe besprechen.

Wir lernen uns sechs Wochen später in Düsseldorf persönlich kennen. Barbara Eder ist eine überaus engagierte, intelligente Frau, die im Gespräch sogleich versucht, mir meine Rolle in dem Kinofilm »Blick in den Abgrund« näherzubringen: Sie habe meine Bücher gelesen und sei vor allem deshalb an einer Zusammenarbeit interessiert, weil ich im Gegensatz zu anderen Profilern den Mensch in den Vordergrund stellen würde und nicht seine Taten. Und genau diesen Aspekt wolle sie in ihrem Film besonders herausarbeiten und mich bei Interviews mit Tätern filmen. Ich bin einverstanden.

Aus Erfahrung bei anderen Fernsehprojekten weiß ich jedoch, dass es ungemein schwierig ist, Serienmörder für ein Interview zu gewinnen, weil sie mit Medien schlechte Erfahrungen gemacht haben oder glauben, in ehrverletzender Weise dargestellt worden zu sein. Diese Vorbehalte sind durchaus begründet. Bei meinen Überlegungen zu geeigneten Gesprächspartnern kommt mir auch der Name des Mannes in den Sinn, den ich zwar seit geraumer Zeit kenne, der auch vor vier Jahren als Proband an einem meiner Forschungsprojekte teilgenommen hat, dem ich aber immer noch nicht nähergekommen bin: Joachim Mattock.

Allerdings hat die Sache mindestens einen Haken: Sollte ich ihn wieder nicht dazu bringen können, auch über seine Phantasien, Motive und Taten zu reden, wäre nichts gewonnen. Und ich blamiert. Einerseits. Andererseits sehe ich gerade in diesem Gespräch eine echte Herausforderung und darf auch darauf hoffen, dass Joachim Mattock bei seiner langjährigen Therapie mittlerweile vorangekommen ist.

Gespräche mit dem Fachpersonal, das ihn betreut, bestätigen schließlich meine Vermutung: Er hat erhebliche Fortschritte gemacht und ist auch bereit, mit mir vor laufender Kamera zu sprechen. Nur vermag ich nicht sicher einzuschätzen, wie Joachim Mattock auf die besonders belastende Situation reagieren wird, wenn an seinem Hemd ein Mikrophon steckt und zwei Kameras auf ihn gerichtet sind. Und ob ich der Doppelbelastung des Interviewers und Darstellers in einer Person gewachsen sein werde, muss sich ebenfalls erst noch erweisen. Mir ist klar, dass ein solcher Erfolg nur bedingt planbar ist und eine Kamera alles sieht und nichts verzeiht.

Am 5. Juli 2011 ist der Tag X. Ich werde in Düsseldorf vom Filmteam abgeholt, das aus dem Produktionsleiter, der Regisseurin, einem Kameramann, seiner Assistentin und dem

Tonmeister besteht. Wir haben in den letzten Monaten bereits zusammengearbeitet und sind uns auch menschlich nähergekommen. Trotzdem bin ich an diesem Tag nervös. Lampenfieber. Erwartungsdruck. Denn: Die Sache kann auch gründlich danebengehen.

Als wir gegen 11.30 Uhr am Drehort eintreffen, durchlaufen wir den üblichen Sicherheitscheck, müssen Handys in Schließfächern deponieren, unsere Pässe abgeben und erhalten dafür einen Besucherausweis. Während unseres Aufenthalts in dem durch hohe Mauern, Zäune und Kameras hochgesicherten Bereich der psychiatrischen Klinik werden wir von einem freundlichen Mitarbeiter der Presseabteilung begleitet und betreut.

Nachdem die Außenaufnahmen gedreht worden sind, werden wir zum Haus 26 gebracht. Joachim Mattock, der bereits auf seinem vergitterten Balkon steht und mir zuwinkt, ist dort untergebracht. Als ich ihn so hinter Stahl sehe, denke ich unwillkürlich an einen Raubtierkäfig.

Er hat sich seit unserer letzten Begegnung äußerlich verändert: weniger Haare, mehr Bauch. Wir unterhalten uns kurz. Smalltalk. Danach bringt unser Begleiter das Team und mich in den Besucherraum. Dort soll das Interview stattfinden. In etwa einer halben Stunde, wenn die Technik aufgebaut ist, kann es losgehen.

Die Vorbereitungen für den Dreh zwingen mich zur Untätigkeit. Und zum Nachdenken. Ich führe mir noch einmal vor Augen, wie ich das Gespräch beginnen möchte. Zunächst will ich dafür sorgen, Joachim Mattock Mikrophon und Kamera vergessen zu lassen. Das wird schwer genug. Obendrein muss ich einen Weg finden, ihn unter diesen verschärften Bedingungen zu intimen Aussagen zu bewegen. Und ich muss peinlichst darum bemüht sein, nicht den Faden zu verlieren und das Gespräch so zu führen, dass keine Brüche oder Irritationen entstehen. Der Druck ist immens.

Während ich noch sinniere, wird Joachim Mattock hereingeführt. Die Aufgeregtheit steht ihm ins Gesicht geschrieben. Ich versuche ihn aufzulockern, mache Scherze. Er lacht dankbar. Mir ist ganz anders zumute. Ein wenig Ablenkung bringt die Verkabelung durch den Tonmeister, der Mikrophone an unsere Hemden steckt. Danach setzen wir uns. Blickkontakt. Joachim Mattock lächelt verlegen. Ich erkläre ihm, wie der weitere Ablauf sein wird, und weise ihn darauf hin, dass es ihm freisteht, Fragen auch unbeantwortet zu lassen. Er nickt.

Barbara Eder gibt mir ein Zeichen: Es kann losgehen. Mein Herz beginnt zu hämmern. Niemals zuvor war ich vor einem Interview derart aufgeregt. Ein letzter kurzer Blick auf meine Notizen, den Fragenkatalog. Nun gibt es kein Zurück mehr. »Bereit?«, fragt die Regisseurin. Kopfnicken des Teams. »Achtung, wir drehen. Ton ab. Kamera ab – läuft. Und bitte ...«

Mein Plan ist: Ich werde zur Einleitung ein wenig über mich selbst sprechen und erst dann eine Frage stellen. Joachim Mattock soll Gelegenheit haben, sich mit den äußeren Umständen vertraut zu machen. Eine sofortige Frage würde ihn möglicherweise überfordern, schlimmstenfalls blockieren.

Also erzähle ich bewusst ausführlich von meiner frühesten Kindheitserinnerung, wie ich als Anderthalbjähriger erstmals ohne fremde Hilfe eine Treppe herunterrutsche, auf dem Po, ganz behutsam, Stufe für Stufe. Und wie ich daraufhin stolz wie Oskar am Rockzipfel meiner Mutter zupfe, die in der Küche beschäftigt ist und sich furchtbar erschreckt – eigentlich hätte ich doch eine Etage höher im Laufstall sein sollen.

»Was ist Ihre erste Kindheitserinnerung?«

Joachim Mattock antwortet nicht, sondern pfeift durch seine immer noch lückenhaften Vorderzähne und grübelt, schweigt. Sofort wird mir klar, dass ich den falschen Einstieg gewählt habe. Gleich zu Beginn in eine Sackgasse zu geraten, ist übel. Ich könnte eine neue Frage stellen, möchte aber mein Konzept nicht so früh über den Haufen werfen. Deshalb lasse ich ihn weiter nachdenken.

»Welche war meine? Tja, da hab ich kaum eine Erinnerung.«

»Sie haben keine Vorstellung, wann Sie als Person angefangen haben zu existieren?«

»Ich hatte zwei Geschwister, die sich um mich gekümmert haben ...«

Damit ist meine Frage zwar nicht beantwortet, doch ich bin froh, dass wir jetzt trotzdem einen Einstieg gefunden haben. Joachim Mattock erzählt von den leidvollen Erfahrungen mit seinen Eltern und den häufigen Bestrafungsritualen. Ich habe mir am Abend zuvor das Gesprächsprotokoll unseres ersten Interviews aus dem Jahr 1999 durchgelesen – inhaltlich ergeben sich zu seinen jetzigen Ausführungen keine bedeutsamen Abweichungen. Das ist ein gutes Zeichen: Er lässt nichts aus, er übertreibt nicht, er bleibt bei der Wahrheit.

»Okay, verlassen wir das Elternhaus. Wie ist denn hier in der Klinik Ihr Tagesablauf? Sie wachen morgens auf, was passiert dann?«

»Rauchen. Kaffee trinken. Dann duschen und PC anschmeißen, ein bisschen spielen. Später Theatertexte lernen ...«

»Theatertexte?«

»Wir haben hier eine Theatergruppe, da mache ich mit.«

»Und wie geht es nach dem Auswendiglernen weiter?«

»Gartenarbeit, Karnickel und Fische füttern. Das geht bis 19 Uhr. Um 21 Uhr ist Einschluss. Das ist der Tagesablauf.«

Mit meiner nächsten Frage möchte ich herausbekommen, ob Joachim Mattock im Laufe der Therapie tatsächlich eine Veränderung durchgemacht hat. Denn auf diese Frage hat er vor elf Jahren nicht geantwortet.

»Haben Sie damals ein gerechtes Urteil bekommen?«

»Ja.«

»Warum war das Urteil gerecht?«

»Ja, ich hab Leben genommen.«

»Sie könnten doch für sich reklamieren: Ich bin auch Opfer gewesen, ich hatte eine üble Kindheit, wurde ausgegrenzt und geschlagen. Ich wollte das ja eigentlich nicht ...«

»Damals hätte ich das gesagt, jetzt nicht mehr. Ich bin zwar auf eine Art auch Opfer, aber ich hätte mich auch anders verhalten können.«

»Hatten Sie denn damals eine Wahl?«

»Ja, hätte ich gehabt. Nur wollte ich es nicht.«

»Wie stehen Sie heute zu dem Begriff des *Mörders*? Können Sie damit etwas anfangen?«

»Das ist meine Persönlichkeit. Das ist ja geschehen. Wenn ich das ablehnen würde, würde ich so denken wie früher.«

Wenn es stimmt, was Joachim Mattock sagt, und er mir nicht nur nach dem Mund redet, dann hat er sich in den letzten Jahren tatsächlich mit seinen Taten auseinandergesetzt. Dies nährt meine Hoffnung, heute auch in diesen Bereich vorstoßen zu können. Doch für solche Fragen ist es noch zu früh. Deshalb versuche ich, den Aspekt seiner Persönlichkeitsstruktur zu vertiefen.

»Wenn über Menschen wie Sie in den Medien berichtet wird, dann ist häufig vom *Abgrund der menschlichen Seele* die Rede. Wie denken Sie darüber?«

Joachim Mattock pfeift, bevor er antwortet: »Ich guck mir so was gar nicht an, das macht mich mittlerweile wütend. Da war letztens noch so ein Bericht über den Mord an einem kleinen Mädchen, da hab ich spaßeshalber über den Täter gesagt: Kopf ab! Im Nachhinein hab ich dann aber überlegt: Du hast das ja selbst gemacht.«

»Können wir den Begriff *Abgrund* mit Ihrer damals abnormen Persönlichkeit gleichsetzen?«

Kopfnicken.

»Was war Ihr Abgrund?«

»Ja, dass ich so geworden bin, wie ich geworden bin.«

»Wenn Sie in diesen Abgrund hineinschauen, was sehen Sie dann?«

»Nix. Weil ich das verdränge.«

Joachim Mattock kommt ins Grübeln. Mit dieser kurzen Antwort will ich mich nicht zufriedengeben. Ich schaue ihm in die Augen und signalisiere einerseits Verständnis, andererseits gesteigertes Interesse.

»Ich denke an meine Taten – alles scheiße gelaufen. Aber es ist geschehen, was soll ich da denken? Das ist mein Leben, das ist mein Abgrund, den habe ich mir selbst geschaffen.«

Bemerkenswert. Obwohl ich ihm mehrfach Gelegenheit gegeben habe, die Schuld bei anderen Personen bzw. Institutionen zu suchen, beharrt er auf der eigenen Verantwortung für sein kriminelles Tun.

»Haben Sie Angst vor diesem Abgrund?«

Joachim Mattock pfeift. »Weiß ich nicht.« Er überlegt einen Augenblick. »Also hier drin nicht. Wenn ich draußen wäre, vielleicht ... dann, dann ja.«

»Was unterscheidet denn Joachim Mattock anno 1993 und 2011?«

»Ich bin hier nicht im Knast. Im Knast würde ich keinen Unterschied merken, da hätte ich das Verhalten von früher auch beibehalten. Nur hier habe ich gemerkt, dass ich als Mensch behandelt werde, auch wenn ich schlimme Taten gemacht hab. Ich bin dem Pflegepersonal nicht egal. Man hat Vertrauen in einen.«

»Was hat sich denn im positiven Sinn verändert?«

»Ja, der Umgang mit Menschen, auch mit Frauen.«

»Wie haben Sie denn hier den Umgang mit Frauen gelernt?«

Joachim Mattock berichtet mir, dass er sich zu Beginn seiner Therapie mehrere Jahre lang konsequent verweigert hat. Doch dann geriet er an eine Psychologin, die, obwohl sie schon zweimal von Patienten angegriffen worden war, mit ihm für das Reflektionsgespräch, also den ersten Kontakt, in einen Raum fernab der Station ging – allein!

»Da war ich ganz klein.«

»Warum?«

»Weil sie von den Überfällen erzählt hat und wie sie sich dabei gefühlt hat – als Opfer. Da hab ich mich als Täter wiedererkannt. Da sind mir die Augen geöffnet worden. Heute bin ich stolz darauf.«

»Inwiefern?«

»Ich kann mit ihr reden, rumalbern. Heute gehe ich auch von mir aus auf Frauen zu. Das hab ich früher ja nie gemacht.«

»Gibt es noch andere Kontakte zu Frauen?«

Er antwortet nicht, schmunzelt aber vielsagend. Seine ablehnende Haltung macht mir Sorgen. Es gibt also nach wie vor Bereiche, über die er nicht reden möchte.

»Was würde Sie draußen davon abhalten, wieder rückfällig zu werden?«

»Ich will gar nicht raus – weil ich mir sage: Es würde wieder passieren. Ich müsste wieder aufs Amt, würde wieder eine Abfuhr bekommen, dann noch eine und noch eine. Nee ...«

»Also haben Sie Angst vor dieser Sackgassensituation, die Sie damals ...«

Er unterbricht mich. »Ja, ich hab mir hier ein Ziel gesetzt: Wenn die Phantasien kommen, dann habe ich jemand, dem ich mich anvertrauen kann.«

Ich überlege kurz, ob ich diese Steilvorlage nutze und ihn auf seine Phantasien anspreche, verwerfe den Gedanken jedoch und greife einen anderen Aspekt auf.

»Sie haben früher sehr darunter gelitten, dass niemand da war, dem Sie hätten vertrauen können. Kann man das so sagen?«

»Sonst würden wir jetzt nicht hier sitzen ...«

»Wie ist das denn heute? Wie gelingt es Ihnen, Vertrauen aufzubauen?«

»Och, der erste Eindruck. Sympathie oder Antipathie. Ich checke ihn erst mal ab.«

»Was checken Sie denn am Gegenüber?«

»Ob er einen guten Eindruck macht. Der Rest ergibt sich im Gespräch. Wenn ich merke, mit dem komme ich nicht auf einen Nenner, dann sag ich dem das.«

»Und das war früher nicht so ...«

»Ja, das hätte ich früher nie gemacht.«

Ich habe den äußeren Rahmen dieses Gesprächs mittlerweile ausgeblendet und konzentriere mich ausschließlich auf Joachim Mattock, halte fortwährend Blickkontakt, schaue nicht auf mein Konzeptpapier, sondern versuche, ihm ein Gefühl von besonderer Nähe und ungeteilter Aufmerksamkeit zu vermitteln.

»Sie haben eine langjährige Karriere als Straftäter hinter sich. Welche Fehler sind Ihnen dabei passiert?«

»Der größte Fehler war, Urteile zu lesen.«

»Urteile von anderen Gefangenen?«

»Ja.«

»Weil die Sie auf falsche Gedanken gebracht haben?«

»Genau das ist es.«

»Was hat Sie denn bei den Urteilen so angesprochen?«

»Ich kannte so was doch gar nicht: Vergewaltigung, Mord. Als ich das gelesen hab, bin ich halt auf den Gedanken gekommen, so was auch mal zu machen.«

Eine gute Gelegenheit, noch einmal auf eine bisher unbeantwortet gebliebene Frage zurückzukommen.

»Und was haben Sie bei den Taten falsch gemacht?«

»Alles.«

Diese Antwort ist zwar unbefriedigend, aber sie bringt mich auf eine Idee. Nach seinem ersten Mord ist Joachim Mattock bereits zwei Tage später festgenommen und letztlich durch eigene Unachtsamkeit überführt worden. Vielleicht gelingt es mir, über diesen Aspekt eine Brücke zur Tat selber zu schlagen, ohne ihn direkt danach fragen zu müssen. Ich probiere es.

»Apropos Fehler. Die Sache mit dem Schlüssel des Opfers – wie kam das?«

»Die Bullen kamen in unsere Werkstatt und sagten, dass ich mitkommen soll zur Vernehmung. In der Schule, die hatten da ihre Zweigstelle, haben sie gesagt, ich soll die

Taschen leer machen. Den Schlüssel hatte ich noch in der Tasche.«

»Und dann?«

»Ich hab denen gesagt: ›Was eiert ihr denn jetzt noch so rum? Kommt doch mal auf den Punkt.‹ Und dann haben sie mich gefragt, ob ich's gewesen bin. ›Logisch‹, hab ich gesagt.«

»Warum haben Sie denn den Schlüssel überhaupt mitgenommen?«

»Die Handtasche lag neben ihr. Da hab ich mir gedacht, kannst du ja mitnehmen, vielleicht ist noch was drin.«

»Geld?«

»Denke schon. Später wollte ich die Handtasche verbrennen.«

»Aber Sie hätten die Handtasche doch an Ort und Stelle durchsuchen können ...«

»Nee, da kamen Leute, da hatte ich Schiss und musste weg, nur weg.«

»Und da haben Sie entschieden, die Handtasche mitzunehmen?«

Joachim Mattock nickt.

»Was ist dann mit der Handtasche weiter passiert?«

»Hab ich verbrannt.«

»Und der Schlüssel?«

»Brannte nicht. Hab ich eingesteckt.«

»Warum?«

»Weiß nicht. War mehr so ein Reflex.«

»Und später haben Sie an den Schlüssel nicht mehr gedacht?«

»Genau. Einfach vergessen.«

»Kannten Sie das Mädchen?«

»Vom Sehen her ja, sonst nicht.«

»Und Sie sind ihr zufällig begegnet?«

Kopfnicken.

»Können Sie mir den Ort beschreiben, wo Sie auf das Mädchen getroffen sind?«

»Das war eine einsame Landstraße, die den Berg hochging. Ich war da unterwegs, und von oben kam die auf mich zu. Es war schon dunkel.«

»Was ging Ihnen durch den Kopf, als Sie das Mädchen gesehen haben?«

»Da kommt noch jemand gelaufen. Das wäre eine gute Gelegenheit, hab ich gedacht. Jetzt oder nie.«

»Wie sah die Frau denn aus?«

»Weiß nicht, die hatte eine Kapuze auf.«

Das Opfer ist Rosalinde Kracht, eine 17-jährige Schülerin aus Silbitz, einer kleinen Gemeinde an der Stadtgrenze von Gera. Es ist 22.15 Uhr, die junge Frau hat nach dem Besuch einer Freundin den Bus verpasst und läuft zu Fuß nach Hause. Sie ist 1,68 Meter groß, hat lange blonde Haare und ist bildhübsch.

»Aber Sie haben erkannt, dass es sich um eine Frau handelt?«

»Ja.«

»Woran?«

»Am Klack-klack-klack.«

»Klack-klack-klack?«

»Ja, ihre Schuhe.«

»Die hohen Absätze haben klack gemacht?«

»Ja. Und so am Gang, als sie auf meiner Höhe war.«

»Wie ging es weiter?«

»Wo sie auf meiner Höhe war, hab ich sie gepackt und von der Straße runtergezogen …«

Joachim Mattock zögert.

»Und dann?«

»Ins Feld reingezogen. Da waren so Strohdinger. Als die Kapuze runter war, habe ich sie erkannt: Es war die Schwester von einer Ex-Schulkameradin. Und dann hab ich sie gewürgt.«

»Warum?«

»Um nicht erkannt zu werden. Die kennt mich ja, und dann kommt es raus.«

»Sie haben sie einfach nur gewürgt?«

»Nee, auch sexuelle Handlungen vorgenommen. Sie musste sich auch ausziehen.«

»Können Sie mir das genauer beschreiben?«

»Ich hatte noch ein Messer dabei, so ein Küchenmesser. Und damit hab ich ihr Angst eingejagt. Hab gesagt, sie soll sich ausziehen.«

»Und das hat sie gemacht?«

»Ja.«

»Und dann?«

»Ich hab sie befummelt. Und dann fing es an zu regnen. Da ging's bei mir schon in die Richtung, die kannst du jetzt nicht mehr laufen lassen.«

»Wie lange haben die sexuellen Handlungen gedauert?«

»Weiß nicht. Kurz.«

»Was haben Sie dabei empfunden? Hatten Sie Lust?«

»Nee. Da ging nix.«

»War der Stress zu groß?«

»Ja. Und dann hatte ich nur noch eins im Kopf: Die muss weg. Und dann hab ich sie gewürgt.«

»Können Sie mir den Würgevorgang beschreiben?«

»Einfach zugegriffen und zugedrückt.«

»Wie lange hat das gedauert?«

»Weiß nicht. Es ging ganz schnell.«

»Und wie haben Sie festgestellt, dass die Frau tot war?«

»Ja, man hat doch Fernsehen. Das sieht man doch im Film, wenn man gewürgt wird, dass man tot ist.«

»Wie war das denn genau?«

»Ich hab's geahnt, weil der Kopf so schief lag, sie hat sich nicht mehr gewehrt, kein Lebenszeichen mehr.«

»Haben Sie sich in dem Moment Gedanken gemacht, dass da ein Mensch zu Tode kommt?«

»Nein.«

»Was ist Ihnen durch den Kopf gegangen?«

»Da war nur ein Gedanke: Die muss weg.«

»Was haben Sie in der Frau gesehen? Haben Sie sie als Person wahrgenommen?«

»Gar nicht. Ich wollte nur erreichen, dass man mich nicht erwischt – weil die kennt mich, die wird mich anzeigen.«

»Und wie ging es weiter?«

»Ich hab sie mit Stroh zugedeckt, hab die Handtasche mitgenommen und bin weg.«

»Und die Kripo kam sehr schnell auf Sie – warum gerade auf Sie?«

»Ein Autofahrer hatte mich nachmittags an der Landstraße gesehen, als ich nach einer Frau gesucht habe. Der kannte mich.«

Es hat funktioniert. Warum sich Joachim Mattock mir offenbart hat, weiß ich nicht, letztlich ist es mir auch egal. Hauptsache, er redet. Ich habe aber auch bemerkt, wie schwer es ihm gefallen ist, sich zu bekennen. Deshalb will ich nicht gleich auf den nächsten Mord zu sprechen kommen, sondern lenke unser Gespräch auf einen anderen wichtigen Aspekt, den ich mir bisher nicht erklären konnte.

»Die erste versuchte Vergewaltigung in Stuttgart: Sie lauern der Frau auf, überwältigen sie, zerren sie in ein Waldstück. Sie hätten alles mit ihr machen können, lassen sie aber laufen. Wie kam das?«

»Sie fing an zu jammern, und ich könnte sie ruhig küssen, hat sie gesagt. Dann fing sie von ihrem kleinen Kind an. Da hab ich gedacht: Was machst du hier?«

»Und da sind Sie wach geworden?«

»Wie Aufwachen?« Joachim Mattock überlegt einen Moment. »Ja, kann man so nennen. Da war dieser innere Kampf ...«

»Als die Frau von ihrem Kind erzählte, war sie nicht mehr nur Objekt, sondern ein Mensch wie Sie auch?«

»Ja. Sie war ja noch so jung, und das kleine Kind. Dann hätte das Kind keine Mutter mehr gehabt. Das war mir in dem Moment peinlich. Außerdem lief es bei mir auf der Arbeit zu der Zeit gut, das wollte ich mir nicht kaputtmachen.«

Seine Antwort ist bemerkenswert und entspricht Verhaltensweisen, die ich auch bei anderen phantasiegesteuerten Serienmördern festgestellt habe. Ich möchte diesen Aspekt vertiefen.

»Hat Sie das Verhalten der Frau überrascht oder irritiert?«

»Ja. Das kam auch so, weil sie am Anfang gestrampelt hat und so. Und als sie gemerkt hat, so kommt sie da nicht raus, hat sie mit mir geredet. Dieses Reden ...«

»Kam in Ihrer Phantasie nicht vor?«

»Genau. Ich hab erwartet: kratzen, beißen, treten.«

»Dieses Opferverhalten hätte Ihren Neigungen entsprochen?«

»Ja.«

»Und dann verhielt die Frau sich ganz anders, und damit konnten Sie nichts anfangen?«

»Ja, ich wollte nur noch weg.«

»Und Ihre Erregung, die anfangs vorhanden war, spürten Sie jetzt nicht mehr?«

»Die war weg.«

»Ganz plötzlich?«

»Ja.«

»Ist Ihnen so etwas noch einmal passiert?«

»Da war eine ältere Frau, die hat mir von ihrer Familie und ihren Kindern erzählt. Sie hat gesagt, ich könnte mit ihr alles machen, ich sollte nur an ihre Kinder denken. Ja, da bin ich auch abgehauen.«

»Hat Ihnen die Frau leidgetan, oder waren Sie in dieser Situation überfordert?«

»Das hat mich überfordert. Aber Mitleid kam auch durch. So Gedanken: Nee, das kannst du ihr nicht antun. Die gibt vielleicht ihren Kindern das, was ich früher nie gekriegt habe. Die hat auch gar nicht groß gestrampelt, nur am Anfang. Tja, da bin ich abgehauen.«

»Dann kam es aber später zu Tötungen. Was hat den Unterschied gemacht?«

»Ja, die Gegenwehr ...«

Jetzt ist der richtige Augenblick, ihn auf den letzten Mord im Ruhrgebiet anzusprechen, bei dem er besonders brutal und kaltblütig vorgegangen ist.

»Wie ist denn die Sache in Haltern abgelaufen?«

»Ich war mit zwei Kumpels an dem Stausee. Das waren Obdachlose, die ich in Dortmund kennengelernt hatte. Wir haben uns Zelte besorgt. Die wollten aber immer nur saufen und Drogen nehmen, das war nicht meine Welt. Tja, als die nach Dortmund zurück mussten, weil sie kein Geld mehr hatten, hab ich mich von denen getrennt.«

»Sie waren jetzt wieder auf sich allein gestellt und hatten keine Ablenkung?«

»Kann man so sagen. Ich bin dann da durch den Wald gelaufen, und es kam wieder so eine Situation.«

Die Frau, die ihm entgegenkommt, ist Ruth Manthei, eine 26-jährige Studentin, die gegen 18.15 Uhr auf einem Waldweg nach Hause radelt. Zu dieser Zeit herrscht noch reger Ausflugsverkehr, der etwa 500 Meter entfernt gelegene Campingplatz ist nahezu ausgebucht.

»Die Frau kam mit dem Fahrrad, ich hab sie vom Fahrrad gezogen. Weit und breit keiner da, und die hat sich auch gewehrt. Sie musste sich unter Zwang ausziehen, wie ich mir das in der Phantasie vorgestellt hab.«

»Und jetzt hatten Sie genau das, was Sie wollten ...«

»Genau. Sie meinte dann, ich soll das Messer wegstecken. Hab ich auch gemacht. In dem Moment hat sie ausgeholt ...«, Joachim Mattock pfeift durch die Zähne, »... und mir eine geknallt. Dann hab ich das Messer genommen und zugestochen.«

Bei der Obduktion wurden sechs Stiche in den linken Brustbereich festgestellt, die das Herz durchbohrt hatten, ein Stich in die rechte Brustseite und ein Stich in den Kehlkopf.

»Fühlten Sie sich von der Frau herausgefordert?«

»Die Gegenwehr war einfach zu heftig. Ich hätte alles mit mir machen lassen, nur die hat das Gegenteil von dem gemacht, was ich ihr gesagt hab. Da ging's nur noch darum, dass sie ruhig ist. Mit dieser starken Gegenwehr hatte ich nicht gerechnet.«

»Was haben Sie gefühlt, als Sie die Frau getötet haben?«

Joachim Mattock pfeift. »Angenehm, unangenehm, angenehm. Weiß nicht, hab da einfach abgeschaltet. Mitleid hatte ich mit der nicht ...« Er denkt kurz nach. »Danach habe ich sie nur noch zugedeckt und bin weg.«

»Was war das für ein Gefühl, als Sie zugestochen haben?«

»Wie im Rausch, kann man sagen. Ich kam mit der nicht klar, überall waren Leute ringsum. Ich hatte ja auch Schiss.«

Diese Schilderungen der emotionalen Seite der Tat kommen mir zu glatt vor. Ich vermute, dass er etwas bewusst ausgeklammert hat. Deshalb hake ich nach.

»Hat Sie diese Gegenwehr aufgegeilt?«

»Ja.«

»Oder aggressiv gemacht?«

»Aggressiv gemacht, aber auch aufgegeilt.«

»Sie wollten die Machtlosigkeit der Frau spüren?«

»Ja, kann man so sagen.«

»Gab es auch Situationen, in denen Sie eine Frau hätten überfallen können, es aber nicht getan haben?«

»Ja, das gab's schon. Da kam mir eine entgegen, da hab ich gedacht: Nee, da kriegst du noch den Arsch voll.«

»Was war das für eine Frau?«

»Die war körperlich schon athletisch. Da hab ich mich nicht getraut.«

»Wie hätte man sich als Frau vor Ihnen schützen können?«

»Gar nicht.«

»Aber Sie haben doch eben ...«

Er unterbricht mich. »Reden, reden, auf einen einreden.«

»Wie ist denn eine solche Tat in Ihrer Phantasie abgelaufen?«

Joachim Mattock fasst sich kurz: Wenn er alleine gewesen sei und keine Ablenkung gehabt habe, seien ihm Gedanken gekommen, einer Frau aufzulauern, sie von der Straße zu zerren und sie zu sexuellen Handlungen zu zwingen. Details behält er zunächst für sich.

»Wann hatten Sie zum ersten Mal solche Phantasien?«

»Ich hab von Vergewaltigung und Mord in den Urteilen meiner Mitgefangenen gelesen, wie die das gemacht haben. Danach bin ich das in meiner Phantasie so durchgegangen, hab es noch ein bisschen verbessert, zum Beispiel, dass mich keiner erkennt. Ja, und später ist es so weit gekommen, da war die Tötung schon mit drin.«

Ich bin überrascht. Bisher hat Joachim Mattock behauptet, die Tötungen seien aus anderen Gründen erfolgt, entweder aus Verdeckungsabsicht oder aus Wut über das Verhalten des Opfers. Seine jetzige Version hingegen deutet auf Mordlust hin. Zunächst spreche ich ihn jedoch nicht darauf an, sondern möchte zuerst mehr über seine abnormen Phantasien erfahren.

»Wie sahen denn die Opfer in Ihren Vorstellungen aus?«

»Frau.«

»Frau?«

»Einfach nur eine Frau, nichts Spezielles.«

»Mussten diese Frauen bestimmte Merkmale haben, zum Beispiel eine große Oberweite?«

»Nee, nix.«

»Und was wollten Sie von den Frauen?«

»Mich an denen sexuell befriedigen, dass die machen müssen, was ich will.«

»Und was wollten Sie?«

»Ja, Macht haben über die. Mir das nehmen, was ich nicht kriege. Oder weil mich keiner mag.«

»Also ging es Ihnen weniger um Sexualität, sondern ...«

»Mit Sex über sie Macht haben.«

Keiner von uns beiden registriert noch die besonderen Rahmenbedingungen dieses Gesprächs. Joachim Mattock macht einen aufgeschlossenen Eindruck und bemüht sich um Geradlinigkeit und Klarheit, auch wenn mancher Aspekt zunächst undeutlich bleibt.

»Das ist mir jetzt ein bisschen dünn. Sie wollten den Frauen Ihr Verhalten aufzwingen – was denn genau?«

»Befummeln. An die Brüste greifen und zwischen die Beine.«

»Lief das nach einem bestimmten Schema ab?«

»Was ich mir vorher so überlegt hab: zwinge sie, die Jacke auszuziehen, dann Pullover oder Bluse und so ...«

»Was war für Sie der schönste Moment?«

»Zugreifen. Und von der Straße ziehen.«

»In diesem Moment war die Erregung am stärksten?«

»Ja. Die Figur aus dem Spiel nehmen: So, jetzt hab ich dich!«

»Haben sich die Phantasien im Laufe der Zeit verändert?«

»Ja. Nach den ersten neun Jahren Haft war das Töten schon mit drin.«

»Endete die Phantasie mit dem Zustechen und Töten?«

»Das Zustechen ist der Tod, ja.«

»Und der Tod des Opfers war schön für Sie?«

»Der Tod ist gut gewesen.«

»Welche Phantasie hat Sie am meisten angemacht?«

»Tja, bis zum Tod dann.«

»Warum hatten Sie bei dem ersten Tötungsdelikt ein Messer dabei?«

Joachim Mattock pfeift, bevor er antwortet. »Weil ich es in einem Urteil so gelesen hab. Da dachte ich, musst du auch ein Messer mitnehmen, um den Druck auf die Frau zu verstärken.«

»Wie oft waren Sie denn unterwegs, um an eine Frau zu kommen?«

»In der Stuttgarter Zeit immer nach Feierabend, so fünf, sechs oder sieben Stunden.«

»Also fast jeden Tag?«

»Ja.«

»Hätten Sie eine solche Tat auch an einer Frau aus Ihrem Bekanntenkreis verüben können?«

»Ja.«

Ich bin wieder erstaunt. Bisher haben mir nahezu alle sadistischen Täter erklärt, nur fremde Opfer attackiert und getötet zu haben, weil sie es andersherum nicht fertiggebracht hätten. Hemmungen.

»Sie hätten also beispielsweise auch die Freundin Ihres Bruders vergewaltigen und töten können?«

»Ja, nicht so direkt.«

»Sondern?«

»Weiß nicht.« Ein Pfeifen. »Also wenn ich jetzt wieder zu Hause gewesen wäre und meine Mutter hätte so weitergemacht, dann hätte ich sie auch umgenietet. Das Verhältnis war ja schon zerstört, die hab ich ja nicht mehr als Verwandtschaft oder Mutter gesehen.«

»Jede Tat hat ein emotionales Gefälle. Wie war das denn bei Ihnen?«

»Wo es nicht zur Tötung kam, war es verhalten. Aber bei den Tötungen, da war die Kurve groß.«

»Können Sie mir das genauer erklären?«

»Das ist für mich schwer zu erklären ...«

Joachim Mattock schaut mich hilfesuchend an. Ich verkneife mir daher weitere Fragen zu diesem Thema und spreche einen anderen Punkt an.

»Viele Täter haben mir berichtet, sie hätten für ihre Opfer nichts empfunden. Wie war das bei Ihnen?«

»Hat man auch nicht. Was ist Mitleid? Ich hab's doch

nicht gelernt. Meinem Therapeuten hab ich das mal so erklärt: Wenn er jetzt vor mir die Treppe runterfallen würde, würde ich weiterlaufen. Er könnte von mir aus verbluten, interessiert mich nicht. Ich komme drüber weg. Diese Gefühlskälte ist durch die jahrelange Haft entstanden.«

»Mir ist aufgefallen, dass Sie bei keiner Ihrer Taten das Opfer vergewaltigt haben, obwohl es Ihnen doch auch darauf ankam. Warum ist es nicht dazu gekommen?«

»Teilweise kamen Passanten, da wurde ich gestört.«

»Das war aber nicht immer so ...«

»Es ging nix. Die Erregung war auf einmal weg.«

»Manch einer versucht, sich trotzdem zu stimulieren, indem er sein T-Shirt über das Gesicht des Opfers legt oder andere Sachen macht ...«

»Ich hab mir nach den Taten die Szenen noch mal vorgestellt und mich dabei stimuliert. In meinen Gedanken hat dann alles geklappt.«

»Haben Sie nach einer Ihrer Taten so etwas wie Erleichterung oder Freude verspürt?«

»Nee, nix.«

»Wenn Sie im Nachhinein über Ihre Taten nachgedacht haben, was haben Sie dabei empfunden?«

»Weiß nicht.«

»Hatten Sie das Gefühl, ein Stück größer geworden zu sein, etwas Besonderes getan zu haben?«

»Nach der Sache in Dortmund, ja, schon.«

»Warum?«

»Da gab's ein Phantombild von mir, das sah mir aber gar nicht ähnlich. Selbst die Tätowierungen waren ganz woanders. Da hab ich gedacht, jetzt kannst du auch losziehen, wenn es hell ist.«

»Und das war ein gutes Gefühl?«

»Ja. Ich war der King. Mich kann nie einer kriegen.«

Ich gebe Barbara Eder an dieser Stelle ein Zeichen, woraufhin sie den Dreh beendet: »Cut – danke!«

Im Verlaufe des Gesprächs habe ich mehr und mehr den Eindruck gewonnen, Joachim Mattock hie und da zu überfordern. Ich sehe mich ihm gegenüber in der Pflicht, die Grenzen seiner Belastbarkeit zu respektieren und rechtzeitig die Notbremse zu ziehen. Und auch mich plagen mittlerweile Kopfschmerzen. Es ist genug für heute.

Joachim Mattock hat während der Therapie fraglos beachtliche Fortschritte erzielt, die bei unserem erstmaligen Treffen nicht einmal ansatzweise auszumachen waren: Er ist jetzt bereit, über seine Taten und die motivischen Hintergründe zu sprechen; es ist ihm gelungen, zumindest zu seinen Therapeuten ein Vertrauensverhältnis aufzubauen; er betrachtet Frauen nicht mehr ausschließlich als objekthafte Wesen, die es zu erniedrigen und zu beherrschen gilt; und er hat gelernt, eigene Bedürfnisse zu formulieren und Konflikte nicht nur zu verdrängen oder eine gewaltsame Lösung anzustreben, sondern sich entsprechend zu artikulieren und darüber zu kommunizieren.

Vor allem sehe ich jetzt deutlich klarer, warum Joachim Mattock die Taten begangen hat. Es ging ihm weniger darum, Sexualverkehr mit einer Frau zu erzwingen, sondern vornehmlich um das Ausüben sexualisierter Gewalt. Er hat dieses abnorme Verlangen in einfachen Worten so ausgedrückt: »Mit Sex über sie Macht haben.«

Besonders ärgerlich und bedenklich erscheint dabei, dass Joachim Mattock – ausgerechnet! – während seiner ersten Inhaftierung Urteile von Mitgefangenen zu lesen bekam, die in ihm nicht nur abnorme Bedürfnisse weckten, sondern später auch als Blaupause für seine Gewaltverbrechen dienten. Wäre seine kriminelle Karriere, vielleicht sogar sein bürgerliches Leben anders verlaufen, hätte Joachim Mattock diese ihn prägenden Erfahrungen nicht gemacht?

Und ein weiterer Aspekt ist deutlich geworden, der mir zuvor verborgen geblieben war: Die von ihm in Westdeutschland begangenen Tötungsdelikte waren – neben der Verdeckungsabsicht und dem affektiv anmutenden Bestrafungscharakter – auch eingefärbt vom Motiv der Mordlust, denn seine abnormen Phantasien beinhalteten schon zu diesem Zeitpunkt die Tötung des Opfers als einen Gewaltakt, der einherging mit der unnatürlichen Freude an der Vernichtung eines Menschenlebens. Und solange Joachim Mattock diese Phantasien hat, wird man ihn nicht in die Sozialgemeinschaft zurückgeben dürfen. Mit an Sicherheit grenzender Wahrscheinlichkeit wird deshalb jene umstrittene Formel in diesem Fall doch aufgehen: Lebenslänglich = lebenslänglich.

Nachwort – Vom Wesen des Bösen

Das Böse steht als Begriff für das Unmoralische, das Schlechte im Menschen, die dunkle Seite, den Abgrund. Als Gegenbegriff zum Guten ist das Böse der zentrale Gegenstand verschiedener Religionen und Kulturen, aber auch wissenschaftlicher Disziplinen, die nach den Ursachen abweichenden Verhaltens fragen. Wenn etwas Böses passiert, gerät auch immer etwas aus den Fugen, kleine und große Welten – Empörung macht sich breit und provoziert Fragen: Wie konnte das nur passieren? Wer ist zu so etwas fähig? Aus welchem Grund?

Auch ich habe mich anfangs vom Begriff des Bösen leiten und verleiten lassen. Ich war der Meinung, Serienmörder seien böse Menschen, die monströse Taten begehen und eingesperrt gehören, lebenslang. Und ich rechnete damit, dem Bösen leibhaftig zu begegnen, es kennenzulernen, vielleicht sogar zu verstehen. Viele Serienmörder habe ich aus diesem Grund persönlich getroffen. Doch »Monstern« bin ich nicht begegnet, vielmehr überwiegend zurückhaltenden, eher selbstunsicheren, introvertierten und ängstlichen Menschen, vorrangig Männern.

Lediglich in einem einzigen Fall hatte ich tatsächlich das Gefühl, mit einem bösen Menschen konfrontiert zu werden. Dieses Gefühl hat nicht der Mann selbst in mir ausgelöst, auch nicht sein Aussehen oder sein Verhalten oder seine Aussagen. Es war etwas, mit dem ich überhaupt nicht gerechnet hatte und das ich wohl mein Leben lang nicht vergessen werde, nicht vergessen kann. Es hat sich förmlich in mein Bewusstsein eingebrannt.

Die Sache passiert im Herbst des Jahres 1997 im Hochsicherheitstrakt einer Justizvollzugsanstalt. Roland Bold, mein Gesprächspartner, hat binnen sieben Tagen drei Menschen getötet, zwei Frauen und einen Mann, erschlagen, erdrosselt, erstochen. Erbarmungslos. Skrupellos. Reuelos. Die Warnung des Vollzugsbeamten, der mich vor anderthalb Stunden zum Besuchsraum gebracht hat, hallt in meinem Kopf nach: »Passen Sie bloß auf, der Mann ist immer noch gefährlich.«

Zu dieser Einschätzung hat sicher beigetragen, dass Roland Bold etwa fünfzehn Jahre in Einzelhaft verbringen musste, nachdem er zwei Mithäftlinge angegriffen und beinahe getötet hatte. Für diese Mordversuche erhielt er weitere zwölf Jahre Haft. Mein Gegenüber erscheint mir nicht nur unberechenbar, er ist es. Erst recht, nachdem sein Gnadengesuch abgelehnt wurde. Endstation Knast.

Ich bin der einzige Mensch, der in den letzten Jahren als Besucher den Weg in seine Zelle gefunden hat. Und das kam so: Ich erkundigte mich bei der Staatsanwaltschaft, ob ich Einsicht in die Verfahrensakten erhalten könne. In dem Ablehnungsschreiben wurde darauf hingewiesen, dass auch die Einwilligung des Gefangenen vorliegen müsse. Darum schrieb ich Roland Bold einen längeren Brief und erklärte ihm, dass ich im Rahmen eines Forschungsprojekts vornehmlich über die Gerichtsakten zu einem tieferen Verständnis seiner Person und seiner Taten kommen wollte.

»Sehr geehrter Herr Harbort«, antwortete er mir, »unser Anstaltspsychologe Dr. Giebeln las Ihr Schreiben auch! Bat um Ihre Adresse, wollte schreiben ... 650 Seiten meines maschinengeschriebenen Skripts liegen in der Uni Saar. Ging damals an Prof. Dr. Hermann Freund. Vielleicht stehe ich heute neben den Schuhen, bleibe trotzdem zwanzig Jahre ›Fachwissen‹. Selbst Freund, Cornelsen (Psychiater) und Brandt (Psychiater) – ewig derselbe Grundfehler im Denken. Bei Interesse besuchen Sie mich für ein Gespräch?! Weiterhin gutes Gelingen, Roland Bold.«

Eigentlich hatte ich es ganz und gar nicht auf ein Gespräch mit diesem hochpathologischen und hochgefährlichen Gefangenen abgesehen. Da mir aber die Staatsanwaltschaft erneut Akteneinsicht verweigert hatte, obwohl Roland Bold diesbezüglich schriftlich eingewilligt hatte, wollte ich notgedrungen vom vermeintlichen »Fachwissen« dieses Mannes profitieren. Ein Himmelfahrtskommando? Schließlich machte Roland Bold in letzter Zeit kein Hehl daraus, bei passender Gelegenheit eine »grandiose Abschiedsvorstellung« geben und seine Todesliste lückenlos abarbeiten zu wollen, auf der viele Namen stünden, allen voran der des Anstaltsleiters.

In den ersten anderthalb Stunden des Interviews haben wir uns abgetastet wie zwei Boxer, die sich zu Beginn des Kampfes erst einmal belauern, um nicht gleich ins offene Messer zu laufen. Seine Schilderungen sind lückenhaft, geprägt von ständigen Gedankensprüngen. Manchmal hat er mitten im Satz abrupt aufgehört zu erzählen und mich prüfend angeschaut. Als müsste er für sich klären, inwiefern ich seiner überhaupt würdig war.

Als ich ihn das erste Mal bitte, etwas über seine Taten zu erzählen, wehrt er barsch ab: »So weit sind wir noch nicht. Das müssen Sie sich erst verdienen!« Seine schneidende Fistelstimme lässt mich frösteln. Eigentlich habe ich überhaupt keine Lust, mir von diesem Kerl seinen Willen aufzwingen zu lassen. Dieses psychopathische Gehabe nervt. Doch will ich von ihm Informationen aus erster Hand erhalten und muss mich wohl fügen. Eins zu null für Roland Bold.

Ungefragt schwelgt er wortreich in bizarren Sexual- und Gewaltphantasien, die von ausgesprochen unappetitlicher Sodomie bis Kannibalismus an seinen Sexualpartnerinnen reichen, wobei er immer wieder unvermittelt aufspringt, laut wird und auf mich zukommt, um dem Gesagten Nachdruck zu verleihen und mich zu beeindrucken. Oder um mich zu verunsichern? Mich gar herauszufordern? Eigentlich weiß ich überhaupt nicht, was er von mir will. Das macht die Sache für mich so heikel. Mir fehlt zu dieser Zeit einfach die Erfahrung, auch das mentale Rüstzeug, um in einer solch vertrackten Situation prompt und angemessen zu reagieren. Also halte ich mich besser bedeckt und lasse ihn auch gewähren, als er sich plötzlich meinen Kugelschreiber schnappt und brüllt: »Den nehme ich und stoße ihn durch die Augen ins Gehirn! Sie wissen doch, wie schnell das geht!« Ich reagiere auf diese Provokation nicht, und er beruhigt sich wieder.

Alle Gesprächsinhalte, die er mir anbietet, drehen sich um Roland Bold, die Welt da draußen hat für ihn aufgehört zu existieren. »Die sollen nicht über mich lachen!« Diesen Satz sagt er mehrfach und meint in erster Linie diejenigen, die ihn bewachen und disziplinieren. Er meint aber auch die Menschen jenseits der Gefängnismauern, die er nicht einmal kennt. Und um seine seelische Abartigkeit und Gefährlichkeit zu unterstreichen, sagt er leise: »Es ist in meinem Kopf, ich könnte jederzeit töten! Ich bin ein Monster. Ich bin verliebt in meine Bestie. Das ist Wahnsinn!«

Ich glaube ihm jedes Wort. Gewiss habe ich es nicht mit einem dummen Menschen zu tun, Roland Bold ist mit einem Quotienten von 119 als hochintelligent einzustufen. Klassenbester sei er in der Volksschule gewesen, erzählt er mir stolz und macht bewusst eine Pause. Ich soll gefälligst reagieren und ihn wertschätzen.

Jetzt reicht es! Alles in mir rebelliert. »Und was ist letztlich aus Ihnen geworden?«, frage ich ihn. Mein leicht ironischer Unterton ist ihm offenbar nicht entgangen und irritiert oder verärgert ihn. »Ich gehe jetzt mal aufs Klo«, antwortet er beleidigt und verschwindet einfach.

Ich überlege mir, ob ich diesen angeblichen und unbeaufsichtigten Toilettengang überhaupt zulassen darf, schließlich befinde ich mich in einem hochgesicherten Bereich, es gelten strenge Regeln, gerade für Häftlinge wie Roland Bold. In diesem Moment entscheide ich mich jedoch, nichts zu unternehmen, um die angespannte Gesprächssituation nicht weiter zu verschärfen. Als ich es aus der Toilette rumpeln und schaben höre, bedaure ich meine Entscheidung. Was macht der da wohl, frage ich mich. Hat er zuvor vielleicht ein Messer dort versteckt, es eben herausgefischt und verfolgt nun konsequent seinen Vergeltungsplan? Führt er Böses im Schilde?

Ich verwerfe diesen dunklen Gedanken schließlich und mache mir Notizen zu Inhalt und Verlauf des Gesprächs. Besonders markante Sätze schreibe ich wörtlich auf. Als er nach etwa fünf Minuten, die mir wesentlich länger vorgekommen sind, endlich zurückkehrt, setzt er sich auf seinen Stuhl und sagt nichts. Ich mustere ihn, kann aber an seiner Kleidung keine Veränderung feststellen, die auf einen Gegenstand hindeuten könnte. Ich bin nicht darauf gefasst gewesen, dass mir so profane Dinge wie der Besuch einer Toilette so viel Kopfzerbrechen bereiten würden.

Jetzt ist der richtige Zeitpunkt, ihn auf die Morde anzusprechen, entscheide ich mich und frage danach. Er will aber nicht darüber reden.

Nach einer Zeit des gemeinsamen Schweigens sagt er doch noch einige Sätze: »Ich weiß auch nicht genau, warum die Opfer sterben mussten. Ich wollte nicht, dass sie lachen. Ich wollte schocken.« Als ich nachfrage, wen er denn habe schockieren wollen, bekomme ich keine Antwort. Auch auf diese Verweigerungshaltung war ich nicht gefasst. Und ich verstehe sein Verhalten auch nicht, hat er doch all seine Taten bereits gestanden: bei der Kripo, einem Gutachter gegenüber, vor Gericht. Was mache ich falsch? Oder spielt der Mann nur mit mir? Bereitet es ihm diabolische Freude, mich hinzuhalten oder zurückzuweisen? Ist das eine Art von Machtdemonstration? Bin ich nur Teil eines bösen Spiels, seiner Inszenierung?

»Was auch immer sich ein Mensch an Perversitäten ausdenkt, es gibt mindestens zwei, die genau dies schon mal umgesetzt haben.« Mit dieser Bemerkung lenkt Roland Bold das Gespräch in eine andere Richtung. Wir diskutieren über seine grausigen Phantasien, die ihm nicht nur Freude bereiten, sondern ihn auch ein Stück weit stabilisieren. »Wenn ich da bin, bin ich ganz nah bei mir. Da kommt niemand hin. Da mache ich, was ich will!«

Schließlich wird er sogar ein wenig philosophisch, als wir über den Wert eines Menschenlebens reden und über die Menschen, die anderen Menschen das Leben nehmen. »Das Töten von Menschen ist mitunter eine Frage der Dimensionen«, will er mir weismachen. »Man bedenke, dass ab etwa 10 000 Toten der Verantwortliche sogar gute

Chancen hat, als Volksheld gefeiert zu werden!« Ich verschließe mich dieser diffusen Dialektik und vermeide eine Diskussion. Ich will diesen Mann und seine manipulativen Gedanken keinesfalls in meinen Kopf lassen. Also darf er weiter schwadronieren, bis er die pathologische Lust an sich selbst verliert.

Als er merkt, dass ich ihm partout nicht folgen will, hebt er das Buch »Strafvollzug und Resozialisierung« hoch, das ich ihm mitgebracht habe, und sagt: »Ich bin vom Strafvollzug enttäuscht. Die Leute sind doch gefährlicher als vorher, wenn sie wieder rauskommen.« Die Unterbringung in einem Gefängnis empfinde er als Demütigung, besonders schlimm sei der Entzug von Sexualität. »Ich bin doch kein Tier«, echauffiert er sich.

Als er das zweite Mal aufs Klo geht, reagiere ich schon etwas gelassener und nutze die Gelegenheit, wieder Notizen zu machen und Zitate aufzuschreiben. Ich würde auch gerne die Toilette aufsuchen, doch erscheint mir die Sache zu riskant. Mein Bauchgefühl rät mir, besser im Besuchsraum zu bleiben. So habe ich das Gefühl, die Szenerie wenigstens hier einigermaßen vernünftig einschätzen zu können. Würde ich den Raum verlassen, ergäben sich für ihn Möglichkeiten, mich – womit auch immer – zu überraschen. Schließlich hat er auch mir ganz unverhohlen und mit sichtlicher Freude von seiner beabsichtigten »Abschiedsvorstellung« erzählt: »Ich habe keine Generalprobe. Wenn ich hier was mache, dann muss es sofort funktionieren. Mir reicht es nicht, einen von den Jägermeistern (= Justizvollzugsbeamte) zu killen, nein, drei oder besser fünf müssen es schon sein. Da sind noch einige Rechnungen offen!«

Als wir auf seine soziale Rolle in der Zeit vor den Morden zu sprechen kommen, zeigt Roland Bold sich wieder von seiner zugänglichen Seite. »Ich hatte mein Leben lang niemanden, dem ich vertrauen konnte«, sagt er missmutig. Er habe zwar viele Freunde und Bekannte im Milieu gehabt, sich aber stets nur ausgenutzt gefühlt. Niemand habe sich wirklich für ihn interessiert oder sei auf ihn eingegangen. Unter dieser latenten Ausgrenzung habe er sehr gelitten und sich gewünscht, mehr Aufmerksamkeit zu bekommen, »als Mensch gezählt zu werden«.

Unvermittelt kehrt Roland Bold zu einem Thema zurück, das wir schon behandelt haben. Er beschreibt mir in allen Einzelheiten, wie er ein junges Mädchen fängt, fesselt, foltert, schließlich grausam ermordet und den Leichnam verspeist. »Wenn man keine Frauen hat«, erklärt er mir, »dann ist der Wunsch groß, sie zu fressen.«

Ich spüre, dass ich mich vor diesem Mann ekle. Ab und an wirft er bei seinen unsäglichen Schilderungen den Kopf in den Nacken und atmet einmal tief ein und aus. Ist das eine Drohgebärde? Platzhirschgehabe? Oder möchte er mir einfach nur vor Augen führen, wer hier die Hosen anhat?

Ich komme noch einmal auf seine bizarren Phantasien zurück und möchte wissen, worin der Reiz besteht, sich in dieser Parallelwelt zu verlieren.

»Verstehen Sie das denn nicht?«, antwortet er energisch. »Ich bin doch schon lange tot. Und ich weiß, dass ich hier krepieren werde. Da bleibt doch nichts mehr. Da ist nur noch der Tod. Ich bin tot!«

Wer ist eigentlich dieser Roland Bold, überlege ich. Was für ein Mensch sitzt da vor mir? Was an ihm ist böse, was gut? Während er mir enthusiastisch von den Problemen mit dem Anstaltspersonal erzählt, die mich nicht sonderlich interessieren und auch nichts angehen, rufe ich mir das Ergebnis meiner Recherchen zum Lebensweg dieses Mannes in Erinnerung:

Roland Bold wird am 14. März 1950 als einziges Kind von Klaus Bold, einem Polizeibeamten, und seiner Frau Hertha in München geboren. Die Ehe ist von Beginn an insbesondere durch Klaus Bolds Jähzorn und seine außerehelichen Eskapaden schwer belastet gewesen. Roland ist kein Wunschkind, seine Mutter hat sich aber dem väterlichen Wunsch, das Kind abtreiben zu lassen, widersetzt.

Klaus Bold behandelt seinen Sohn schlecht. Roland erfährt selten Zuneigung, dafür wird er häufig derb beschimpft und geschlagen. Roland lässt die väterlichen Schikanen und Wutausbrüche über sich ergehen, ohne aufzubegehren. Die Mutter versucht die väterliche Abneigung durch besondere Fürsorge auszugleichen. Roland hasst den Vater, der seinen Sohn unbedingt zum Fußballspieler ausbilden will. Roland möchte aber viel lieber mit den anderen Kindern im Wald spielen. Schließlich büxt er mehrmals von zu Hause aus, um doch seinen Willen zu bekommen. Im Kreis seiner Spielkameraden gehört er nicht zu den Wortführern, und es gelingt ihm nicht, länger andauernde Freundschaften zu schließen.

Unter der Fuchtel des Vaters avanciert Roland in der Volksschule zum Klassenbesten. Allerdings erlebt der körperlich robuste Junge den Schulbesuch als eher freudlos. Aufgrund seiner guten Noten kommt Roland als 11-Jähriger auf ein Wirtschaftsgymnasium. Hier trifft er erstmals auf Mitschüler, die ihm intellektuell ebenbürtig und arbeitseifriger sind. Roland verliert mit der schulischen Vorrangstellung auch die Lust am Lernen und wird schließlich in die Volksschule zurückgegeben. Mit 15 beginnt er zunächst eine Lehre als Bankkaufmann, bricht diese jedoch schon nach zwei Monaten ab. Es folgen weitere vergebliche Versuche, beruflich Fuß zu fassen, erst als Dekorateur, später als Werkzeugmacher.

Im März 1966 wird die Ehe der Eltern geschieden. Die Mutter zieht mit dem Sohn nach Wuppertal, während der Vater in München bleibt. Roland fühlt sich in seiner neuen Heimat jedoch nicht wohl, stattdessen schwärmt er vom großen Abenteuer auf den Weltmeeren. Anfang 1967 besucht er die Schiffsjungenschule in Bremen. In den nächsten drei Jahren fährt er zur See. Während seiner Reisen lernt er in den Häfen Südamerikas und der afrikanischen Westküste die widerwärtigsten Formen der Prostitution kennen, selbst Kinder werden ihm angeboten.

Der Beruf macht Roland Freude, gleichwohl muss er auch schnell erkennen, dass die Seefahrt in erster Linie harte körperliche Arbeit bedeutet. Trotzdem meldet er sich zur Matrosenprüfung an. Sein Plan: erst den Matrosentest schaffen, dann die Steuermannsprüfung ablegen, schließlich das Kapitänspatent erwerben. Eine andere berufliche Tätigkeit kommt für ihn nicht in Betracht, weil er sich nicht für fähig hält, ein normales Familienleben einschließlich der Verantwortung für Kinder zu führen. Er fühlt sich dem nicht gewachsen.

Wenige Tage vor der Matrosenprüfung lässt Roland Bold, er ist jetzt 19 Jahre alt, sich dazu überreden, für eine Nacht als Portier auf der Großen Freiheit im Hamburger Vergnügungs- und Rotlichtviertel zu arbeiten. Für seine Tätigkeit erhält er vergleichsweise viel Geld: 150 Mark. Er beschließt deshalb, im Milieu von St. Pauli zu bleiben und dort Fuß zu fassen. Schon ein halbes Jahr später hat er sich als Zuhälter Respekt verschafft und lernt eine Vielzahl von

Frauen kennen, die er nicht nur zur Prostitution animiert oder gar zwingt, sondern gleichzeitig als Sexualpartnerinnen für sich selbst reklamiert.

Schließlich gründet er ein Geschäft für Hundeartikel. Auf diese Idee haben ihn die vielen Haustiere der Prostituierten gebracht. Er sieht eine Chance, rasch und ohne große Anstrengung an Geld zu kommen. Der Laden lässt sich auch gut an, doch Roland Bold erweist sich als schlechter Geschäftsmann: Er kümmert sich nicht um die Bezahlung von Lieferantenkrediten und gibt mehr Geld aus, als er einnimmt. Die Folgen sind ruinös. Nach einem Dreivierteljahr muss er das Geschäft aufgeben und hat mehr als 100 000 Mark Schulden am Hals.

Als die Gläubiger ihn handfest zur Rückzahlung der Schulden zwingen wollen, wird ihm die Sache zu heiß. Über Nacht verschwindet er aus Hamburg und kehrt nach Wuppertal zurück. Seine Mutter nimmt ihn mit offenen Armen bei sich auf und unterstützt ihn auch finanziell. Er spielt ihr vor, sich ernsthaft um einen Arbeitsplatz zu bemühen, tatsächlich aber agiert er als Zuhälter. Vornehmlich in Nachtbars und Tanzlokalen gabelt er Frauen auf, die kurz darauf für ihn anschaffen gehen. Wie schon in Hamburg werden sie auch seine Sexualpartnerinnen, die für ihn jedoch nur Mittel zum Zweck sind. Persönliche Bindungen entstehen nicht.

Roland Bold verdient als Zuhälter in Wuppertal bei weitem nicht so viel wie in Hamburg. Als sich seine finanzielle Situation weiter verschlechtert und auch die Gläubiger ihn aufspüren, überfällt er am 16. Oktober 1974 in Frankfurt am Main eine Bank, wird aber kurz darauf gefasst. Für den Bankraub bekommt er drei Jahre Haft.

Nun brechen für Roland Bold entbehrungsreiche Zeiten

an, denn er ist es nicht gewohnt, sich Vorschriften machen zu lassen und zwangsverwaltet zu werden. Er will lieber frei sein und frei bleiben. Keine Konventionen. Keine Kompromisse. Strafvollzug hingegen bedeutet für ihn die totale Selbstaufgabe und Zerstörung seiner Persönlichkeit. Schließlich verweigert er jede Arbeitstätigkeit. Eine infantile Trotzreaktion, die seine Haftbedingungen jedoch nur verschärft, da ihm sämtliche Vergünstigungen gestrichen werden. Die Lage erscheint ihm nun aussichtslos.

Als Roland Bold sich zunehmend aggressiver und renitenter aufführt, wird er in die Justizvollzugsanstalt Werl verlegt. Doch auch hier eckt er permanent an, rebelliert, macht sich unbeliebt. Mit der Zeit entwickelt er Hassgefühle, die sich gegen die Justiz im Allgemeinen richten, aber auch persönlich gegen den Anstaltsleiter, den Roland Bold für seine desaströse Lebenssituation verantwortlich macht. Entsprechend plant er, diesen Mann umzubringen, sobald er wieder in Freiheit ist. Jeden Abend malt Roland Bold sich in grellen Farben aus, wie er diese Tat wohl vollbringen wird.

Während dieser Zeit lernt Roland Bold den Mithäftling Hans-Hermann Katte kennen. Der 51-Jährige hat während der Haft bei einem Ausbruchsversuch einen Vollzugsbeamten erschossen. Roland Bold imponiert dieser scheinbar unverwüstliche und durch nichts zu beeindruckende Mann, zumal er sich »vom strohdummen Durchschnitt der Gefangenen« deutlich abhebt und er sich jederzeit auf ihn verlassen kann – ein »echter Kumpel« eben.

Den Gedanken, Hans-Hermann Katte zu befreien, entwickelt Roland Bold, nachdem er von ihm den Grund der Inhaftierung erfährt. Die Verurteilung wegen Mordes empört ihn. Und die Behauptung seines verbrecherischen

Alter Egos, die Pistole lediglich zu Drohzwecken beschafft und den Vollzugsbeamten nur versehentlich erschossen zu haben, überzeugt ihn. Sein Knastkumpan hätte demnach nicht wegen Mordes, sondern nur wegen Totschlags verurteilt werden dürfen; eine himmelschreiende Ungerechtigkeit, die unbedingt korrigiert gehört.

Bei einer Unterhaltung von Zellenfenster zu Zellenfenster erzählt er Hans-Hermann Katte erwartungsvoll von seinem Mordplan, doch der will davon nichts wissen. Das seien alles leere Versprechungen, wendet Hans-Hermann Katte ein, solche Pläne habe bisher fast jeder Gefangene gehabt, trotzdem lebe der Direktor immer noch. Ende der Diskussion.

Roland Bold will sich mit dieser abweisenden Reaktion nicht abfinden. Schließlich hat er sich fest vorgenommen, durch den Mord an dem Gefängnisdirektor und die damit verbundene Befreiung des von ihm so geachteten und bewunderten Mithäftlings dessen Anerkennung zu gewinnen. Zudem möchte er sich auf diese Weise auch dafür erkenntlich zeigen, dass Hans-Hermann Katte ihm in einer Phase der Niedergeschlagenheit die Selbstmordgedanken ausgeredet hat.

Anfang 1976 wird Roland Bold nach Verbüßung von zwei Dritteln der Strafe freigelassen. Obwohl er unter Bewährungsaufsicht steht, nimmt er seinen gewohnten unsteten Lebenswandel wieder auf, lebt in den Tag hinein, verbringt die Nächte in Bars und Diskotheken und knüpft unzählige sexuelle Kontakte, nicht selten auch gegen Bezahlung. So stillt er hemmungslos seinen immensen Nachholbedarf.

Auch als Zuhälter fasst er schnell wieder Fuß, doch im Laufe der Zeit rücken die Frauen mehr und mehr von ihm ab, je mehr sie realisieren, dass er das Geld, das sie ihm über den vereinbarten Anteil an den Einnahmen hinaus geben, nicht, wie von ihm treuherzig versichert, für die Überbrückung einer Notlage oder zum Aufbau einer bürgerlichen Existenz verwendet, sondern bei Sauftouren und anderen Vergnügungen verprasst.

Infolgedessen muss Roland Bold eigenes Geld verdienen. Doch erweist er sich stets als unzuverlässig und verliert seine Jobs schnell wieder. Die Mutter indes unterstützt ihn auch weiterhin finanziell, weil sie glaubt, er bemühe sich tatsächlich um einen Arbeitsplatz.

Seine finanzielle Situation verschlechtert sich zusehends. Als auch seine Mutter kein Geld mehr zuschießen kann, kommt es, wie es kommen muss: Roland Bold ist gezwungen, seine letzte Habe im Pfandhaus zu versetzen, um sich wenigstens Lebensmittel kaufen zu können. Er ist jetzt ganz unten.

Während der Zeit der zurückgewonnenen Freiheit hat Roland Bold die Mord- und Befreiungspläne, die sich um Hans-Hermann Katte rankten, zunächst nicht weiterverfolgt. Das ändert sich jetzt, da er merkt, dass es für ihn nirgendwohin geht. Endstation Gosse.

Obwohl sein ehemaliger Mithäftling ihm bei einem Besuch im Werler Gefängnis abermals deutlich signalisiert, dass er von seinen phantastisch anmutenden Befreiungsszenarien verschont bleiben will, verfolgt Roland Bold genau dieses Ziel. Allerdings verwirft er die fixe Idee, den Gefängnisdirektor zu ermorden, und überlegt, Hans-Hermann Katte durch die Tötung einer Person aus seinem Bekanntenkreis freizupressen. Während der nächsten Monate verfestigt sich diese Vorstellung. Und als Roland Bold keinen Ausweg mehr sieht, sein verpfuschtes Leben in Ordnung zu bringen, nimmt das Drama seinen Lauf: Er tötet binnen weniger Stunden zwei ehemalige Freundinnen in deren Wohnungen und hinterlässt neben einer der Leichen einen Zettel: »Die Frauen sind nur gestorben, damit Ihr die Sache nicht als Spaß auffasst. Lasst Hans-Hermann Katte bis morgen 14 Uhr frei. Mit einer Geldsumme, die er für angemessen hält. Kommt ein Bild von mir im Fernsehen oder mein Name, bevor Hans-Hermann frei ist, stirbt zur Strafe ein Mensch mehr.« Eine Woche später ermordet Roland Bold einen homosexuellen Mann, der ihm auf der Flucht Unterschlupf gewährt hat, weil er glaubt, ihm nicht mehr vertrauen zu können. Am nächsten Tag stellt er sich der Polizei.

Angesichts dieser Vita erkenne ich lediglich Fragmente eines verpfuschten Lebens, das in vergleichbarer Form recht häufig zu beobachten ist, ohne dass diese Menschen kriminell werden, geschweige denn zum Serienmörder. Worin besteht also der Unterschied? Wann und wodurch gerät man in Gefahr, den Respekt vor dem Leben anderer Menschen vollends zu verlieren? Wo genau ist die Grenze? Wo beginnt das Böse?

Ich habe mich Roland Bold genähert und dabei in ein Spiegelkabinett geblickt. Mal hat er die Bestie gegeben, mal Mitleid mit einem seiner Opfer gezeigt und die Tat bereut, dann wieder seine soziale Frigidität betrauert, schließlich in bizarren Gewalt- und Tötungsphantasien geschwelgt, die er fraglos umsetzen würde, wenn er denn nur könnte. Nur vermag ich nicht sicher einzuschätzen, wann dieser Mann authentisch gewesen ist. Aber auch wenn der Erkenntnisgewinn begrenzt ist, so habe ich doch erfahren dürfen, wie es sich anfühlt, wenn ein Mensch sich von seinesgleichen entfernt und als böse gilt. Oder habe ich etwas übersehen?

Oder falsch bewertet? Oder hat Roland Bold vielleicht sogar sein Ziel erreicht, sich interessant zu machen, Zweifel zu säen? Hat er mit seiner Bestialität nur kokettiert?

Diesen Gedanken verwerfe ich jedoch wieder, schließlich sitzt ein verurteilter Serienmörder vor mir, der noch während des Strafvollzugs rückfällig wurde. Das sind unumstößliche Tatsachen. Alle anderen Eindrücke, die mir zu denken gegeben haben, basieren lediglich auf seinem Gehabe und Gerede.

Und dann passiert es! Während der Unterhaltung, ganz plötzlich. Worüber wir zu diesem Zeitpunkt gesprochen haben, weiß ich heute nicht mehr. Jedenfalls versucht Roland Bold sich erstmals ein Lächeln abzuringen. Was sich dann aber in seinem Gesicht abzeichnet, kann ich mit Worten nur unzureichend beschreiben: fratzenhaft, gemütsarm, seelenlos, feindselig. Man muss es selbst gesehen und gespürt haben, um die Aura des Bösen verinnerlichen zu können.

Zum ersten und bislang zum letzten Mal bekomme ich ein Gefühl für das Böse. Ich bin entsetzt. Es kommt mir vor wie ein fremdartiges und bedrohliches Ding aus einer anderen Welt. Ich fühle mich beäugt und bedroht. Und es macht mir Angst, obwohl es doch so harmlos erscheint: ein Lächeln.

Die folgenden anderthalb Stunden bringen durchweg nur Wiederholungen dessen, was Roland Bold mir bereits gesagt hat. Wir drehen uns im Kreis. Hier und da schmückt er seine Phantasien ein wenig aus, dramatisiert wortreich. Offenbar reichen ihm meine bisher eher verhaltenen Reaktionen und nüchternen Rückmeldungen nicht aus, vermutlich wünscht er sich mehr Entsetzen in meinen Augen, um sich bestätigt zu sehen. Offensichtlich ist es mir gelungen, meine Anspannung zu verbergen. Wenigstens das.

Auch mein letzter Versuch, mit ihm über die Taten und den motivischen Hintergrund zu reden, scheitert kläglich. Ich beiße auf Granit. Punktsieg für Roland Bold. Nach sieben Stunden permanenter Aufmerksamkeit und Aufgeregtheit habe ich genug gehört und gesehen. Und es gibt noch einen anderen Grund, das Gespräch zu beenden: Ich muss dringend auf die Toilette.

Die Verabschiedung verläuft friedlich und freundlich. Ein Vollzugsbeamter bringt mich zum Aufenthaltsraum der Justizbediensteten. Dort unterhalte ich mich noch mit ihm und seinen Kollegen kurz über Roland Bold, die über ihren hochgefährlichen Häftling nicht viel Gutes sagen können. Wir sind uns einig darin, dass dieser Mann keinesfalls wieder freikommen darf.

Roland Bold ist von allen Personen, mit denen ich vor und nach dem Interview über ihn gesprochen habe, als »böse« bezeichnet worden. Oberflächlich betrachtet scheint damit allein durch diesen Fall die Existenz des Bösen in der Person bewiesen zu sein. Doch wenn man genauer hinsieht, manifestiert sich das Böse hier eben nicht in Roland Bold selber – auch nicht in seinem diabolischen Lächeln, das mich schaudern ließ und bösartig anmutete, letztlich aber nur seine Hilfsbedürftigkeit symbolisierte –, sondern vornehmlich und nachweisbar in seinen Handlungen, insbesondere den Morden und Mordversuchen. Und diese Taten beruhten eben nicht auf einer generellen Boshaftigkeit des Handelnden, sondern resultierten aus spezifischen Frustrationen und Mangelsituationen, denen Roland Bold irgendwann nicht mehr gewachsen war.

Das Böse als Grundelement unserer Welt ist deshalb nicht existent, weil es letztlich ausnahmslos – klammert man böse Taten geisteskranker Personen aus – bloße Folge eines Mangels ist, der allein durch die böse Tat kompensiert oder beseitigt werden soll. Das Böse ist demnach nicht naturgegeben, sondern entsteht erst am Ende einer Entwicklung. Auch das Böse durch bestimmte Hirnanomalien erklären zu wollen, greift zu kurz, denn die meisten Mörder haben solche Defekte nicht.

Und: Es gelingt zwar – aber auch nur von Fall zu Fall –, bestimmte Erlebens- und Denkstrukturen oder Handlungsimpulse zu identifizieren, herzuleiten oder zu erklären, doch die Kausalität zwischen einem emotionalen Zustand oder einer Persönlichkeitsstörung und einer kriminellen Handlung ist nicht beweisbar, sondern letztlich immer Produkt einer bloßen Schlussfolgerung, die nicht überprüft werden kann. Es fällt schwer festzustellen, wo die Bruchstelle ist, ab wann das Böse überhandnimmt und zum handlungsauslösenden bzw. -bestimmenden Faktor wird. Und niemand kann mit der notwendigen Sicherheit sagen, inwieweit Zufälle oder äußere Einflüsse die böse Tat initiieren oder beinträchtigen.

Und doch erfüllt der Begriff »das Böse« eine überaus wichtige Funktion: Er steht als Menetekel für die unbestreitbare Gewaltbereitschaft, Gewaltfähigkeit und Gewalttätigkeit des Menschen, vor der wir uns alle fürchten und vor der wir geschützt werden möchten.

Wenn Frauen Mörder lieben

Stephan Harbort

»ICH LIEBTE EINE BESTIE«

Die Frauen der Serienmörder

ISBN 978-3-548-37357-7
www.ullstein-buchverlage.de

Kann eine Frau einen Mann lieben und nicht ahnen, dass er ein Serienmörder ist? Mit ihm zusammenleben, ohne etwas von seinen Verbrechen zu wissen? Und wenn sie etwas ahnt: Wie kann sie mit dem Gedanken weiterleben?

Der Kriminalist und Bestsellerautor Stephan Harbort hat mit den Frauen von Serienmördern gesprochen und erzählt ihre erschreckenden und doch faszinierenden Geschichten.

US356

ullstein